STAAT TRAGEN

ÜBER DAS VERHÄLTNIS VON MODE UND POLITIK

DANIEL KALT

STAAT TRAGEN

ÜBER DAS VERHÄLTNIS VON MODE UND POLITIK

K&S

DANIEL KALT

INHALT

EINLEITUNG: AUSREICHEND GESPRÄCH-STOFF

„Mode ist ein persönliches Stilmittel und eine Alltäglichkeit."
Brigitte Bierlein

„Insgesamt liebe ich das ‚Aufgestylte' nicht. Ich fühle mich dann nicht wohl."
Angela Merkel

Bereits in der Sprache liegt die Möglichkeit eines Naheverhältnisses geborgen: Ob man nun ein *Amt bekleidet* oder *staatstragend* sein möchte – die Verbindung von Macht und zu Repräsentationszwecken angelegter Bekleidung ist eng. Zwar steht, streng genommen, der *Staat* in dieser Kombination nicht für eine Form der gesellschaftlichen Ordnung, sondern verweist, dem Ursprung des Wortes nach, auf etwas Prächtiges, Prachtvolles, das Stattliche. Gar zu viel prachtvolle Stattlichkeit ist aber ohnehin nicht mehr gefragt, wenn es heute um die Kleiderwahl von Staatsfrauen und -männern geht. Ein Repräsentationsgehabe, das in vergangenen Jahrhunderten noch anempfohlen sein mochte, würde sich in einer Ära oberflächlicher Bescheidenheitstopoi rasch als hinderliche Kommunikationsstrategie erweisen.

Die Zeiten, als in einem feudalen System nur die wenigsten Untertan*innen die Herrschenden zu Gesicht bekamen und darum – wie übrigens potenzielle Ehepartner*innen – mit Bildnissen Vorlieb nehmen mussten, die meist recht großen Interpretationsspielraum zuließen, sind in der medial übersättigten Gegenwartsgesellschaft zwar passé. Zugleich sollte man nicht annehmen, heute würden Bilder weniger verfälscht, manipuliert oder weniger kunstvoll inszeniert werden, um mit ihnen

Eindruck zu schinden. Bildbearbeitungssoftware eröffnet in Fotografie und Bewegtbild zuvor ungeahnte Möglichkeiten – das Ganze funktioniert mittlerweile per Fingerwischen über einen Smartphone-Bildschirm. Zudem hat man sich davon abgewandt, Macht zu verkörpern, indem man sich möglichst voluminös, prachtvoll und mit kostbarem Zierrat ausgestattet zeigt – bzw. kampfbereit im Harnisch mit Federbausch am Stahlhelm. Wenn gewählte Volksvertreter*innen zu nah an diese feudale Verfahrensweise heranschrammen, wenn ostentativer Luxus mit dem erwünschten Bescheidenheitstopos bricht, ist es um den Ruf schnell geschehen.

Das Bewusstsein für die Notwendigkeit eines politisch relevanten Bildhandelns mit Mitteln der Mode existiert freilich schon länger: Bereits 1513 gab Niccolò Machiavelli seinem Fürsten, Titelheld in *Il principe*, dem bis heute populären Leitfaden für Machthungrige, eine kleine Weisheit mit auf den Weg. Die Menschen würden eher dazu tendieren, das zu beurteilen, was sie sehen – und nicht so sehr das, was sie mit eigenen Händen (oder dem Verstand?) begreifen müssen. „Jeder kann sehen, was du zu sein scheinst, wenige werden überprüfen, wer du bist.“[1] Damit ist im Grunde genommen auch bereits die Prämisse für das festgelegt, was man heute gemeinhin als *Visual Politics* bezeichnet. Also ein Handlungsprinzip, das sich dank der in den Kulturwissenschaften seit den 1990er Jahren verfestigten Hinwendung zu den Bildern, dem sogenannten *Visual* bzw. *Iconic Turn*, verfestigt hat. Der gute – oder zumindest glaubwürdige – optische Eindruck zählt, und darum ist eben mit Bildern leichter Politik zu machen als mit Worten oder irgendwann tatsächlich folgenden Taten.

Wenn es nun Teil eines zeitgemäßen Rollenverständnisses ist, dass erfolgreiche Politiker*innen das machiavellische Motto *ognuno vede quello che tu pari* (im Toskanischen des 16. Jahrhunderts gesprochen: Jeder kann sehen, wer du zu sein scheinst) beherzigen und in ihre Social-Media-Auftritte, ins Fernsehen und in Medientermine mitnehmen, dann muss fraglos auch ihr Verhältnis zu Kleidung und den dort hineingepackten „vestimentären Codes“ eine entscheidende Rolle spielen. Die Auswahl von Kleidern gehört wesentlich zum sogenannten Bildhandeln und ist damit Teil strategischer Bildgebungsweisen. Denn noch bevor Politiker*innen an ein Rednerpult treten und das Wort ergreifen, treten sie als Kleiderträger*innen in Erscheinung und werden von ihrem Gegenüber unweigerlich taxiert, eingeordnet, interpretiert. Die non-, oder besser präverbale Komponente spielt bei diesem Aufmerksamkeitstransfer eine entscheidende Rolle. Und auch, wenn es nicht um Mode im Sinne irgendwelcher Laufstegtrends gehen mag – ja: gehen sollte –, so ist doch niemand davor gefeit, zunächst einmal über das Bild, das die Kleidung zeichnet, beurteilt zu werden.

Und darum soll es in den folgenden Kapiteln nun also gehen: Politiker*innen, die in demokratischen Gesellschaften in ihre Ämter gewählt wurden und um die Gunst des Souveräns immer wieder von Neuem buhlen müssen. Monarch*innen, Mitglieder königlicher Familien etc. bleiben weitgehend unbeachtet, ebenso wie First Ladys und Gentlemen eine untergeordnete Rolle spielen, wo sie doch für die Arena der bloßen Repräsentation inklusive Kleiderwahl eher vorgesehen sind als ihre mächtigen Partner*innen. Achten möchte ich außerdem auf eine Ausgewogenheit zwischen Männern und Frauen, auch wenn die Bekleidungsformen und die Bandbreite der textilen Register in Anzahl und Form stark voneinander abweichen mögen. Der erfasste Zeitraum setzt im Wesentlichen im späten 20. Jahrhundert ein, als die bilderbasierte Politikkommunikation in der Ära der *Visual Politics* dominant wird und nach und nach mit neuen Technologien zurechtkommen muss. Man denke nur an ein ikonisches Bild aus den letzten Jahren – eine Aufnahme, die

Hillary Clinton während eines Wahlkampfauftritts im September 2016 vor einer Schar junger Fans zeigt. Die Demokratin ist zwar *vor* ihr Publikum getreten, die Anwesenden haben ihr aber den Rücken gekehrt. Nicht aus Unhöflichkeit, sondern um die Gelegenheit, ein Selfie mit Clinton im Bildhintergrund zu schießen, nicht ungenutzt verstreichen zu lassen. „Wir sehen, wie die Unterscheidung zwischen Sender*in und Zuseher*in, Produzent*in und Konsument*in auseinandergenommen wird",[2] lautet ein Interimsfazit in dieser Phase, dem nur zugestimmt werden kann.

Erfolgreiches Agieren auf der politischen Bühne kommt nicht mehr ohne eine begleitende Auseinandersetzung mit bewusstem Bildhandeln aus. Noch ehe das erste Wort gesprochen, die erste Handlung gesetzt ist, zählt der gute oder zumindest gut deutbare erste Eindruck. Dass die Kleiderwahl in diesem Zusammenhang eminent wichtig ist, liegt auf der Hand. Und selbst wenn man sie nicht darauf reduzieren sollte oder sich nicht in erster Linie damit auseinandersetzen möchte: Was Politiker*innen anziehen und ob sie sich darüber Gedanken gemacht haben, wie sie mit aussagekräftiger Bekleidung ihre *Photo Opportunities* geschickt nutzen, ist heute von entscheidender Bedeutung und kann bestenfalls die Nasenlänge Vorsprung gegenüber ihren Mitbewerber*innen bringen. So steigt auch in Analysen und Kommentaren die Aufmerksamkeit für Dresscodes letzthin spürbar, sodass zwischen Drucklegung dieses Texts und seinem Erscheinen wahrscheinlich eine Vielzahl neuer Beispiele zu den hier besprochenen hinzugekommen sein wird. Dennoch setzen sich die folgenden Ausführungen ein zeitloses Ziel, nämlich eine Typologie der großen Themenkomplexe und Motive zu erstellen. Es geht also nicht in erster Linie darum, eine möglichst vollständige Liste zu präsentieren, sondern aus den markantesten Beispielen eine allgemeine Übersicht abzuleiten, in die sich neue Fälle einordnen lassen.

Geschicktes Bildhandeln und damit auch die entsprechende Aufmerksamkeit für den eigenen Look sind für Politiker*innen in ihrer Inszenierung auf Plakatwänden, bei Angelobungsfeierlichkeiten, Parteitagen, Politikwandertagen, ja noch der letzten Instagram-Story von einem Kirtag oder Bierfest von immer größerer Bedeutung. Wer es ernst damit meint, eine politische Rolle standesgemäß ausüben zu wollen, muss dies auch bei der Kleiderwahl beherzigen. Oder, wie man in Instagram-affinen Kreisen sagen würde: Für die totale *Message Control* braucht es das passende #OOTD, *Outfit of the day*.

In seinen grundlegenden Ausführungen über eine Aufmerksamkeitsökonomie, die ab dem späten 20. Jahrhundert so großen Stellenwert einnimmt, nennt der Philosoph Georg Franck Mode und Kosmetik etwa als zwei „Zulieferindustrien" im Wirtschaften mit einem immer knapper werdenden Gut.[3] Sie mögen am Ende nicht die einzig bestimmenden Faktoren bleiben, aber wie heißt es so schön in Manager*innenschulungen: Die Chance, einen guten ersten Eindruck zu machen, bekommt man eben nur einmal, und dabei können „dreidimensionale visuelle Artefakte"[4] entscheidend sein.

Die Vorstellung, dass es eine „Sprache der Mode" gebe, liegt nahe und ist kein Novum in der begleitenden Theorie. Eine der maßgeblichsten Untersuchungen, wiewohl mittlerweile veraltet, ist dabei jene des „Systems der Mode" (*Le système de la mode*) durch Roland Barthes. Der Semiotiker ergründete in den späten Sechzigerjahren, welche sich aus der Bekleidung ableitenden, also eben „vestimentären" Codes es gebe, wie diese miteinander korrelieren und wie sie ein größeres, gemeinsames, bedeutungsvolles Ganzes ergeben. Barthes nahm als Grundlage seiner Ausführungen die damals noch um vieles wortreicheren Modezeitschriften zur Hand, die in den Bildtexten zu

Modestrecken großzügig angelegte, heute kurios anmutende Narrative zu den gezeigten Looks entfalteten. Seine Ausführungen ebneten einer grundlegenden Betrachtungsweise den Weg, derzufolge eine implizite Kommunikation mit Botschaften unweigerlich stattfindet, die der Kleidung eingeschrieben sind. Wie andere Vorläufer*innen einer Modetheorie bzw. -soziologie drückte übrigens auch Barthes, so ernst er den Gegenstand seiner Betrachtungen nehmen mochte, immer wieder Regungen der Ablehnung aus. So etwa, wenn er schrieb: „Sich anziehen, *um zu* handeln, das heißt auf bestimmte Weise nicht handeln. Es heißt, das Wesen des Tuns zu plakatieren, ohne seine Realität anzunehmen."[5]

Die Modecodes spielen als das von Kleidung Mitgemeinte eine wichtige Rolle im Rahmen dessen, was im zeitgenössischen politischen Handeln auf die sogenannte KISS-Formel gebracht wird: *Keep It Short and Simple* oder gar *Keep It Short and Stupid.*[6] Das gilt besonders wegen der zunehmenden Bedeutung der sozialen Medien, die immer stärker auf Bilder setzen und über die sich neue Wähler*innenschichten erreichen lassen. Sich dieser Ebene zu verschließen oder auf sie – Stichwort #OOTD – zu verzichten, wäre langfristig einer erfolgreichen Karriere wohl abträglich: je größer der Anteil der Digital Natives und mit dem Internet aufgewachsenen Beobachter*innen des Geschehens unter dem gesamten Wahlvolk nämlich wird.

Ob nun die deutsche Kanzlerin Angela Merkel, die, auch in vestimentärer Hinsicht unter Ihresgleichen stilbildend, sich gegen „das Aufgestylte"[7] ausspricht und doch das Potenzial erfolgreichen Stylings nicht verkennt; oder die österreichische Interimskanzlerin Brigitte Bierlein, die *expressis verbis* die Bedeutung dieser „Alltäglichkeit" als „Stilmittel"[8] hervorhebt: Aufmerksamkeit für die Kleiderwahl gehört zu den Vorbereitungen auf öffentliche Auftritte von Politiker*innen. Das wissen etwa die kommunikationsaffinen jüngeren Vertreter*innen eines

„radikalisierten Konservatismus", also einer zeitgemäß aufgemachten Ausprägung konservativer Politik, sehr genau und schufen ihrer Ideologie gemäße Formen des Auftretens, um sich von einem traditionell bürgerlich geprägten Gesamteindruck zu differenzieren. Dazu gehört es, für einen Wandertag in den Bergen eher eine sportliche Activewear-Kombination anzuziehen als das Karohemd mit Janker zur knielangen Hose. Auch ein mit Trachtenzitaten nur vage liebäugelnder, schmal geschnittener Anzug ist die zeitgemäße Alternative zur Krachledernen – auch auf Kirtagen und in Bierzelten. „In der öffentlichen Wahrnehmung ist man lieber unangepasst als spießig. Nichts aber ist spießiger als Konservatismus. Durch die Regelbrüche umgibt man sich mit dem Nimbus des Revoluzzers, während den Kritiker:innen, die auf die Einhaltung von Regeln und Anstand pochen, nur die Spießerrolle bleibt."[9]

ZEITGEIST MIT SCHULTERPOLSTERN

Ungleich ihrer Erwartungshaltung gegenüber anderen *Very Important People*, Künstler*innen etwa oder Schauspieler*innen, Promis der Kategorien A bis Z, erhoffen sich Beobachter*innen von den *Very Powerful People*, dass ihre öffentlichen Auftritte gleichbedeutend mit Inhaltsversprechen sind. Besonders trifft dies zu, wenn das Wahlvolk als Souverän über das berufliche Schicksal von Politiker*innen entscheiden darf: Die Repräsentationsverpflichtung sieht in diesem Fall anders aus als etwa bei Monarch*innen, die ohne jede Anstrengung zu ihrer Position gelangten. Ein Ausdruck, der in diesem Zusammenhang – Mode, Macht, Politik – gut anwendbar erscheint und sich auf einen konkreten Abschnitt der Modegeschichte im 20. Jahrhundert bezieht, ist jener des *Power Dressing*. Die Bekleidungsformen der späten Siebziger- und besonders der erfolgshungrigen

Achtzigerjahre entsprachen einem Zeitgeist, den John T. Molloy mit Anzieh- bzw. Stilratgebern für Geschäftsleute zusammengefasst hatte. Im Nachhinein waren sich viele Beobachter*innen einig, dass besonders Margaret Thatcher sich in Molloys Ausführungen tatsächlich Inspirationen für die Gestaltung ihrer Personaluniform geholt haben könnte. Aus heutiger Perspektive sind Molloys Ausführungen eher als Kuriosum unter den Modeschriften zu sehen. Dennoch sollten sie in den Erwartungshorizont von Leser*innen zum Zeitpunkt des Erscheinens zurückversetzt werden. Molloys systematische Herangehensweise beruhte, wie der Autor unterstrich, auf empirischen Studien und seiner langjährigen Erfahrung als Stilberater. So könne man, behauptete Molloy, grundsätzliche Fehler vermeiden, indem man sich etwa vom eigenen sozialen Hintergrund bei der Auswahl von Businessbekleidung löse und auch nicht auf die Vorgaben von Designer*innen vertraue. („In den meisten Fällen bedeutet ein Designername auf dem Etikett nur, dass er am Umsatz beteiligt ist.")[10]

Auch Verkäufer*innen in Modeboutiquen könne man nicht vertrauen, ebenso wenig wie Männer ihren Ehefrauen, womit sich Molloy strikt innerhalb einer heterosexuellen Matrix und stereotyper Erwartungen an die „Aufgabensetzung" innerhalb von Partnerschaften hielt, derzufolge eben Frauen für die Kleiderwahl ihrer Männer verantwortlich wären. Beide Gruppen verstünden schließlich wenig von den Erfordernissen des tatsächlichen Geschäftslebens. Nur ihm, Molloy, könne letztlich Vertrauen geschenkt werden: „Mit einem sehr einfachen Regelwerk aus Dos und Don'ts, das aufzustellen mich Jahre gekostet hat, wird es nun für jeden Mann möglich, Erfolg auszustrahlen und dadurch seine Chancen deutlich zu verbessern, ihn auch zu erlangen."[11] Zwei Jahre nach seinem ersten *Dress for Success*-Band schickte Molloy noch eine Version für Frauen nach, in der er seine Tipps adaptierte und nachjustierte. Immerhin räumte der fleißige Autor durch diese Ergänzung seines Stilratgeberangebots ein, dass im Geschäftsleben nunmehr auch Frauen zu einer ernstzunehmenden Größe werden könnten. Indem er sich so faszinierenden Themen wie „Schlafzimmer oder Vorstandsraum – Ihre Entscheidung" widmete, verwarf er jedenfalls jene Option, die zehn Jahre vor ihm die Hollywood-Kostümbildnerin Edith Head in ihrem eigenen, ebenfalls *Dress for Success* betitelten, Ratgeber erwogen hatte.

Für Businessfrauen hatte Head, die einige der bekanntesten Schauspielerinnen ihrer Zeit in Filmrollen als berufstätige Frauen ausstattete und so maßgeblichen Einfluss auf ein popkulturelles, breitenwirksames Bild nahm, den Rat parat, dass sie vor dem Modischen durchaus nicht zurückschrecken mussten. „Es gibt einen feinen Unterschied zwischen jenen, die führen, und jenen, die geführt werden. Wenn Ihre Energie und Ihr Führungsvermögen Sie an die Spitze der Truppe bringen, dann tragen Sie doch nicht die Uniform einer Untergebenen." Während Head unter den von ihr skizzierten textil unterstützten Erfolgsszenarien etwa die Option „Wie man sich anzieht, um einen Mann zu bekommen – und zu halten"[12] verzeichnete, riet Molloy seinen Leserinnen von dieser Strategie ab: „Sexualität ist gewiss ein wichtiger Teil unseres Lebens. Doch wenn Sexualität ein Auswahlfaktor bei Businesskleidung ist, ist sie der Karriere einer Frau hinderlich."[13] Vor allzu Modischem warnte Molloy seine weiblichen wie zuvor seine männlichen Leser*innen bzw. die bei ihm Rat Suchenden, zugleich verwarf er aber die von ihm als *Imitation Man Look* bezeichneten Kleiderkombinationen. „Der Effekt läuft eher auf das Aussehen eines kleinen Jungen hinaus, der sich in der Kleidung seines Vaters verkleidet. Er sieht süß aus, strahlt aber keine Autorität aus."[14] Tatsächlich mochten diesen Ratschlag manche der erfolgreichen Politikerinnen dieser Ära, allen voran die britische Premierministerin, damals in ihren schlauen Büchlein notiert haben.

Die Zeit für eine *Pantsuit Revolution* am Kapitol war aber ohnehin noch nicht gekommen, da Politikerinnen in Hosenanzügen dort nicht vorgesehen waren. Mit einer Verschiebung dieses Dresscodes wurde auch die von Molloy vorgegebene Meinung endgültig obsolet.

EINE FRAGE DES PERSONALSTILS

Gut deutbar sein, Zuverlässigkeit ausstrahlen, dabei einen persönlichen Stil verkörpern, der der Mode enthoben ist und dennoch nicht wie aus der Zeit gefallen anmutet: Das sind nur ein paar der Punkte, die Politiker*innen beherzigen, wenn sie dem Aspekt der Kleiderwahl in ihrem Bildhandeln genug Aufmerksamkeit schenken. Bei allem Ernst, der geboten scheint: Wenn soziale Medien mit großem Spaßfaktor, Instagram oder Tiktok etwa, in Kampagnen oder später, um eine Amtszeit zu begleiten, eingesetzt werden, dann hat das *Politainment* im Sinne einer „symbiotischen Beziehung zwischen Medienunterhaltung und Politik“ bzw. als „Instrument der Inszenierung und der unterhaltenden Vermittlung von Politik“[15] längst seinen letzten Triumph gefeiert. Die Balance zwischen Nutzen und Unterhaltung, zwischen Bespaßen und Kommunikation möchte dabei gehalten werden, wozu auch die vestimentäre Sprache beiträgt. So kann bestenfalls die Inszenierung und Selbstermächtigung von Politiker*innen über die Dimension einer „Ästhetisierungstechnik“ hinausgehen und zur „Inszenierung im Sinne eines wahrhaftigen Sichtbarmachens der politischen Institutionen und ihrer Legitimität“[16] beitragen.

Im Hinblick auf diese verantwortungsvolle Praxis ist die Gestaltung und bedeutungstragende Implementierung einer Personaluniform zu verstehen, wie etwa Angela Merkel sie während ihrer gesamten politischen Karriere und eben auch ihrer

Kanzlerinnenschaft definierte. Sie ist die Protagonistin im ersten Kapitel, das sich in einem weit gefassten Sinn dem Thema des sogenannten *Uniform Dressing* widmet. Ebenso wie von besonders erfolgreichen Geschäftsleuten kolportiert wird, sie würden im Sinne einer Minimierung der täglich zu treffenden Entscheidungen auch in der Kleiderwahl ein starres Grundgerüst und damit ihre Personaluniform definieren, verfolgte Merkel eine entsprechende Herangehensweise. Damit wurde sie über die Jahre zur verlässlich als markanter Farbklecks auszumachenden Dame in Gruppenbildern mit schwarz, dunkelblau oder anthrazitfarben gewandeten Herren. Dass auch Donald Trump beispielsweise mit einem altherrenhaften *Signature Look* eine Personaluniform definierte, die seine inhaltliche Positionierung auf den Punkt brachte, gehört ebenfalls in diesen Abschnitt. Inhaltliche Versprechen, die zuvorderst in einem spezifischen Kulturraum gut deutbar sind, stehen im Mittelpunkt des zweiten Abschnitts: Im alpenländischen und süddeutschen Raum gilt das Tragen von Tracht als Modehandeln mit klarer Ansage. Zwar wurde nach der NS-Zeit immer wieder beschworen, dass diese Gewandform nicht mehr ideologisch besetzt sei – für eine „Verdorfung" der Gesellschaft bzw. einen impliziten Wunsch nach Reinheitsgeboten und Authentizitätsschwüren steht sie aber unwillkürlich noch immer. Das machen sich auch jene Akteur*innen der Politik zunutze, die – ohnehin ein Muss in Österreich oder Süddeutschland – in Bierzelten, Kirtagen oder gar auf der Münchner Wiesn in Erscheinung treten. Wer nicht zünftig und standesgemäß Tracht tragen kann, lässt es lieber bleiben, und die Generation *Slim Fit* sucht auch hier nach alternativen, leicht abgewandelten Dresscodes.

Je größer das Kontrollbedürfnis seitens der modehandelnden Politiker*innen, desto größer wird begleitend der Wunsch des Publikums (und der zwischengeschalteten Medien), sie bei Ausrutschern oder Stilpannen – dem, was im Englischen als

Wardrobe Malfunctions bekannt ist – zu erwischen. Ein Windstoß, der die kunstvoll zurechtgeföhnte Haarwolke eines US-Präsidenten beim Besteigen eines Flugzeugs auseinanderzurrt hier, ein bräunliches Farbrinnsal, das einem Ex-Bürgermeister von New York bei einer Pressekonferenz ins Gesicht rinnt, da (und ja, es handelt sich um Donald Trump und Rudy Giuliani): Das sind nur zwei von unzähligen Beispielen, wie Politiker*innen im Augenblick eines Toiletteversagens abgelichtet werden. Eine Forscherin bezeichnet derlei passenderweise als *Gotcha Moment*,[17] der also kurz den Blick auf den Backstagebereich der politischen Inszenierung freigibt und im Mittelpunkt des folgenden Abschnitts steht, der sich Modepannen widmet.

Es geht hier übrigens nicht nur um Schadenfreude: Wer in der Ära der *Visual Politics* durch adäquate Vorbereitungen solche Missstände der Kommunikation nicht a priori zu verhindern weiß, hat eventuell auf der Bühne des politischen Geschehens nichts mehr zu suchen. Und dann gibt es noch andere Pannen, die ihren Ursprung womöglich in einer verunglückten Intention haben: Was wohl Melania Trump mit ihrem *I Really Don't Care*-Parka beim Besuch eines Heims für geflüchtete Familien im Sinn haben konnte, ließ sich später beim besten Willen nicht nachvollziehen. Sämtliche nachgereichte Erklärungsversuche muteten entsprechend hanebüchen und sinnentleert an. Harmlos machen sich im Vergleich dazu sündteure Seidenkrawatten mit drolligen Tiermustern bei nicht ganz passender Gelegenheit aus, und selbst jene türkisen Socken eines Spitzenpolitikers im österreichischen Parlament, der vorgeblich seine Schuhe anzuziehen vergaß, ehe er ans Präsidium trat, reichen nicht an das *Parkagate* von Melania Trump heran.

ANGEWANDTE MUSKELSPIELE

Wer allzu nervös ist, wegen der falschen Kleiderwahl in Kommunikationsfettnäpfchen zu tappen, möge eben den anderen Weg gehen: völliger oder weitgehender Verzicht. Doch es geht natürlich um anderes, wenn entweder bar des Textils oder durch Zuhilfenahme passender Utensilien Kraft, Stärke oder Leistungsfähigkeit dargestellt werden sollen. Auf der einen Seite reicht das Zurschaustellen von nackter Haut und geschwellter Männerbrust bis zu Mussolini (und sogar noch weiter) zurück: Hier finden sich nicht wenige Präzedenzfälle für das stolze Vorführen einer toxischen Maskulinität in der Politik. Frauen nämlich verzichten offenbar eher darauf, sich entsprechend entblättert in Pose zu werfen. Man muss aber nicht in extremis gehen und die athletische Physis bloßlegen, sondern es lässt sich auch auf eine Praxis rekurrieren, die vorsieht, durch Mode „den Körper an sich in eine Form politischer Überredung [zu] transformieren".[18]

Als Spielart des mit vestimentären Mitteln gesteigerten Körperbewusstseins lässt sich auch das Auftreten jener *Slim-Fit*-Generation charakterisieren, die in den letzten Jahren vielerorts in höchste Machtsphären vorstieß. Ebenso wie Politiker*innen, die – entweder als Teil ihres konstanten Modestils oder punktuell bei passenden Gelegenheiten – auf Streetwear oder Casualwear setzen, signalisieren die Verfechter*innen schmaler Silhouetten, dass sie auf der Höhe der Zeit agieren und einsatzbereit sind, um die Gunst des Souveräns zu erlangen. Uniformen weisen als leicht zu deutende vestimentäre Signifikanten ebenfalls große inhaltliche Nähe zum Thema Körpereinsatz und physische Leistungsfähigkeit auf. Demokratische Staatsoberhäupter tun dennoch gut daran, sich nicht allzu oft in ihnen zu zeigen, um die Assoziation mit Militärregimes zu vermeiden: Welche Alternativen es gibt und auch, was es mit der schwarzen Lederjacke als unverwundbare zweite Haut und im Einzelfall sogar mit Fetischkonnotationen auf sich hat, wird hier ebenfalls besprochen.

Nach Pannen, Trachten und Körpersprache folgt ein Kapitel, in dem der Fokus auf dem Bestreben liegt, sich im politischen Alltag so explizit wie möglich mit Mode auszudrücken: den vestimentären Code nicht begleitend oder als zusätzliche Ebene in der visuellen Kommunikation einziehend, sondern ihn zum offenkundigen Bedeutungsträger machend. Dabei leuchtet ein, dass Politiker*innen lieber davon Abstand nehmen sollten, sich mit Slogan-T-Shirts vor gleich welches Publikum zu stellen: Wenn sie ohnehin eine Rede im Plenarsaal halten, müssen sie ihre *Bullet Points* nicht auch noch als Textilprint anbringen. Besonders originell und beispiellos war jene Broschensprache, die die US-Außenministerin Madeleine Albright in den Jahren ihrer Amtszeit entwickelte und perfektionierte. Manchmal leichter, manchmal weniger leicht zu deuten, wurde diese schmückende Kommunikation zu einem beinahe exzentrischen Fixum der Weltpolitik: lobenswert und originell, gewiss, allerdings nur, solange nicht alle Spitzenpolitiker*innen sich auf diese Art des Signalisierens von subtil mitschwingenden Botschaften verlegen.

Anders verhält es sich hingegen mit sämtlichen Neuauflagen von Dresscodes in Suffragettenweiß, primär in den USA: Das Auftauchen dieser Farbe in bestimmten Zusammenhängen und bei sehr konkreten Gelegenheiten hat eine nicht zu übersehende Signalwirkung. Neben Hillary Clinton ist eine der demokratischen Politikerinnen, die sich dieser Wirkung bedienen, Alexandria Ocasio-Cortez. Ohnehin beherrscht sie es meisterlich, Aspekte der Identitätspolitik durch die Zusammenstellung ihrer *Styles* aufzugreifen. Wenig zweideutig waren auch die Auftritte von Politiker*innen, die sich während der frühen kritischen Phase der globalen Pandemie mit Gesichtsmaske zeigten – manche freilich nutzten auch diese Option, um sie zusätzlich mit Bedeutung aufzuladen.

Ein heikles Thema steht im Zentrum des sechsten Kapitels, nämlich, wenn man so will, das Verhältnis von Macht und Geld. Zwar ist es kein Geheimnis, dass Spitzenpolitiker*innen gemeinhin als Spitzenverdiener*innen gelten dürfen, einige von ihnen gar aus vermögenden Industrie- oder Politikdynastien abstammen mögen. Wähler*innen erwarten sich von ihnen aber unausgesprochen, dass sie, zumindest während ihrer Amtszeit bzw. ihren Auftritten als Amtsträger*innen, Zurückhaltung bei der Auswahl kostspieliger Kleidungsstücke oder Accessoires walten lassen. Als „Brioni-Kanzler" zu gelten oder seine Maßanzüge vom besten Herrenschneider am Wiener Graben zu beziehen: Das kann schon einmal nach hinten losgehen. Eine der wenigen Ausnahmen ist im Bereich von kostbarem Echtschmuck – wobei sie beinahe auch zum Thema des Bedürfnisses expliziter Kommunikation in der Identitätspolitik passen würde – jene *Power Pearls*, mit denen Kamala Harris ihre tiefe Verbundenheit mit einer Sorority Schwarzer Studentinnen an US-amerikanischen Universitäten ausdrückte.

Mit einem Gegenschuss biegt *Staat tragen* in die Zielgerade: Der Grundgedanke der ersten sechs Kapitel sieht vor, dass Aufmerksamkeit auf vestimentäre Codes Ordnung in Zusammenhänge bringen kann, deren Funktionsweise und Intentionen für Außenstehende nicht immer gänzlich transparent sind. Und zwar in etwa so, wie sich aus einer organisationstheoretischen Perspektive Bekleidungsformen insgesamt als nichtkontingenter Weg darstellen, die Beziehungen zwischen Individuen zu beeinflussen oder abzubilden. Vestimentäre Codes sind dann eben nicht arbiträre, gesteuerte bzw. steuerbare Konstanten im gesellschaftlichen Gefüge: „Mode kann ein interpretatorischer Schlüssel werden, um einige der unklareren [slippery] Aspekte in Organisationen zu verstehen."[19] Auch deshalb wird verständlich, weshalb Modeschaffende in sich den stärker oder weniger stark ausgeprägten Wunsch verspüren, sich als politisch Agierende zu begreifen.

Der letzte Abschnitt richtet nun also den Scheinwerfer auf mal mehr, mal weniger zaghafte Versuche einer *mode engagée*, analog etwa zu einer *littérature engagée*, auf ihre Verfahrensweisen und Intentionen. Zu erwähnen sind hier die leider zum Teil berechtigten Stereotype einer politisch desinteressierten oder jedes kommerzielle Kalkül stärker gewichtenden Branche. Unrühmliche Wortmeldungen von Designer*innen, ein Handshake mit US-Präsident Trump oder das publike Liebäugeln einer einstigen Modekommunistin mit gesellschaftlichem Engagement werden hier ebenfalls erwähnt. Und andererseits gibt es sie eben doch, die Designer*innen, beherzt wie Slogan-Mode-Pionierin Katharine Hamnett einst beim Handshake mit Margaret Thatcher, unerschrocken wie die Öko-Aktivistin Vivienne Westwood oder auch Demna Gvasalia, der sich mit manchen seiner Kollektionen an seiner Biografie als politischer Flüchtling aus Georgien abarbeitete.

Hierher gehören auch die zögerlichen Reaktionen von Avantgarde- und Luxusmarken auf den russischen Invasionskrieg gegen die Ukraine, der 2022 akkurat während der internationalen Modewochen in Mailand und Paris begann. Die ausbleibenden Wortmeldungen ließen ganz gut verstehen, wie ungern sich Entscheidungsträger*innen auf ein als brüchig wahrgenommenes Eis begeben. Warum voreilig ein Zuviel an Engagement zeigen, wenn man doch die Mächtigen und Reichen bei passender Gelegenheit einkleiden möchte? Auch dies ist Thema, und zwar selten präsenter als bei der Angelobung von Joe Biden: eine Inaugurationszeremonie, die für Modeinteressierte beinahe an *Red Carpet*-Events in Hollywood, Cannes oder Venedig heranreichte. Vielleicht ist ja das die Zukunft, die *mode engagée* und politischen Alltag näher zusammenführen wird.

Vestimentär bestimmtes Bildhandeln, das seinen Laufsteg direkt in die Gebäude der Volksvertretungen verlagert. Eine Vision, die man freilich weder für das *Fashion Business* noch gar die Demokratien dieser Welt als besonders zielführend erachten wird. Selbst wenn die beiden Welten offenkundig immer näher aneinanderrücken.[20]

KAPITEL 01

STILFRAGE: BEDEUTUNG TRAGEN MIT PERSONALUNIFORMEN

„Of course I am obstinate in defending our liberties and our law. This is why I carry a big handbag.“
Margaret Thatcher

Als im Herbst 2021 der Rekordlauf von Angela Merkel als deutscher Kanzlerin – und damit wohl als der mächtigsten Politikerin der Welt – endete, begannen selbst in den seriösesten Blättern die Modebeiträge im Umfeld der Innenpolitik-Ressorts unüberhörbar zu rascheln. Nicht nur Merkels Stil zu regieren wurde nun rückblickend analysiert, sondern Kommentator*innen widmeten sich oft ihren Vorlieben und ihrem Stil in anderen Zusammenhängen. In der Textsorte Politikkommentare zählt die modische Stilkritik zwar weiterhin – man könnte einwenden: berechtigterweise – zu den Orchideenfächern, gerade im Zusammenhang mit Merkel war es jedoch bereits zuvor immer wieder einmal zu vereinzelten Fingerübungen gekommen. Manchmal erschienen einigermaßen sachliche Analysen, häufig genug aber – gerade in den frühen Jahren der Kanzlerinnenschaft – Texte, die die stilprägende Politikerin ex negativo vorführen sollten. Da ein zu tiefer Ausschnitt in der Oper von Oslo, dort ein Schweißfleck in Bayreuth, hier die immergleiche Longchamp-Handtasche als einzige ihr zuordenbare Markenware: Wenn jemandem etwas besonders Bemerkenswertes ein- oder auffiel, ging es los mit dem Für und Wider, der Frage, ob man sich einzelne Fragen nun nur stelle, weil Merkel als Frau das Kanzlerinnenamt repräsentierte, und natürlich mit unumgänglichem begleitendem Protestgeschrei von allen, die solche Textkommentare per se und unabhängig von ihrer eigentlichen Qualität als unwürdig befanden.[21]

Ging es am Ende ihrer Ära als Kanzlerin aber um Merkels Kleidungsstil, so war man sich weitgehend einig, dass ihre Personaluniform im Lauf der Jahre zum markanten Teil ihres öffentlichen Auftretens und unverzichtbaren Pfeiler ihrer politischen Persona geworden war.[22] Nicht selten wurde in diesen Versuchen einer decodierenden Annäherung ausdrücklich auf den Drahtseilakt hingewiesen, der offenbar in diesem Zusammenhang zum Standardrepertoire gehört: Wie über eine Sache sprechen und zugleich klarstellen, dass man das Sprechen über diese Sache eigentlich als unwürdig ansehe? Das unentschlossene Grundmotiv der Beobachtungen ließe sich verknappen auf: „Zum Glück sind wir darüber hinweg, das modische Auftreten von Politikerinnen zu kommentieren, aber ..."

In der Machtzentrale der Modeindustrie herrscht ohnehin kein Verständnis für derlei einlenkendes Herumwinden, ob nun aufseiten der Handelnden oder aufseiten der Beschreibenden. So ereiferte sich etwa die Chefredakteurin der amerikanischen *Vogue*, Anna Wintour, schon 2008 im Geleitwort zur Februarausgabe ihres Magazins über die Entscheidung von Hillary Clinton, damals Bewerberin um den demokratischen Kandidat*innenstatus bei der Präsidentschaftswahl, den vereinbarten Termin für ein Modeshooting in letzter Sekunde platzen zu lassen. Amerikaner*innen, so die einflussreichste Modejournalistin der Welt damals, hätten längst die „Power Suit Mentality" hinter sich gelassen und seien bereit für eine neue Generation von mächtigen und zugleich modebewussten Frauen. „Politische Kampagnen, die das nicht berücksichtigen, begehen eine schwerwiegende Fehleinschätzung."[23]

Tatsächlich deutet der vielerorts nicht überwundene Automatismus einer halbherzigen Ablehnung von Modedingen auf eine Haltung hin, die es abzulegen gilt. Auch dies verdeutlicht Angela Merkels über die Jahre perfektioniertes Geschick der vestimentären Kommunikation als Teil eines Grundverständnisses für Erfordernisse der Visual Politics. Gern und häufig zitiert wird in diesem Zusammenhang eine Aussage, die die damalige CDU-Jungpolitikerin im Rahmen eines Langzeitprojekts tätigte, das Herlinde Koelbl 1999 als „Spuren der Macht“ in Buchform vorstellte. Koelbl hatte 15 Politiker*innen acht Jahre lang, jeweils einmal pro Jahr, zu einem Gespräch und einem Fototermin getroffen, um zu dokumentieren, wie sich ihre Arbeit und das Bekleiden verschiedener Positionen in den Machstrukturen der Bundesrepublik auf ihre Persönlichkeit – und wohl auch ihre Gesichtszüge, Körperhaltung, die Art, sich zu geben – auswirken würde. Auf die 1996 gestellte Frage, ob sie „mal irgendein Training absolviert habe“, antwortete Angela Merkel fast angewidert: „Ich finde so etwas grauenvoll. [...] Mir braucht kein Trainer zu sagen, daß ich mir mal ein leuchtendes Kleidungsstück kaufen sollte. Ich verlasse mich auf mein Gefühl und kaufe mir dann beispielsweise ein oranges Jackett. Aber insgesamt liebe ich das ‚Aufgestylte‘ nicht. Ich fühle mich dann nicht wohl.“[24] Gleichwohl ist es Merkel ja in späteren Jahren gelungen, ihre Skepsis gegenüber dem „Aufgestylten“ bzw. jedwedem „Aufgestylt-Sein“ erfolgreich zu überwinden und auch in Angelegenheiten der Kleiderwahl ihren Auftritten – und damit wohl auch der Bundesrepublik im politischen Zusammenhang – einen Stempel, ja gar das Merkel-Gütesiegel aufzudrücken.

GRUPPENBILD MIT DAME (BUNT)

Während es so entbehrlich wie eh und je bleibt, den Kleidungsstil einer* Politikerin* auf modische Relevanz oder stilistisches Geschick zu überprüfen, ist es aufschlussreich hinsichtlich des zeitgemäßen Agierens von Machtträger*innen, ob sie diesen Aspekt mitbedenken. Genau dies hat Angela Merkel zeit ihres politischen Wirkens getan, wovon auch die Evolution ihres persönlichen, extrem markanten Stils Zeugnis ablegt – zumindest ab dem Zeitpunkt, als sie ein Minimum an Aufgestyltheit zuließ. Wenn eine Person es schafft, sich – natürlich *nicht nur* durch die Kleiderwahl – als eine so markante Erscheinung wie die langjährige deutsche Kanzlerin auf der Weltbühne zu positionieren, dann handelt es sich ohne Zweifel um einen besonders gelungenen Fall von sogenanntem *Impression Management*. Die Pflege und Kontrolle der Selbstdarstellung vergisst nicht auf die Tatsache, dass man, wie der berühmte Kommunikationswissenschaftler Paul Watzlawick in einem seiner pragmatischen Axiome formulierte, nicht nicht kommunizieren könne. Gerade deshalb verwundert es übrigens, dass in vielen Texten über Merkel zu lesen ist, sie pflege ostentatives Desinteresse an Bekleidung oder trage einen Anti-Look: Hier hält man sich wohl allzu sehr an die in einer Frühphase ihrer politischen Karriere getätigte Aussage, von Stilberatung sei nichts zu halten. Die Kanzlerin hat es im Lauf der Jahre definitiv geschafft, sich ein unverkennbares Äußeres zuzulegen, das unkompliziert zu handhaben ist, aber auf eine markante Silhouette mit Farbfläche hinausläuft: Aus jedem in den Sphären der Spitzenpolitik entstandenen Gruppenbild mit Dame sticht Merkel auf den ersten Blick heraus.[25]

Das Anlegen eines zur Personaluniform geratenen Looks mag am Ende des Tages wie eine einfache Entscheidung aussehen, immerhin muss der oder die Uniform Anlegende zuvor aber an den Punkt gelangt sein, diese eindeutig definieren zu können und auch im Kopf von Außenstehenden zu verankern. Über besonders erfolgreiche Personen heißt es oft, sie konzentrierten sich in Prozessen der Entscheidungsfindung stets auf das Wesentliche und würden darum so oft wie möglich nach der größtmöglichen Vereinfachung streben. Oberstes Ziel sei es, die sogenannte *Decision Fatigue*, also die Ermüdung ob unablässig zu treffender Entscheidungen, zu vermeiden und Spielraum für das wirklich Wichtige zu bewahren. Zu dieser Vermeidungsstrategie zählt unter anderem, sich mit möglichst geringem Aufwand gut und zugleich wiedererkennbar anzuziehen, insgesamt also auf die größtmögliche Effizienz zu setzen: All dies fasst der Begriff *Uniform Dressing* zusammen, dessen Grundprinzip ohnehin durch den klassischen und im Nu aus dem Kasten zu fischenden Businessanzug in seiner Standardausführung verkörpert wird. Entscheidend ist aber freilich das Auffinden eines *gewissen Etwas* und das Hinzufügen einer persönlichen Note, die die zwar leicht handhabbaren Kleidungsstücke in einer bestimmten Kombination zugleich zu einem doch irgendwie persönlichen Look werden lassen.

In der Ära von Hightech-Startups und Athleisure ist das Repertoire – auch das im Geschäfts- und Politiker*innenleben anwendbare – ohnehin etwas größer geworden, das Prinzip ist aber dasselbe geblieben wie beim klassischen Anzug in Anthrazit oder Dunkelblau. Der weltbekannte Großinvestor Peter Thiel, gebürtiger Deutscher mit Affinität für Positionen der konservativen Politik, hat etwa dem geflügelten Wort zu großer Reichweite verholfen, wonach er in keine Tech-Firma investiere, deren Gründer oder CEO einen Anzug trage. Seit Steve Jobs im schwarzen Rollkragenpulli zur Lichtfigur der Tech-Community wurde (ein Look, den etwa die Hightech-Trickbetrügerin Elizabeth Holmes imitierte, um die gefakte Bluttest-Apparatur ihres Start-up-Unternehmens Theranos glaubwürdig unters Investor*innenvolk zu bringen), ist die Palette nachahmenswerter Uniformen um zumindest eine Nuance reicher geworden. Dass manchmal nicht allzu viel Zeit für modische Spitzfindigkeiten ist, wusste übrigens die Designerin Donna Karan schon in den Achtzigerjahren, der Blütezeit des *Power Dressing*. Ihr Vorschlag, eine Garderobe aus *Seven Easy Pieces* zusammenzustellen, wobei diese variabel und miteinander kombinierbar sein sollen (und im Idealfall das Donna-Karan-Etikett eingenäht haben), entsprach dem Zeitgeist jener Jahre und wird weiterhin gern beherzigt.

Während das „Nicht-Aufgestylte" im Fall von Angela Merkel auf eine relativ simple Kleiderkombination hinausläuft und auf dem Wiedererkennungswert des monochromen, vielseitigen Jacketts als Teil einer Hosenanzugkombination beruht, ist dieser Look kostüm- und damit kulturgeschichtlich keineswegs gesetzt. Als die SPD-Politikerin Lenelotte von Bothmer etwa im April 1970 in einem Hosenanzug vor den Deutschen Bundestag trat, wurde sie despektierlich als „rotes Parteiweib im Hosenanzug" bezeichnet. Auf dem Kapitol in Washington war es bis zu der im Jahr 1993 auf Betreiben der demokratischen Abgeordneten Barbara Mikulski betriebenen „Pantsuit Revolution" von der Kleiderordnung nicht vorgesehen, dass Politikerinnen Hosenanzüge trugen. Erst nach einer akkordierten Dressing-up-Aktion mehrerer weiblicher Abgeordneter wurde diese Regel abgeschafft.

ERMÄCHTIGUNG IN HOSEN

All dies bedenkend, kann man gut nachvollziehen, auf welch unglaublichen Widerstand die Frauenrechtlerin Amelia Bloomer Mitte des 19. Jahrhunderts als Reformkleidermacherin gestoßen sein muss: Bloomer setzte sich für eine Neuausrichtung der Frauen zugedachten Bekleidungsformen ein und erfand eine vage orientalisch anmutende Kombination aus Pluderhosen zu einem kaftanartigen Oberteil. Dieses sogenannte *Bloomer Costume* wurde zum Skandal und Stein des Anstoßes. Nach ihrer Resignation in dieser Angelegenheit erinnerte sich Bloomer an die große und laute Ablehnung ihres Vorstoßes mit den Worten:

„Ich blickte erstaunt auf den Zorn, den ich unwillentlich ausgelöst hatte." Ihre Entscheidung, das von ihr entworfene Kostüm als alternative Uniform wieder abzulegen, begründete Amelia Bloomer in einer Regung, die auch an Debatten innerhalb der Frauenrechtsbewegung des 20. Jahrhunderts erinnert, später damit, nicht mit ihrer Kleidung von der eigentlich wichtigen Frage nach einer Gleichstellung der Frau ablenken zu wollen. „Für manche Menschen waren das kurze Kleid und Frauenrechte untrennbar miteinander verbunden. Für uns stellte das Kleid nur einen Zwischenfall dar, und wir waren nicht gewillt, wichtigere Fragen ihm unterzuordnen."[26]

Auch der konservative und auf den ersten Blick unscheinbare Hosenanzug hat also eine keineswegs unproblematische Geschichte, und die Weiterentwicklung, die er im Kontext der Weltpolitik dank des Zutuns von Angela Merkel erfahren hat, ist beachtlich und streicht auch die ehemalige deutsche Kanzlerin als durchaus mutige und pragmatische Persönlichkeit heraus. Eine Verwandte im textilen Geiste ist Hillary Clinton, die im Lauf ihrer Karriere die nicht ganz einfache Weiterentwicklung von der primär repräsentierenden *First Lady of the United States* (FLOTUS) zur aus eigenen Stücken agierenden Politikerin auch in Stildingen zu absolvieren hatte. Den Übergang aus der einen in die andere Lebensphase markierte etwa die Entscheidung, sich von „lieblicheren" Elementen zu verabschieden. Dazu gehörte auch das etwas länger getragene Haupthaar der Präsidentengattin, das, als Hillary Clinton sich selbst zur politischen Wahl stellte, in eine neue Façon und damit um einige Feminitätsnuancen gebracht wurde. So wurde sie als Spitzenpolitikerin der demokratischen Partei auf der internationalen Bühne zu einer nicht minder vehementen Apologetin des Hosenanzugs in kräftigen Farbtönen als die deutsche Kanzlerin. Auch sie fand so zu einer vestimentären Ausdrucksweise, die es ihr erlaubte, mögliche Kommentator*innen verstummen zu lassen, ohne selbst völlig unauffällig aufzutreten. Wie Merkel ist Hillary Clinton nicht nur wegen der durch ihren weltpolitischen Einfluss begründeten zumeist zentralen Position in Gruppenbildern sofort auszumachen, sondern ebenso aufgrund ihrer Kleiderwahl.

Auch Nicola Sturgeon vertrat als Premierministerin von der Schottischen Nationalpartei gezielt eine Farbstrategie in ihrer Garderobe. In den späten 2010er Jahren entwickelte sie einen persönlichen Stil mit einer vorteilhaften, taillenbetonten Silhouette. Anders als Clinton und Merkel trug Sturgeon gern knielange einfarbige Kleider. Aus ihrem ungezwungenen Verhältnis zu Mode nach ihrem Geschmack machte Sturgeon dabei kein Geheimnis; so war bekannt, dass die in Edinburgh ansässige Marke Totty Rocks besonders in ihrer Gunst stand. Ein Blick auf die Website der Brand genügt übrigens, um zu erkennen, dass auch da der Sturgeon-Look prominent hochgehalten wird.

Einen ebenfalls nicht übertrieben modischen, zugleich aber selbstbewusst femininen und auf kräftige Farben setzenden Look pflegte auch Sahra Wagenknecht von der Linken Partei in Deutschland. Die vestimentäre Komponente in Wagenknechts persönlicher Bildgebungsstrategie verlieh ihr ein prägnantes Auftreten. Dass sie wenig Berührungsängste mit etwas extravaganten Outfits und Aufmachungen hat, zeigte Wagenknecht etwa, als sie sich von der Zeitschrift *Gala* für eine Modestrecke als Frida Kahlo inszenieren ließ, komplett mit aufwendiger Blumen-Turmfrisur und exotischem Vogel auf der Schulter. Über die etwas konservativ anmutende Hochsteckfrisur, die im Lauf der Jahre ebenfalls zu einem festen Bestandteil von Wagenknechts Aussehen wurde, wurde bereits gemutmaßt, dass es sich um eine Reverenz an Rosa Luxemburg handeln könne, wenngleich die Politikerin dies nicht bestätigte.

Eine wichtige Rolle spielt jede stilgerecht getragene Personaluniform zwangsläufig im Rahmen einer ihr abverlangten „Legitimationsleistung“[27] in individuell verfolgten

Bildgebungs- und Kommunikationsstrategien. Die sich anziehenden und angezogenerweise vor ein Publikum tretenden Personen werden so zu Modehandelnden, die sich selbst in den Augen ihres Gegenübers einen Sinn verleihen. Der Hintergrundgedanke, der sich nicht ausblenden lässt, ist für jede*, die* sich mit Modetheorie oder -soziologie beschäftigt, offenkundig: Die als Teil des persönlichen Auftritts unverzichtbare Bekleidung (oder natürlich ihre nicht minder bedeutsame Abwesenheit) ist immer Sinnträgerin. Ob nun im Befolgen von bestimmten Tendenzen und Konventionen, in ihrer bewussten Geringschätzung oder der – ohnehin stets nur scheinbaren – Gleichgültigkeit ihnen gegenüber: In allen Arten und Weisen, die eigene Kleiderwahl zu betreiben, liegt eine Intentionalität geborgen, die für das Gegenüber dekodierbar wird. Öffentlich in Erscheinung zu treten, ohne dabei auch modisch zu agieren und somit Bedeutung zu tragen, ist schlichtweg unmöglich.[28]

In manchen Fällen verläuft die Grenze zwischen bewusstem Entscheiden und intuitivem Agieren fließend, was letztendlich für das Ergebnis des Kommunikationsprozesses sogar nebensächlich ist. Wenngleich er sich ansonsten kaum als Stilvorlage oder bewusster Modekommunikator anbietet – von einer noch näher zu besprechenden Baseballkappe abgesehen –, ist etwa US-Präsident Donald Trump an dieser Stelle zu nennen. In einer Ära der parallel groß (und mächtig) werdenden Generation politischer Rival*innen im Slim-Fit-Look und als Nachfolger des als besonders stilbewusst geltenden Barack Obama zeigt sich Trump in schlechtsitzenden, zu groß und häufig genug billig wirkenden Anzügen mit einer plump vor ihm baumelnden zu langen blassroten Krawatte: Was Stilkritiker*innen zuhauf auf den Plan rufen mochte, stellte auch auf dieser Ebene und mit simpelsten Mitteln eine deutliche Absage an jeden Modernisierungswunsch der US-amerikanischen Gesellschaft bzw. innerhalb der republikanischen Partei dar. Hier agierte als

Oberhaupt der Nation ein Mann, der mit seinen Bekleidungsgepflogenheiten auf eine vergangen geglaubte Zeit rekurrierte und sogar im durchschnittlichen Wall-Street-Szenario der Achtzigerjahre als vermeintliches Auslaufmodell wahrgenommen worden wäre. Für seine Sympathisant*innen war dieser Politikvertreter, ob im schrankförmigen Businesslook oder als nichtssagend gekleideter Hobbygolfer, genau die erhoffte Stilvorlage mit wenig Ausfasern an den Rändern.

Kontrapunktisch hätte Trump mit seinem altmodischen Aussehen bestimmt auch auf jenem Schlussfoto des G7-Gipfels auf Schloss Elmau in Deutschland 2022 gewirkt, bei dem sich alle anwesenden Männer (Joe Biden, Boris Johnson, Mario Draghi, Fumio Kishida, Emmanuel Macron, Olaf Scholz, Justin Trudeau) ohne Krawatte zeigten. Die Generation der Slim-Fit-Politiker bzw. zumindest der eine krawattenlose Ungezwungenheit bevorzugenden Staatsmänner hatte an diesem Punkt ein Hochplateau erreicht und sorgte für etwas hämische Schlagzeilen wie „Spitzenpolitiker erreichen G7-Schlussbekundung: Keine Krawatte". Dieses etwas legere und zumindest in vestimentärkonservativen Kreisen für Kritik sorgende Kleiderstatement stand allerdings in sehr deutlichem Widerspruch zum Ernst der Weltlage, in dem diese Photo Opportunity entstand.

EIN BERÜHMTES CHANEL-ENSEMBLE

Ähnlich funktioniert der Look des französischen Linkspopulisten Jean-Luc Mélenchon, der mit seinen Anzügen, auch der Wahl seiner Brille und seinem Haarschnitt, einen deutlichen Gegenpol zu slicken Slim-Fit-Politikern darstellt – wie dies seiner Ideologie und inhaltlichen Ausrichtung entspricht. Gerade in Frankreich ist es übrigens nicht so selbstverständlich wie in manchen anderen Ländern, dass, auch männliche, Politiker*innen sich nicht um Belange der Mode bzw. des Gutgekleidetseins scheren. Der sozialistische Präsident François Hollande bekam wiederholt Schelte für seine vermeintlich schlechtsitzenden Anzüge bei wichtigen Repräsentationsanlässen im In- und Ausland. Zwar entsprach es der Sensibilität eines linken Politikers, Kosten durch den Verzicht auf maßgeschneiderte Kleidung einzusparen; diese Sympathiewerte büßte Hollande aber im Nu ein, als das Salär seines persönlichen Coiffeurs öffentlich bekannt wurde. Auch dass in den Jahren zwischen 2012 und 2017 eine Website und ein Twitter-Account seiner schief- und schlechtsitzenden Krawatte gewidmet waren („François, ta cravate !"), ist bezeichnend für die Bedeutung, die man im Hexagon derlei Stilfragen beimisst. Nicht alle Lösungen, die vorübergehend als ideal bzw. originell angesehen werden, bleiben außerdem zeit einer politischen Karriere stimmig: Der ÖVP-Spitzenpolitiker Wolfgang Schüssel etwa, der sich in den Neunzigerjahren in seiner Partei als aufstrebende Nachwuchshoffnung etablieren konnte, setzte in dieser Phase seines Werdegangs auf „witzige" Fliegen mit gern bunten, schrillen Mustern. Das drollige Schüssel-Mascherl war allerdings schnell Geschichte, als Schüssel sich als Chef der drittgereihten Partei von der rechtspopulistischen FPÖ zum Bundeskanzler machen ließ und mit dieser Koalition zumindest vorübergehend Österreich und seine Partei auf weltpolitischer Ebene in Misskredit brachte.

Bedenkenswert sind an dieser Stelle, weil ja auch ein Mascherl das Ergebnis der Beantwortung einer Geschmacksfrage ist, die Ausführungen des Soziologen Pierre Bourdieu über die „feinen Unterschiede" und das Distinktionsbedürfnis in der *besseren* Gesellschaft – sowie alle sich daraus ergebenden Bedeutungsableitungen. Der von Bourdieu beschriebene *Habitus* mit allen Facetten, wie sich die Subjekte in ihrem Handeln und Hervor-Tun entsprechend ihrer (angestrebten) Position in der Gesellschaft darstellen, ebenso wie alle erdenklichen

Verfahrensweisen, um die Umgestaltung des gesellschaftlichen Raumes zu erwirken (er spricht wörtlich von einer potenziellen „transformation de l'espace social"), lässt auch Geschmacksfragen nicht unberücksichtigt. Gerade der *bon* oder *mauvais goût*, der zwischen vorbildlichen *Taste Makers* und bloßen Gefolgsleuten unterscheidet, werde, so Bourdieu, als zuverlässiges Unterscheidungsmerkmal wahrgenommen. Während einige seiner Thesen in der medial übersättigten, von Bildern gefluteten Jetztzeit des 21. Jahrhunderts nicht mehr ganz so zutreffend sein mögen wie in der visuell vergleichsweise noch recht beruhigten Ära Ende der 1970er Jahre, bleiben Bourdieus Ausführungen in ihren Grundzügen relevant. Besonders Bekleidung, Möblierung und Gourmetvorlieben würden als Resultat einer früh genossenen Geschmacksbildung und Erziehung wahrgenommen werden und gälten somit als potenzieller Einsatz im Streben nach Distinktion durch geschmackssicher auftretende bzw. als solche wahrgenommene Personen, die auf diese Weise die Berechtigung ihrer prominenten Position unterstreichen oder ein gesellschaftliches Upgrade bewirken können.[29]

Nicht immer geht es dabei um Kostspieliges oder möglichst den neuesten Trends Entsprechendes – beides könnte, wie spätere Kapitel zeigen werden, sogar das Gegenteil von Bedeutungserhalt oder -zugewinn auslösen. Jedes erfolgreiche Distinktionsstreben bezieht sich aber auf Stilvorlagen, die eine eindeutige Dechiffrierbarkeit erlauben. Selbst wenn es sich natürlich auch um ein Luxuserzeugnis handelt, ließe sich an dieser Stelle eines der berühmtesten textilen Ensembles der Politikgeschichte im 20. Jahrhundert denken. Es handelt sich dabei um das wohl berühmteste Chanel-Outfit der Geschichte, nämlich das pinke Kostüm, das Jacqueline Kennedy am 22. November 1963 in Dallas, im Moment der Ermordung ihres Gatten, des Präsidenten der USA, John F. Kennedy trug. Damit endete auch die Ära des sogenannten *Camelot Style,* benannt nach dem Hof des Sagenkönigs Arthus: Die auf starke Bilder setzende Kampagne von JFK, die ihm im Jahr 1960 den Erfolg bei der Präsidentschaftswahl brachte, verlief im selben Jahr, als das Musical „Camelot" von Alan Jay Lerner und Frederick Loewe herauskam. Da der gute Geschmack und das sozusagen *höfische* Auftreten von Kennedy und seiner Frau zentrale Punkte waren, ebenso wie die geschmackvolle Repräsentation, beginnend bei einer überaus kostspieligen Neugestaltung der Räume im Weißen Haus und gezielt in Medien gestreute Homestorys in den Folgejahren, tauchte der Begriff „Camelot-Präsidentschaft" auf.

Diese medial vielbesprochene Camelot-Ästhetik wurde zu einer Stilvorlage für spätere Politiker*innengenerationen in- und außerhalb der USA. Selbst wenn er in der Folge zu einem Betreiber von häufig changierenden Stilübungen mit ebenfalls recht durchmischten Geschmacksnoten wurde, stellte Silvio Berlusconi an den Anfang seiner Politikkarriere einen Fernsehauftritt, der gleichsam als Hommage an die Kennedy-Ära angelegt war. Im Januar 1994 wandte sich Berlusconi in einem weichgezeichneten Business-, Staats- und Familienmann-Setting an sein Publikum und begann seine Ansprache, mit der er seine Kandidatur für die Parlamentswahlen im März desselben Jahres mit seiner neu gegründeten Partei Forza Italia ankündigte, mit den schmalztriefenden Worten: „L'Italia è il paese che amo", also: Italien ist das Land, das ich liebe. Diese erfolgreiche „discesca in campo", das Hinabsteigen auf das Schlacht- oder auch einfach Fußballfeld, wie sich Berlusconi ebenfalls auszudrücken wählte, erfolgte aus den höchsten Höhen – so legte zumindest das erlauchte Camelot-Drumherum zu seiner Ansprache nahe – der Büroräume eines überaus wohlhabenden Geschäftsmanns.

Doch zurück zu Berlusconis Stilvorlage und auch gleich zum jähen Ende dieser Ära in der US-amerikanischen Politik: Dass nämlich Jacqueline Kennedy, Bankierstochter und Spross der vermögenden New Yorker Familie Lee Bouvier mit dezidiert europäischem Distinktionsempfinden, bei der Ermordung ihres Gatten ein (eigentlich nachgeschneidertes) Chanel-Ensemble trug, war in Anbetracht der Zusammensetzung ihrer Garderobe keine *One in a Million*-Chance. Sie galt als Stammkundin des von Gabrielle Chanel gegründeten, in der Pariser Rue Cambon ansässigen Modehauses und wurde ab 1955 als Mrs. John F. Kennedy im Kundinnenregister des Maisons geführt. Nach der Wahl ihres Gatten und der nicht eben günstigen Berichterstattung des Branchenblatts *Women's Wear Daily* aus dem Fairchild-Verlag über die kostspieligen Einkaufstouren von Jacqueline Kennedy und ihrer Schwiegermutter durch Pariser Couturehäuser kam ab November 1960 eine Spezialregelung für sie zum Tragen: Einerseits dürften eine enge Freundin und ihre Schwester für Jacqueline Kennedy in den Folgejahren für sie in der Rue Cambon eingekauft haben, andererseits konnte sie ihre Chanel-Ensembles aus der Produktion des New Yorker Salons Chez Ninon beziehen. Es handelte sich hierbei nicht um Fälschungen oder unrechtmäßig nachgeschneiderte, „chanel-ähnliche" Kostüme, sondern autorisierte Erzeugnisse mit aus Paris angelieferten Originalstoffen.[30] Das Original inklusive Flecken des Präsidentenbluts (mit dem Satz „Let them see what they have done" soll Jacqueline Kennedy den Vorschlag sich umzuziehen abgewehrt haben) wird übrigens im US-amerikanischen Nationalarchiv verwahrt und frühestens 2103 wieder erstmals öffentlich gezeigt werden.

Während es völlig undenkbar bleibt, selbst als ironisch angelegte Modehandlung (ohnehin eignet sich die politische

Bühne denkbar wenig für irgendwelches Ironisieren) oder ein sonstwie variiertes Zitat das rosarote Chanel-Kostüm als vestimentäres Mittel der Machtrepräsentation einzusetzen, ist ein vergleichbares Ensemble dieser Luxusmarke beim ersten Hinsehen dekodierbar und Teil eines eindeutigen Habitus. Die Trägerin ist, sagt dieser Look, vermögend, geschmackvoll, tendenziell eher wertkonservativ und bewegt sich anzunehmenderweise routiniert über das gesellschaftliche Parkett. Sie verfügt über die nötigen Geldmittel, sich diese Kleiderkombination leisten zu können, das Geschick, ein dem Original möglichst ähnliches Outfit erworben zu haben, und zudem über das nötige Grundverständnis, um zu ahnen, wie sich der nachempfundene Look zu Kommunikationszwecken zumindest so lange einsetzen lässt, bis das Gegenüber hinter die Bouclèstoff- oder Tweedfassade geblickt hat. Für gewählte Politikerinnen bietet es sich wohl eher an, auf ästhetisch verwandte Looks zurückzugreifen, um sich nicht dem Vorwurf ausgesetzt zu sehen, sündhaft teure Markenware zur Schau zu stellen. Der vormaligen österreichischen Außenministerin Benita Ferrero-Waldner schlug etwa aus der Boulevardpresse ablehnender Wind entgegen, als sie aufgrund ihres Kleidungsstils während des Wahlkampfs 2004, als sie sich für das Amt der Bundespräsidentin bewarb, despektierlich als „Chanel-Pupperl" abgekanzelt wurde.

Dass Menschen sich unter Zuhilfenahme ihrer „modischen Zurichtung" aufgrund der semantischen Gegebenheiten „in sozial deutbare Konstrukte" verwandeln,[31] ist eine Option, die auch bei der allmählichen bzw. sehr bewusst betriebenen Veränderung eines persönlichen Stils bis hin zum Festlegen einer unverkennbaren Personaluniform relevant wird. Eine bereits im Vorhinein und durch den Verlauf der Modegeschichte stattfindende Sinngebung von gewissen, eindeutig definierten Kleidungsstücken, wie dem weder zu trendbewussten noch zu aussagekräftigen Bouclékostüm, das ein eigenes Genre darstellt, zumal wenn ergänzt um ebenfalls mitunter aus eigener Kraft signifizierenden Perlenschmuck und die passende Föhnfrisur konservativer Eliten, erweist sich als vorteilhaft für das Festlegen von textil unterstützten Strategien der Selbstdarstellung.

MIT DEN WAFFEN EINER PREMIERMINISTERIN

Distanz zu den von ihnen regierten Menschen (zu denen nicht zuletzt die Mitglieder der eigenen Partei gehören) zu wahren bzw. sich eine schützende Hülle der Respektabilität zuzulegen, ist eine von manchen Politiker*innen gewählte Herangehensweise, die unter anderem auf einem bewusst betriebenen Stil-Upgrade beruhen mag. Als eine der erfolgreichsten Power-Dresserinnen der Demokratiegeschichte darf Margaret Thatcher gelten, die in Modedingen so wenig wie möglich dem Zufall verließ und auch auf Reisen, wie kolportiert wird, eine umfassende Garderobe mitführte – lange bevor die *Fashion Diplomacy* im eigentlichen Sinn ihren Höhenflug erlebte. Die Grundregeln, die Thatcher – ob intuitiv oder nicht – befolgte, hatte John T. Molloy in seinen Büchern *Dress for Success* (1975) und *The Women's Dress for Success Book* (1977) ja schon dargelegt. Thatcher war bewusst, dass ihre Selbst-Mediatisierung auf einem Prinzip beruhen musste, das für die Vorbereitung auf den Bühnenauftritt im tatsächlichen oder übertragenen Sinn das Ziehen sämtlicher Register vorsieht. Ihr großbürgerlicher, ein wenig grandioser Look, der wohl auch ein wenig an jenem von Königin Elizabeth II. geschult war, sollte ihre Eignung als Parteiführerin der konservativen Tories ebenso unterstreichen, wie er ihre nicht ganz großbürgerliche Abstammung im klassenbewussten Großbritannien vergessen lassen mochte. Wenn Repräsentation in der visuellen (politischen) Kommunikation die „Vergegenwärtigung von etwas Nicht-Gegenwärtigem“[32] bedeutet und in diesem Sinn auf eine materielle Komponente setzt, dann legte Thatcher Grundverständnis für diese Grundkonstellation an den Tag. Die anhaltende Wirkung ihres markanten Modestils und seine Aufgeladenheit mit leicht zu dechiffrierenden Inhalten ließ sich an innenpolitischen Debatten in Großbritannien noch 2022 nachvollziehen, als es in der konservativen Partei zur Suche nach einer* Nachfolgerin* von Boris Johnson kam. Inhaltlich mochten sich Liz Truss und Rishi Sunak, die beiden Kandidat*innen in der Schlussrunde dieses Prozesses, beide auf die Thatcher-Ära beziehen. Truss zitierte jedoch den gesamten Look und selbst einzelne konkrete Outfits der für ihre unerbittliche, ja eiserne Hand in der Sozialpolitik legendär gewordenen Premierministerin so deutlich, dass in britischen Medien zu lesen war, sie kopiere Thatcher bis ins letzte Detail oder inszeniere sich als ihre nahezu identische Kopie. Dass Truss ähnlich wie die Schluppenblusen auch die Deregulierungspolitik der *Power-Dressing*-Ära replizieren würde, war ein mit textilen Mitteln nochmals nachdrücklich unterstrichenes Versprechen an ihre Gefolgsleute.

Ähnlich wie die für Margaret Thatcher aller Wahrscheinlichkeit nach als wichtiger Bezugspunkt in Angelegenheiten der Stilbildung fungierende Monarchin, Elizabeth II., wurde auch die britische Premierministerin eng mit einem als internes Kommunikationsmittel gebrauchten Accessoire in Verbindung gebracht. Hieß es über die Königin, sie verwende ihre Handtaschen der Londoner Marke Launer auch, um in brisanten Situationen eindeutige Signale an ihre Mitarbeiter*innen auszusenden, so wurde in Zusammenhang mit Thatcher gar das Verb *to handbag* geprägt. Während von manchen Spitzenpolitikerinnen wie Madeleine Albright zu hören ist, sie würden bei öffentlichen Auftritten darauf achten, bestimmt keine Handtasche zu tragen – um nicht einen Nachteil gegenüber handtaschenlosen Männern zu haben –, war Margaret Thatcher auch bei wichtigen Anlässen meist mit ihrem Accessoire als inhaltsschwere Begleitung ausgestattet. Ein graues Modell der britischen Marke Asprey (auch Thatcher trug selbstverständlich bei manchen Gelegenheiten Launer) wurde 2020 vom *Victoria and Albert Museum* als Exponat für eine große Handtaschen-Themenschau ausgesucht, was unweigerlich begleitende Kommentare auslöste.

Die britische *Vogue* etwa titelte etwas reißerisch, Thatcher habe ihre Handtasche „zur Waffe gemacht" – wenngleich die höchstrangige Politikerin der Nation ihr bei wichtigen Besprechungen eher mit vernichtenden Notizen beschriebene Papierzettel entnahm als lebensbedrohliches Gerät.[33] Die Position des Lieblingsaccessoires gleich einem Schutzschild in Besprechungen wie auch die Angewohnheit, im Zustand der Aufgebrachtheit die Handtasche empört auf die Tischfläche zu schlagen, veranlassten das „Oxford English Dictionary" zu einem Eintrag mit der Bedeutung, dass eine Person schonungslos abgekanzelt und (zumindest nur) verbal attackiert werde. Wenn schon eine Wortneuschöpfung auf sie zurückgeht, verwundert es im Grunde wenig, dass ein Entwurf für die mit schwieriger Vorgeschichte ausgestattete geplante Gedenkstatue zu Ehren von Margaret Thatcher im 2018 vom Westminster Council mit der Begründung zurückgewiesen wurde, man empfinde sie ohne Handtasche als nicht ausreichend stimmig.

Von einer so starken Verbindung mit einem Accessoire können jüngere Politiker*innen am Anfang ihrer Karriere wohl nur träumen. Oder ihr Stilempfinden rät ihnen davon ab, eine langfristig so verbindliche Liaison öffentlichkeitswirksam einzugehen. Wie eine vorteilhaft konstruierte Personaluniform aussehen kann, oder ob es einen charakteristischen Look, der auf ein bisschen Wagemut schließen lässt, braucht, ist jeder* Einzelnen überlassen. Wenn es aber dazu kommt, dass man, wie SPD-Nachwuchshoffnung Kevin Kühnert, in der Schlagzeile einer Zeitung mit einem nicht gerade weltbewegenden Modeattribut in Verbindung gebracht wird, als hätte man es für sich gepachtet, ist eventuell Einlenken geboten: „Welcher Schal-Typ ist Kevin Kühnert?" fragte die *Stuttgarter Zeitung* 2019 und mutmaßte in demselben Zusammenhang, ob der spätere Generalsekretär der SPD etwa ein „Bourgeois-Sozialist" sei. Vom schwarzen Wollschal zur Reputation der *Gauche-caviar* ist es in der Bundesrepublik offenbar nur ein Katzensprung.

Einfacheres Terrain beackern jene Personen des öffentlichen Interesses, von denen keine besonders postmaterielle Einstellung erwartet wird. Das trifft etwa auf den CDU-Jungpolitiker Philipp Amthor zu, Jahrgang 1992, der als typischer Grünjackenträger (vorzugsweise der Marke Barbour) gut und gern einen Gastauftritt in Christian Krachts Roman „Faserland" (1995) hätte hinlegen mögen. Um sich als moderner Vertreter der von seiner Partei vertretenen Position zu zeigen, traf Amthor, dessen spätere Karriere wegen etwas unrühmlicher Nebentätigkeiten als Lobbyist einen Dämpfer erfuhr, wieder besonders modebewusste Entscheidungen. Dazu gehört nicht das Ablegen des Jagdscheins oder das späte Konvertieren zum römisch-katholischen Glauben, sondern sein Auftritt als Dressman bei einer Charity-Gala in der Kollektionspräsentation eines Maßschneiders aus Frankfurt. Bei dieser Gelegenheit wird Amthor in der *Bild*-Zeitung mit einem frommen Wunsch zitiert, der im Grunde alle Verfechter der im Politikalltag ausgeführten Personaluniformen einen dürfte: „Die Leute sollten sich nicht zu viele Gedanken über unsere Klamotten machen, sondern sagen: ‚Der ist ordentlich, der ist vernünftig angezogen.' Und lieber den Inhalten zuhören, die ich vermitteln will."[34] Wie war das noch einmal schnell mit dem Aufgestyltsein, Frau Merkel?

KAPITEL 02

REINHEITSGEBOT UND AUTHENTIZITÄTSVERSPRECHEN

„Eine Trachtengruppe aus Oberösterreich kommt, sie sind viel kleiner als die Bayern, und ihnen fehlt jeglicher Saft. Trotz ihrer grünen Janker wirken sie schwer depressiv. Ich schäme mich für mein Volk."

Stefanie Sargnagel[35]

Die Möglichkeit der Kommunikation mit kleidsamen Codes ist ein Phänomen, das zahlreiche Aspekte umfasst, woraus sich auch das für die Politik relevante Potenzial ableitet, unkompliziert Botschaften zu versenden. Nicht alle Spielarten des vielsagenden Modehandelns jedoch funktionieren in jedem beliebigen Umfeld. Eine Sonderform mit großem Durchdringungsgrad in einem spezifischen Umfeld ist eine Gewandpraxis aus dem süddeutschen und alpenländischen Raum: Auch Politiker*innen kommen dort schwer um sie herum. Dank so publikumswirksamer Veranstaltungen wie dem Oktoberfest in München oder aber lokalen Kirtagsaufläufen steigern sich potenzielle Breitenwirksamkeit und kommunikative Virulenz ständig, sodass auch Amtsträger*innen mit einem Wirkungsgebiet in Landstrichen nördlich der sprichwörtlichen *Weißwurstgrenze* ihre Vertrautheit mit dieser Bekleidungspraxis zumindest ansatzweise unter Beweis stellen müssen. Die Rede ist, man wird es verstanden haben, vom Umgang mit verschiedenen Varianten des Tracht-Tragens in diesem konkreten Kulturkreis. Es geht also nicht um eine ideologisch ganz anders bewertbare Kleidungspraxis, die in Ländern mit unterdrückten Minderheiten, beispielsweise unterrepräsentierten indigenen Bevölkerungsgruppen, stattfindet.

Dass in diesem Zusammenhang durch eindeutig zuordenbare und *sprechende* Kleiderformen eine Selbstermächtigung bzw. die Einforderung von Sichtbarkeit und Berücksichtigung etwa beim Verfassen einer Nationalkonstitution oder dem Beschluss von Minderheitengesetzgebung stattfindet, ist ein Phänomen von völlig anderer Bedeutung.

Was aber nun Dirndl, Lederhose und Artverwandtes betrifft, und damit zurück in alpine Gefilde, so ist hier besonders die von ihren Fürsprecher*innen immer wieder vorgebrachte Vielseitigkeit der angeblich ideologisch neutralen Tracht bemerkenswert – und, damit verbunden, die Ambivalenz, die sich aus ihrer Rolle in der Mode- und Kostümgeschichte seit dem 19. Jahrhundert ableitet. Dass nach Ende des Nationalsozialismus gar keine ideologische Unterfütterung mehr vorliegen soll, ist aus mehrerlei Gründen wenig plausibel und wurde bereits zur Genüge widerlegt. Auch wenn man – noch dazu in Anbetracht der letzthin erneut festzustellenden großen Begeisterung für Lederhose und Dirndl in allen erdenklichen Gesellschaftsschichten (auch dank der explosionsartigen Vermehrung von Wiesnderivaten und Bierfesteuphorie) – nicht annehmen möchte, dass jede* Dirndlträgerin* zugleich Sympathie für bestimmte verabscheuungswürdige Ideologien der Vergangenheit hegt, ist wenigstens im politischen Kontext relativ eindeutig, welches Lager bei solchen Gelegenheiten ein relativ simples Heimspiel absolviert und in welchem ein „Aufdirndln" tendenziell auf einen Drahtseilakt hinausläuft.

Fortschrittsskepsis, Rückwärtsgewandtheit, Reinheitsstreben sind die Assoziationen auf der einen Seite, denen man auf der anderen Transzendenz des gesellschaftlichen Klassensystems, ein allgemein gehaltenes Authentizitätsversprechen und Unverdorbenheit (freilich: wodurch?) gegenüberstellen würde. Die Tracht ist eine Kleiderform, die ab Mitte des 20. Jahrhunderts noch mehr – und aus anderen Gründen – polarisiert, als sie es in ihren Anfängen als von der Sommerfrische in das (groß)bürgerliche oder gar aristokratische Stadtleben importiertes Genre tat. Wenn zutrifft, dass sich dank der Tracht „eine folkloristische Formel von Land und Leuten"[36] im Handumdrehen replizieren lässt, dann wird auch verständlich, wieso Politiker*innen die Gelegenheit eines entsprechenden Auftritts bei passender Gelegenheit nicht ungenutzt verstreichen lassen. Dabei ist es aber unerlässlich zu entscheiden, wie diese vestimentäre Formel im Einzelfall am besten funktioniert: Wer die nagelneue (oder künstlich gealterte) Krachlederne trägt oder das Dirndl auf eine Weise, die nicht an *Heimatverbundenheit* denken lässt, sondern allenfalls an „Sound of Music"-Statist*innenauftritte, tut wohl besser daran, sich nach einer Alternative umzusehen. Im Grunde gilt hier dasselbe wie bei irgendwelchen Wandertagen oder Landpartien, die Politiker*innen für ihre treuesten Fans organisieren: Der in Kommunikationsdingen überaus talentierte österreichische Kanzler Sebastian Kurz erkannte, dass er bei so einer Gelegenheit glaubwürdiger – und, ganz im Sinne seiner Gesamtbotschaft, zeitgemäßer – wirkt, wenn er mit neutraler Freizeithose und atmungsaktivem T-Shirt auftritt als in Knickerbockern und Karohemd. Auch bei der äußerst unrühmlichen Trachtenhochzeit seiner Kabinettskollegin, der österreichischen Außenministerin Karin Kneissl (dazu später mehr), trat Kurz im eher reduzierten, an Tracht angelehnten Look auf, mit dem er noch immer auf seinem angestammten Slim-Fit-Messagekurs blieb.

LANDLIEBE IN DER STADT

Kostümhistorisch betrachtet ist die Übernahme des Trachttragens in einen urbanen Zusammenhang ein lupenreines Beispiel für die „Bubble-up"-Migration von vestimentären Codes gewesen. Damit bezeichnet man in der Modesoziologie die Übernahme von Modephänomenen im Alltagsleben, den sogenannten *Street Styles*, in die hochpreisige oder Avantgardemode, also auch Kollektionen, die Designabteilungen für den Laufsteg entwerfen (darum das Bubble-up-Motto: „from sidewalk to catwalk").[37] So hat die dominierende Schicht einst die während der Sommerfrische liebgewonnenen vestimentären Gepflogenheiten der Landbevölkerung übernommen und für ihren Alltag appropriiert und, einer amikal klassistischen Regung folgend, in ihren mondäneren Habitus integriert. Es ist in diesem Zusammenhang interessant, sich etwa die Warnung des Gründers der Modeabteilung in der Wiener Werkstätte, Eduard Wimmer-Wisgrill, vor der exzessiv betriebenen Übernahme dieser Bekleidungsgepflogenheiten näher anzuschauen. Wimmer-Wisgrill verfasste im Jahr 1936 einige Monate lang in regelmäßigen Abständen ein sogenanntes „Modetagebuch" für die Tageszeitung *Neue Freie Presse* – übrigens ein sehr interessantes Zeitdokument – und schrieb zu einem Zeitpunkt, als die Nationalsozialisten bereits an der Macht waren: „Das Land macht sich in der Stadt breit. Das ist nicht ungefährlich. Es gilt, die Stadt und ihren Stil zu verteidigen. [...] Wien hat einen Ruf zu verlieren. Eine Stadt, die wegen ihrer Kunstgüter, wegen der hohen Lebenskultur, die sie auch unter den schwierigsten Umständen bewahrte, von Angehörigen aller zivilisierten Völker aufgesucht wird, darf nicht verdorfen!"[38] Diese „Verdorfung", vor der hier gewarnt wird, korrespondiert mit dem Anti-Modernismus einer politischen Ideologie, die zum grausamsten Massen- und Völkermord der Menschheitsgeschichte führt. Das Gegenüberstellen von Rustikalisierung und Kulturverlust, wie von Wimmer-Wisgrill betrieben, sollte freilich in der Nachkriegszeit eine populärkulturelle Umwidmung erfahren. Diese bleibt auch heute noch aufrecht und beeinflusst das zeitgenössische politische Leben mit.

Wie sich mit dem von dieser Gewandform verkörperten „Binnenexotismus“ umgehen lässt und zugleich „hautnahe Bekenntnis zu einer nationalen Gemeinschaft“ ablegen,[39] verstand als ein früher Vertreter einer Praxis der Kleidungskommunikation Kaiser Franz Joseph I., der sich für die Krönungsfeierlichkeiten in Budapest 1867 zu Beginn der Doppelmonarchie eine an jene der ungarischen Husaren angelehnte Uniform anfertigen ließ. Auch die von Kaiserin Elisabeth bei derselben Gelegenheit getragene Robe mit Trachtenzitaten war mit der Wirkungsabsicht angefertigt worden, wohlwollende Reaktionen der Beobachter*innen hervorzurufen bzw. der Schwesternation der Österreicher*innen in der neuen Doppelmonarchie vestimentär Reverenz zu erweisen und die Gleichstellung der beiden Nationen zu signalisieren. Es dürfte sich um eine Kreation des Hauses Worth in Paris gehandelt haben, mit der die Kaiserin als eine „mit dem Alphabet der Mode bestens vertraute“ Herrscherin „tadellos vorzeigte, dass Kleidung dazu taugt, nationale wie auch individuelle Identitäten darzustellen“.[40]

Apropos Elisabeth, Sisi oder eben, dann als Filmfigur in der berühmten Trilogie von Ernst Marischka mit Romy Schneider in der Hauptrolle, Sissi: Für die Neutralisierung der von den Nazis verkörperten Trachtenideologie nach dem Zweiten Weltkrieg, die letztlich auch für die Option des aufgedirndelten Power Dressing durch Vertreter*innen aller politischen Lager bis ins Heute bedeutsam ist, empfiehlt sich ein Schwenk auf populäre Filmproduktionen der Nachkriegszeit. Das international wohl bekannteste, für die bedeutungsschwere Bildwelt der Tracht extrem relevante Beispiel ist der Musikfilm „The Sound of Music“ (1965, Regie: Robert Wise). Diese Oscar-prämierte US-Produktion bricht zum Zeitpunkt ihres Entstehens alle Publikumsrekorde und gilt nach dem Kinostart sogar vorübergehend als erfolgreichster Film aller Zeiten. Der Werbewert für Österreich, die Stadt Salzburg und alles andere mit lebendigen

Berghügeln („The Hills Are Alive") Assoziierbare ist sagenhaft – das betrifft selbstverständlich auch die Tracht. Bereits die echte Trapp-Familie fällt aufgrund ihrer großen Beliebtheit und ihres Bekanntheitsgrades in die Kategorie „erfolgreiche Sympathiewerber" für diese traditionelle Gewandform.[41]

Und auch in der Hollywood-Version der von Maria von Trapp verfassten Familienbiografie dürfen adäquate Kleider nicht fehlen; dabei stehen über weite Strecken gar nicht „echte" Trachten im Vordergrund. Sogar das berühmte Plakatsujet, mit dem „The Sound of Music" beworben wurde und das auch heute noch den Inhalt der Eröffnungshymne versinnbildlicht, zeigt Maria von Trapp (Julie Andrews) in einer knöchellangen, als Schürzenkleid gefertigten Nonnentracht: Abstrahierte Zitate von Elementen des klassischen Dirndls lassen hier noch einigen Spielraum der Vorstellungskraft, ehe der „Authentizitätsgrad" der Filmkostüme gesteigert wird (ein Set davon wurde noch im Juli 2013 vom Auktionshaus Profiles in History in Los Angeles um 1,56 Millionen US-Dollar versteigert).

Denn man trägt im Hause des gestrengen Georg von Trapp zunächst einen eher verhaltenen „Austrian Look", und erst nach seiner Abreise nach Wien, als die Unbeschwertheit der unter der Leitung Marias musizierenden Kinder endlich zunimmt, kommt es zu einem Austausch der vestimentären Codes: Aus alten Vorhängen schneidert Maria Trachtenähnliches für den Trapp'schen Nachwuchs. Die Kinder dürfen nun die von ihrem autoritären Vater als Einheitskleidung oktroyierten Uniformen ablegen und vollziehen mit dem Anlegen ihrer Dirndln und Lederhosen einen Schritt hin zu Freiheit und Frohsinn. Markant ist im Sinne einer vestimentären Dichotomie zudem die Differenzierung zwischen der Hauslehrerin Maria und ihrer Wiener Rivalin, Georg von Trapps Verlobter, die bei einer Landpartie selbstverständlich von sich behaupten kann: „I've got the best couturier in Vienna".

Im Buhlen um die Gunst des Familienvaters hilft ihr das allerdings am Ende nicht.

SIS(S)I IM DIRNDLGLÜCK

Eine vergleichbare Kluft trennt in der Filmtrilogie von Ernst Marischka ab dem 1955 entstandenen ersten Teil die freudvolle Sis(s)i von Possenhofen und die spätere Kaiserin Elisabeth von Österreich. Zunächst wird die Hauptfigur unzweifelhaft als ein Kind der Natur, Freundin der Tiere und der Wälder und natürlich als ein weitgehend ungestümes junges Wesen gezeigt: Auf das arglose erste Zusammentreffen mit Franz Joseph im informellen Setting des Forsts von Bad Ischl, selbstverständlich im sommerfrischelnden Freizeit-Trachtengewand, folgt die standesgemäße Bekanntmachung. Was in Lederhose und Dirndl kaum denkbar gewesen wäre, lässt sich in Uniform und Ballkleid sehr wohl bewerkstelligen: Franzl und Sissi werden als Franz Joseph und Elisabeth zum auf Zelluloid gebannten Regentenpaar, das einem traumhaften Leben bei Hof entgegenblickt. Begonnen hat ihre Romanze aber unter dem Zeichen der Zwanglosigkeit und Unbeschwertheit: Wann immer es nötig ist, ist die Reaktivierung dieses „eigentlichen" Liebespaares der rettende Anker. Das zwanglose Auftreten in der urigen Kleidung der Landbevölkerung wird freilich vom spanischen Hofzeremoniell im Regelfall nicht toleriert. Bezeichnend ist denn auch das Zurückschlüpfen in die bayerische Idylle inklusive dazu passendem Outfit, als nach der Geburt ihres ersten Kindes und der Einmischung ihrer Schwiegermutter für Sissi im zweiten Teil der Trilogie der Haussegen schief hängt. Sissi sucht in dieser schwierigen Lage Zuflucht bei ihren Eltern, und so wie amerikanische Filmfiguren in späteren Jahrzehnten zum Relaxen einen bequemen Jogginganzug anlegen, macht es sich Sissi-Elisabeth-Romy in „Sissi – die junge Kaiserin" eben im Dirndl gemütlich und wird – freilich nur für kurze Zeit – wieder zu ihrem ursprünglichen/urigen Ich. Ebenso wie in der Szene, wo in „The Sound of Music" die Trapp-Kinder zum ersten Mal die von Maria geschneiderte Trachtenkleidung anlegen dürfen, wird hier das traditionelle Gewand zum vestimentären Code, der auf unkomplizierte Weise für die* Betrachterin* die Erlangung einer „personalen Authentizität" signalisiert.[42]

Es ist nicht übermäßig schwierig, die Hintergründe der Stadt-Land-Opposition, die sich auch auf der Ebene der die Figuren charakterisierenden Kostüme spiegeln, zu erfassen. Die Unverfälschtheit des (heiteren) Landlebens und die dazugehörigen Attribute lassen die Menschen *zu sich selbst* finden. Jede Huldigung von Industriezeitalter und Betriebsamkeit des Großstadtlebens entfällt zugunsten der aus der sattsam bekannten und sozusagen bewährten antimodernen Regungen und einem *verdorften* Gesamtbild in diesem Rahmen. In einem Kosmos, der sich wie eine entrückte Parallelwelt zum Wirtschaftswunder der Nachkriegsjahre ausmacht, wird eine Rehabilitierung des Ruralen betrieben und ganz nebenbei auch werbewirksam das Bild einer gemütlich-harmlosen, arglosen Nation retroaktiv befördert.

„Die Wiener Gemütlichkeit als ein Dolchstoß von hinten" ist es denn auch, den die von Hilde Krahl gespielte Vorsitzende der *Globalen Union* im 1952 gedrehten Film „1. April 2000" (Regie: Wolfgang Liebeneiner), einem echten Kuriosum, fürchtet: In diesem Streifen, der von der österreichischen Bundesregierung in Auftrag gegeben und finanziert wurde, wird die scherzhafte Schreckensvision aufgearbeitet, dass Österreich bis zur Jahrtausendwende ein besetztes Land bleiben könnte. Um die eigens angereisten Vertreter der Union davon zu überzeugen, dass die harmlosen Österreicher*innen nichts Böses im Schilde führen und darum ihre Unabhängigkeit redlich verdienen, wird allerlei Schabernack getrieben. Auch hier darf ein Dirndl eine mehr oder weniger prominente Rolle spielen: Die Vertreterin Südamerikas im Komitee der Union ist nämlich für den Ministerpräsidenten Österreichs (Josef Meinrad) entbrannt und bemerkt auf unfreiwillig zweideutige Weise: „Ich habe geträumt, dass Sie sind mit mir gegangen zu kaufen so ein Dirnenkleid." In besagtem „Dirnenkleid" („Gnä' Frau, Sie schauen aus ... das geborene Dirndl!") mischt sich die leutselige Latina am Ende unter das demonstrierende Volk, das unter den Augen der seriösen Unionsvorsitzenden seine Harmlosigkeit unter Beweis stellen möchte.

Für Letztere hingegen kommt die Anschaffung eines „Dirnenkleides" indes gar nicht infrage, weshalb sie sich auch ein kleines Wortgefecht mit dem österreichischen Ministerpräsidenten inklusive Seitenhieb auf Maria Theresia liefert: „Das ist Ihnen wohl zu weiblich? – Sie meinen, weil man hierzulande erst zwölf Kinder haben muss, um regieren zu dürfen?" So emanzipiert, dass sie sich dem Charme des österreichischen Ministerpräsidenten gänzlich entziehen kann, ist die „Exzellenza" freilich auch nicht – am Ende werden die beiden ein Paar, und nachdem auch die alliierten Truppen aus Österreich abziehen, ist ein Happy End auf allen Ebenen sichergestellt.

NEUTRALISIERTE TRACHTENIDEOLOGIE

Dieses Scheinwerferlicht auf diverse Filme aus ungefähr demselben Zeitraum, auf den ersten Blick ein Stück weit entfernt vom Thema der Power-Dressing-Kleiderwahl im Politikumfeld, kann erklären helfen, wie man auch die Tracht – im Zuge anderer Rehabilitationsversuche – in der zweiten Hälfte des 20. Jahrhunderts wieder als vestimentären Normalzustand etablieren wollte. In Österreich führte die – in diesem Fall allerdings eher zufällige – Verquickung zwischen Trachtenindustrie und Politik sogar an den Nebenschauplatz einer Parteigründung: In einem der Räume der Firmenzentrale von Tostmann Trachten, dem sogenannten Mölkerhof in der Wiener Innenstadt, soll es zu entscheidenden Treffen vor der Gründung der „Grünen Alternative“ gekommen sein. Im konkreten Fall ist dies zwar dem persönlichen Engagement der Firmenchefin, der promovierten Volkskundlerin und Trachtenforscherin Gexi Tostmann geschuldet, die Berührungspunkte zwischen Folklore und engagierter Umweltpolitik lassen aber auf die in Österreich noch mehr als etwa in Bayern gegebene Versatilität des Polit-Dirndls schließen. Die Krachlederne freilich kommt schon viel früher in der Nachkriegszeit zu politischen Ehren, und zwar in ziemlich ehrwürdigem Umfeld (wo sie logischerweise für einige Aufregung sorgte): Die 17 frisch gewählten Abgeordneten der sich unter anderem für die Unabhängigkeit des Freistaates einsetzende Bayernpartei zogen 1949 in Lederhosen in den Bundestag ein, was wortlos eloquent die politischen Forderungen dieser Volksvertreter untermauerte.

Beobachter*innen sind sich – angesichts der Vielzahl möglicher Argumente ist das verständlich – uneins, ob das Tragen von Tracht im politischen Leben weiterhin eindeutig konnotiert sei oder nicht. Einmal sieht man dies als „Symbol eines Ethnopopulismus und Zeichen von verallgemeinerndem deutschem Traditionsgut zum Zwecke der Ausgrenzung jener Staatsbürger und Einwohner, die nicht so sind“, ein andermal als Sinnbild „für eine naturbelassene Landschaft, die zur Erholung einlädt, oder für die Reinheit einer Bier- oder Käsesorte“ und jedenfalls als „unpolitisch[e] Stimmungs- und Werbeträge[r]“.[43] Wie schon angedeutet: Selbst wenn die ideologische Aufladung nicht mehr so stark gegeben ist wie zum Zeitpunkt von Wimmer-Wisgrills Protest gegen die „Verdorfung“, so ist doch der Beobachtung zuzustimmen, dass parallel zu hier und da zu verzeichnendem

Nach-rechts-Verrücken der politischen Mitte auch Lederhose und Dirndl wieder für eine etwas täuschende Gemütlichkeit stehen, unter deren stiller Oberfläche sich mitunter bedrohliche Tiefen verbergen. Dass „Vorstellungen von Echtheit, Eigentlichkeit, Unmittelbarkeit, Ursprünglichkeit" als „gesellschaftlich bedingte, kontingente Konstrukte [...] im Rahmen von Machtbeziehungen verhandelt werden" und sich daraus eine Neubewertung von Authentizität, für die ja auch diese Kleiderform steht, als ein „Sehnsuchtsort"[44] ableitet, unterstreicht die Renaissance der Tracht und die inflationäre Vervielfältigung sämtlicher Veranstaltungen, auf denen sie eine gute Bühne findet. Die ins Groteske überzeichnete Nacherzählung ihres Wiesnbesuchs fasste die österreichische Schriftstellerin Stefanie Sargnagel auf eine Weise zusammen, die mit unerhörter Komik den aus einer distanzierten Perspektive nachgerade absurden Charakter dieses Folklorespektakels vor Augen führt.

Für die – zumindest vorübergehende – Klassenlosigkeit spricht die Tatsache, dass sich auch Politiker*innen linker Parteien an Fingerübungen mit der Tracht wagen und darin nicht von vornherein eine schlechte Figur machen müssen. Zu den vielleicht überraschendsten und nicht minder beherzt auftretenden Dirndlfans zählt wohl Claudia Roth von den deutschen Grünen. Sie gilt als Stammgast der Eröffnungszeremonie der Münchner Wiesn und ist eine Dirndlaficionada durch und durch, wie sich schnell bei einer chronologisch geordneten Bildersuche im Web zeigt. Die Kreationen, die Roth am Oktoberfest ausführt, werden von Jahr zu Jahr wagemutiger und entfernen sich mit bestickten Tüllärmelchen, Paillettenstickereien und Neonschnürung mehr und mehr von irgendwelchen „verbürgten" Regionaltrachten (wobei es sich ohnehin um ein Konstrukt der Authentizitätsvernarrten handelt). Dass Roth 2009 die Wiesn als die „größte offene Drogenszene"[45] Deutschlands bezeichnete, trübte die Harmonie zwischen ihr und den Veranstalter*innen des süffigen Events nur kurz und ohne strenge Konsequenzen. Bloß 2014 war Roth zum VIP-Eröffnungsevent nicht geladen, da sollte es nämlich, wie damals Medien kolportierten, vor Ort möglichst „münchnerisch“ zugehen – und dieses Anforderungsprofil erfüllte die gebürtige Schwäbin nun einmal nicht.

DIE KANZLERIN IM BIERZELT

Wegen der mit ihr eng assoziierten Reinheitsgebote ist die Trachtenwelt nicht gerade das am einfachsten zu navigierende Umfeld, außerdem ist bei übertriebenem stilistischem Wagemut schnell einmal die Grenze des guten Geschmacks erreicht (oder gar überschritten). Übermäßig fantasievolle oder nicht regelkonforme Auftritte laufen darum Gefahr, als unzulässig getadelt zu werden oder einfach in die Stilfalle zu tappen. Darum empfiehlt es sich mitunter, auf der sicheren Seite zu bleiben und den geringstmöglichen Aufwand zu betreiben. Wie das aussehen kann, hat – erneut sie – Angela Merkel im Lauf der Jahre vorgezeigt: Auf Dirndl oder auch nur Trachtenähnliches hat die Kanzlerin in München (zudem nicht eben ihr politischer *Home Turf*) stets verzichtet – wenn man einmal davon absieht, dass ihre vielseitig einsetzbaren Jacketts, je nach Farbe und Material, ohnehin ein bisschen an Trachten*mode* erinnerten. Doch die Kanzlerin verstand, dass es irgendeine Art der verwertbaren Fotogelegenheit brauchte, wenn sie schon die Wiesn besuchte: Die eine Maß Bier stemmende oder an dem schäumenden Krug nippende Spitzenpolitikerin gibt es darum oft genug zu sehen. In größere Trachtennähe kam Merkel wegen des alpinen Settings und der für sie ungewöhnlichen Freizeitbekleidung: Als Sommerfrischlerin in Südtirol zeigte sich die Kanzlerin nämlich im Freizeitlook, der wegen des Bruchs mit ihrer permanenten Personaluniform verstörend sein mochte. Natürlich bestieg

Merkel dort nicht im Freizeitgewand à la Julie Andrews die Berge oder schaute im Hubertusmantel bei Reinhold Messner auf einen Kaffee in der Blechschale vorbei; immerhin aber sah man sie schon einmal in rot-weiß-karierter Hemdbluse neben ihrem Gatten auf dem Sessellift sitzen.

Während es sich deutsche Politiker*innen also erlauben können, die Trachtenfrage mehr oder minder elegant zu umschiffen, ist das in dem, immerhin zur Gänze südlich des Weißwurstäquators liegenden, Nachbarland Österreich deutlich schwieriger. Das zeigt sich besonders deutlich in Wahlkampfzeiten, wenn das Bekenntnis zur Lederhose fast gleich wichtig zu sein scheint wie das Vorbeischauen in der nächstgelegenen katholischen Kirche. Dass es sich, wie etwas überspitzt in der Literatur zum Thema zu finden ist, um beim Anlegen von Tracht „wegen ihrer scheinbar harmlosen Hübschheit [um] nichts als eine Verschleierung des Bösen der eigenen Geschichte“[46] handeln soll, repliziert die sattsam bekannte Punschkrapferl-Allegorie des politischen Nachkriegsösterreichs: außen (rosa-)rot, innen braun. Als Kommunikationsstrategie, die sich besonders zu Zeiten eines Wahlkampfs anbietet, ist das Anlegen von Kleidung im Sinne der „Hervorbringung von Identitäten jeder Art und auch von Machtstrukturen“[47] freilich geradezu ein Muss und ein probates Mittel, auf das wohl keine* Wahlkämpferin* verzichten möchte. Die für wichtige Auftritte ausgewählte Bekleidung zählt zu den wichtigen „Darstellungselementen“, wobei Bewerber*innen um ein politisches Amt entweder „staatsmännisches Verhalten und Empathie“ vermitteln können oder eben die Entscheidung treffen, „Bodenständigkeit zu vermitteln. Sie sind leger gekleidet, geben sich betont volksnah.“[48]

Rechtspopulist*innen tun sich wegen der inhaltlichen Erwartungshaltung ihrer Stammklientel in puncto *Bodenständigkeit* gemeinhin leichter mit Kirtagsauftritten und dergleichen, wobei man etwa vergeblich nach Bildern der AfD-Politikerinnen

Alice Weidel oder Beatrix von Storch im Wiesndirndl sucht. Schwieriger ist aus einigen Gründen der Balanceakt im konkurrierenden politischen Lager, wobei dies natürlich immer auch eine Typfrage ist (nicht jede* ist geborene* Dirndl- oder Lederhosenträgerin*). Der österreichische Kanzler Christian Kern etwa, der sich mäßig erfolgreich als Slim-Fit-Spitzenpolitiker in Stellung gebracht hatte, ließ es sich zum Auftakt des Wahlkampfs im Sommer 2017 nicht nehmen, in einem zünftigen Lederhosenlook beim Villacher Kirtag aufzutauchen – „Villach, weil i di måg"-Lebkuchenherz inklusive. Der Spagat zwischen zeitgemäßem, urbanem Businesslook und streichelweichem Trachtenlook sorgte für einiges an Häme in der begleitenden Berichterstattung; den Hinweis auf einen „kernigen Auftritt" ließen sich manche nicht nehmen.

Wegen der Möglichkeit, durch die Auswahl der richtigen Kleider für einen gegebenen gesellschaftlichen Zusammenhang sogar „soziale Barrieren zu negieren"[49], was aufgrund ihrer Geschichte besonders für die Tracht gelten dürfte, können auch als etwas *abgehoben* bzw. *wenig volksnah* wahrgenommene Politiker*innen mit ihrer Hilfe eine Imagekorrektur versuchen. Man mag hier an den Auftritt von ÖVP-Frontmann Gernot Blümel zum Wahlkampfauftakt im Sommer 2019 denken, als er in (nicht ganz eingetragenen) Lederhosen und (drolligen) türkisen Stutzen mit Gefolgsleuten den traditionellen Neustifter Kirtag in Wien bespielte. Besonders die Farbwahl, die in Blümels Fall noch dazu eine direkte Querverbindung mit einer in späterem Zusammenhang zu beschreibenden Mode*panne* herstellt, sollte wieder einmal das moderne Auftreten der „neuen" Volkspartei unter Sebastian Kurz unterstreichen.

Nicht gerade in Tracht, aber immerhin in alpinem Bergpanorama seines Heimatbundeslandes Tirol zeigte sich in einer Plakatkampagne 2016 Alexander Van der Bellen, als er sich um das Amt des österreichischen Bundespräsidenten bewarb.

Sein hemdsärmeliges Posieren vor einem Sonnenuntergang in den Bergen, umrankt vom Slogan „Wer unsere Heimat liebt, spaltet sie nicht“, inszenierte den Kandidaten als staatsmännischen Politiker mit Gespür für sein *Heimat*land und seine Menschen. Gerade dem früheren Parteichef der Grünen und hier als parteilos antretenden Kandidaten Van der Bellen haftete für manche ein allzu großstädtisches, professorales Bild an, das es zu überwinden galt. Van der Bellen in Lederhosen gab es zwar auch bei begleitenden Veranstaltungen nicht zu sehen, ein leger über die Schulter geworfenes Sakko zum Alpenglühen traf damals aber den richtigen Zwischenton.

EIN FATALER KNICKS IM HOCHZEITSDIRNDL

Ein tatsächliches Worst-Case-Szenario von sogar weltpolitischer Bedeutung trug sich im August 2018 im steirischen Ort Gamlitz zu: Karin Kneissl, zu jenem Zeitpunkt von der FPÖ nominierte parteilose Außenministerin, hatte zu ihrer Trachtenhochzeit geladen. Derlei ist in Österreich nicht unüblich und überraschte gerade in Kneissls Fall wenig. Als geradezu fatal stellte sich aber die Tatsache heraus, dass Kneissl wenige Monate zuvor am Rande eines Staatsbesuchs den russischen Präsidenten Wladimir Putin zu ihrer Hochzeit eingeladen hatte und er relativ kurzfristig diese Einladung auch annahm. Das Ergebnis war ein Blitzbesuch Putins in der Steiermark, wobei die erheblichen Sicherheitskosten aus der Staatskasse bezahlt wurden: Das rechtfertigten die Verantwortlichen später mit Kurzgesprächen, die Kneissl und Kanzler Sebastian Kurz am Rande des zünftigen Fests mit Putin führten. Besonders ein Bild wurde Kneissl, im Grunde aber der gesamten Bundesregierung, zum Verhängnis. Letztere kam übrigens nicht einmal ein Jahr später durch den sogenannten Ibiza-Skandal zu Fall, in dem ebenfalls

Verbindungen zu vermeintlichen Oligarch*innen aus Russland eine Rolle spielten. Kneissl, im kostspieligen Hochzeitsdirndl (Boulevardmedien wussten: Es handelte sich um ein Modell von Tostmann, Kostenpunkt um die 1.000 Euro), warf sich beim Tanz knicksenderweise geradezu vor Putin in den Staub. Da dieser obendrein nicht in einen Trachtenlook gewechselt hatte, unterstrich auch das textile Stadt-Land-Gefälle die Ungleichheit der Akteur*innen und mittelbar natürlich der von ihnen bei dieser Gelegenheit folkloristisch mehrfach repräsentierten Nationen. Das Bild tauchte auch später immer wieder auf, wenn es um die Verbindungen von Wien nach Moskau ging – nicht zuletzt im Frühling 2022, nach der russischen Invasion der Ukraine. Ein kleines Zugeständnis Putins an das Folklorethema gab es in Gamlitz nämlich doch: Als Gastgeschenk hatte Putin neben kostbaren Saphir-Ohrringen, die in den Staatsbesitz übergingen und Kneissl doch nach Abschluss eines Leihvertrags mit dem Außenministerium auf Lebenszeit überlassen wurden, auch einen Kosakenchor mitgebracht. Zu seinen beschwingten Klängen vergnügten sich die aufgedirndelte Braut, der illustre Gast und die anderen Anwesenden. Auch Putins politischer Widersacher Michail Chodorkowski kritisierte übrigens seinerseits und aus russischer Perspektive, dass hier simple Stereotype bedient würden.

Dass sich Trachtenkleider als eine Spielart der, wie eine Modetheoretikerin treffenderweise bemerkt, „non-fashion" dazu eignen, visuelle Projektionsflächen zu erzeugen und die Bestätigung etablierter Bräuche zu erwirken,[50] kommt besonders jenen zupass, die sich auf Auslandsreisen begeben. Auch hier kann wieder das Dirndl als folkloristische Non-Fashion in Reinkultur zum Zug kommen, wie – erraten! – ebenfalls Karin Kneissl bei einer Reise nach Bangladesch, Bhutan, Indien und Nepal im Jahr 2019, also schon mit einiger Trachtenvorerfahrung im Politkontext ausgestattet, vormachte. Dass sie sich bei einem Treffen mit Abdul Hamid, dem Staatspräsidenten ihres ersten Reisestopps Bangladesch, im lindgrünen Dirndlkleid mit brauner Schürze und somit im Freizeitlook der Oberschicht des 19. Jahrhunderts, jedoch ohne irgendwelche inhaltlichen Bezüge zu ihrer Reise zeigte, mag Aufschluss geben über Kneissls Begeisterung für das Trachtenthema, darüber hinaus aber nicht gerade von großer Ehrfurcht gegenüber dem Gastland Zeugnis ablegen.

Ein kleines Trachtenkuriosum stellte indessen ein Instagram-Auftritt des ehemaligen Bundeskanzlers Gerhard Schröder im Account seiner Ehefrau, So-yeon Schröder-Kim, dar. Während Schröder als deutscher SPD-Kanzler, zwischen der Ära Kohl und der Ära Merkel – mit etwas kürzerem Verbleib an der Regierungsspitze – das Auftreten in Lederhose und Co. eher vermied, trat er im Jahr 2020 als Dressman für seine Frau auf: Schröder-Kim, in deren Instagram-Auftritt ihr Ehemann übrigens eine visuell sehr prominente Rolle spielen darf, hatte als Ehrerweisung für die Community koreanischer Krankenpfleger*innen in Deutschland eine eigene Version der Hanbok-Tracht für Männer und Frauen entworfen. Interessanterweise sind von Gerhard Schröder während seiner Amtszeit als gewählter Politiker im Netz keine „kompromittierenden" Lederhosenbilder erhalten, was darauf schließen lässt, dass er die Wiesnfrage umschiffen konnte. Ein Bild aus späteren Jahren zeigt ihn, neben seiner Frau im satinroten Dirndl, in einem zu schwarzem Hemd mit roter Krawatte getragenen Trachtenjackett, was eine recht urbane, elegante Lösung darstellt, als Zwischenlösung zur Befriedigung von *Visual Politics*-Erwartungen aber wohl nicht genügt hätte.

VOLLE LADUNG LEDERHOSEN FÜR JOE BIDEN

Die Zwangsbeglückung mit etwas befremdlichen visuellen Szenarios ist ab und zu Teil des politischen Alltags, und gerade die Trachtenmode kann dabei eine besonders unglückliche Rolle spielen. Für weltweit hochgezogene Augenbrauen sorgte 2022 die Entscheidung des bayerischen Ministerpräsidenten Markus Söder, Joe Biden als Gast des G7-Treffens auf Schloss Elmau am Flughafen von München mit einem Trachtenkomitee in Empfang zu nehmen. Dass Söder selbst bei dieser Gelegenheit eine passende Leinenweste mit Hirschhornknöpfen trug, war nicht minder befremdlich, immerhin als Teil seiner Inszenierung aber stimmig. Nun wurde in der angespannten weltpolitischen Lage jener Tage dem G7-Treffen große Bedeutung beigemessen; es handelte sich um keinen Routinestaatsbesuch des US-Präsidenten mit Ausgangspunkt München, nicht Berlin. Die Entscheidung Söders, ein Bayernbild sehr ostentativ in die Welt zu tragen, ist vielleicht auch das Ergebnis einer gewissen Arglosigkeit – zumindest in allem, was die Mode betrifft. Ebenso aber als Anspruch, mit einer dominanten süddeutschen Ebene den Gesamt- oder wenigstens einen entscheidenden ersten Eindruck dieser Veranstaltung zu überschreiben.

Besonders heikel werden folkloristische Zitate, wenn sie als Gaudium von „Ortsfremden" taugen sollen: Ob nun bei einem Humtata-Empfangskomitee oder in Form eines physischen Gegenstands, wenngleich Letzteres zum diplomatischen Alltag des Beschenktwerdens gehört. Das gilt für Filzhut und Trachtenbluse ebenso wie für ganz andere Attribute: Als etwa der All-American-Cowboypräsident Ronald Reagan dem Ex-Kremlchef Michail Gorbatschow bei einem Besuch auf seiner Ranch im Jahr 1992 – beide waren also nicht mehr im Amt – einen Cowboyhut überreichte, den der Russe prompt (zunächst anscheinend falsch herum) aufsetzte, wurde das im Nu zu einer verunglückten Photo-Op. Während für Gorbatschow dieser kleine Fauxpas naturgemäß nicht weiter dramatisch war, gehört das korrekte Cowboyhut-Tragen in den USA wohl ebenso zu den Grundvoraussetzungen vestimentärer Selbstkodifizierung wie Lederhosenlooks im alpenländischen Raum. So überzeugend wie Reagan, den das Publikum schon in seiner ersten Karriere als Schauspieler im Cowboylook auf Filmplakaten kannte, ist aber wohl kein anderes Staatsoberhaupt der USA je in dieser Form aufgetreten. Es ist übrigens interessant, dem Gedanken zu folgen, dass sich nach dem Fall des Eisernen Vorhangs und mit dem Zusammenrücken der Weltmächte ein ehemaliges Stilgefälle zwischen West und Ost, vielleicht auch dem globalen Süden und dem globalen Norden, weitgehend ausgeglichen hat.[51] Jene Staatsfrauen und -männer, die einem globalen politischen Look, vergleichbar dem vereinheitlichten Businesslook, durch ihre vestimentäre Praxis zuwiderhandeln, tun dies ab der Jahrtausendwende notwendigerweise mit einer konkreten, bewusst gesetzten Wirkungsabsicht.

Nicht weniger Vorsicht ist, das sollten sich Politiker*innen tunlichst in ihre schlauen Büchlein schreiben, bei allen Gepflogenheiten geboten, die über die Bekleidung hinausgehen, aber andere Aspekte der „Lebensart" betreffen. Es handelt sich um ein potenzielles Minenfeld in der Ära schadenfreudiger Memes, besonders in Anbetracht der gesteigerten Sensibilität für Belange der kulturellen Aneignung. Es mag etwa ganz unterhaltsam sein oder drollig, Theresa May als britischer Premierministerin beim Besuch eines UN-Campus in Nairobi dabei zuzusehen, wie sie sich unverdrossen in der für sie sprichwörtlich gewordenen „Dancing Diplomacy" als Teilnehmerin an einem Gruppentanz betätigt. Im Grunde ist das aber eine ernste Angelegenheit, zeugt weder von realistischer Selbsteinschätzung noch von großer Sensibilität für das Gegenüber und lässt zudem darauf schließen, dass May das Risiko misslungener visueller Kommunikation völlig unterschätzte. Während gewählte Regierungschef*innen oder Minister*innen auf Reisen weniger dazu tendieren mögen, mit ihrer Kleidung auf ihr Ursprungsland zu verweisen oder irgendwelche textilen Hommagen zu unternehmen, versuchen *First Ladies* oder *Gentlemen* bzw. oft auch Monarch*innen so etwas leider immer wieder einmal. Erinnert sei hier an die bizarren Kolonialismusfantasien von Melania Trump mit Tropenhut und im kolonialen Total Look auf einer Reise durch Kenia, oder auch an die in dieser Hinsicht eher verpatzte Reise durch karibische Länder von William und Catherine, Herzog und Herzogin von Cambridge, im Jahr 2022.

Eine interessante Strategie, um ihren eigenen Authentizitätsgrad zu steigern und sich als in Kontakt mit „ihrem Volk" zu inszenieren, wählte Julija Tymoschenko während ihrer Amtszeit als Ministerpräsidentin der Ukraine. Sie definierte für sich einen Look, der sie durch die Frisur als Patriotin charakterisieren sollte. Zentral war jener um ihren Kopf gewundene Haarkranz aus einem langen Zopf, den Tymoschenko, wie sie in Interviews damals gern betonte, in erstaunlich kurzer Zeit selbst flechten und winden konnte. Um die traditionelle Folklorenote nicht zu übertreiben, kombinierte Tymoschenko ihre Frisur mit femininen Looks (etwa kurze Ballonärmel zu transparenten Langarmshirts), oft von internationalen Luxusmarken. Die Bilder, die von Tymoschenko während der Zeit ihrer Inhaftierung (2011–2014) zu sehen waren, häufig aus einer Krankenstation, zeigten die ehemalige Politikerin mit langen Haaren und als sehr private Person. Der Bruch mit ihrer öffentlichen Persona und der Zeit ihrer einflussreichen Stellung war damit zur Gänze vollzogen. Nach ihrer Haftentlassung und bei einem ersten öffentlichen Auftritt auf dem Maidan-Platz in Kyiv trug Tymoschenko, gezeichnet von der Zeit im Gefängnis, wieder den für sie so typischen Folklorehaarkranz zu einer schwarzen Lederjacke, dem vielleicht rebellischsten Kleidungsstück unter allen.

Zumindest für diesen Augenblick knüpfte Tymoschenko an die Vergangenheit an und signalisierte ihren Willen, Kontinuität mit der Phase in der Politik herzustellen. In ihrer späteren politischen Karriere, etwa beim Antreten bei den Präsidentschaftswahlen 2019, wo sich Tymoschenko hinter Petro Poroschenko und Wolodymyr Selenskyj als Drittgereihte nicht für den zweiten Wahlgang qualifizierte, verzichtete Tymoschenko allerdings auf die für die erste Phase ihres politischen Lebens so charakteristische Frisur.

KAPITEL 03

PLEITEN, PECH UND PANNENDIENST

„Eigentlich ist [eine glänzende Gesichtshaut] natürlich irrelevant für das, was man sagt, aber es ändert eben die Wahrnehmung der Leute. Wenn man sehr ungünstig aussieht, entwertet das irgendwie auch den Inhalt.“

Sahra Wagenknecht

Je größer die Überwachung, desto ausgeprägter ist meist der Drang, sich ihr zu entziehen: Diese Faustregel beeinflusst in der Ära der *Visual Politics* auch die Bildgebungsstrategien. Das Bedürfnis, die Kontrolle über die eigenen Bilder zu behalten, ist also enorm; ebenso jedoch das in direkter Proportionalität dazu anwachsende Verlangen des – ohnehin sehr erwünschten – Publikums, einen Blick hinter die Kulissen zu erhaschen. Das Ungestellte, das Uninszenierte, das „Echte“: Darauf richtet sich in der aktuellen Aufmerksamkeitsökonomie das Begehren der Zuseher*innen und Zaungäste, mehr noch als auf das, was offenkundig zum Konsum angeboten wird. Zwar gibt es Bestrebungen, auch diese Art von Einblicken in nicht minder inszenierter, kontrollierter Form zu ermöglichen. Eine solche Amuse-bouche-Strategie steigert häufig jedoch auf beobachtender Seite nur den Wunsch, Zeuge von gänzlich ungeplanten Zwischenfällen bzw. echten Pannen zu werden. Was mittlerweile auch das öffentliche politische Leben betrifft – und Politiker*innen sind nun einmal Berühmtheiten, obendrein solche mit besonderem gesellschaftlichem Einfluss –, ist schon seit Längerem ein Phänomen in der Celebrity-Culture und nicht zuletzt mitverantwortlich für den Aufschwung einer ganz bestimmten Art der Paparazzi-Ästhetik.

Die Einführung der Rubrik *Stars – They're Just Like Us* in der Zeitschrift *US Weekly*, erstmals erschienen am 1. April 2002, könnte hier als Wendepunkt gesehen werden. Mit ihrem Beginn nämlich wurde, um die Theatersprache zu bemühen, im Leben von interessanten Personen die Hinterbühne zur Vorderbühne gemacht, sodass auf das neue Genre spezialisierte Fotograf*innen nunmehr unentwegt Jagd auf Berühmtheiten in Alltagssituationen wie beim Verlassen eines Supermarkts, dem Stopp an einer Tankstelle, ja eben in egal welchem Moment ihrer „ungestellten" Freizeit machten. Ganz zu Beginn war eine vergleichbare Hinterbühnen-Erwartungshaltung dann auch entscheidend für den Aufschwung der Bilder-Sharing-App Instagram, die im Oktober 2010 gelauncht wurde. Während in den folgenden Jahren das Ungestellte und Ungeschönte immer weniger Platz auf dieser Plattform fand (und dafür wieder neue Anwendungen wie etwa Tiktok ersonnen wurden), war es zu Beginn auch in diesem Rahmen die Ausrichtung der rein bilderbasierten App, die User*innen in erster Linie anzog.

Was nun die visuelle Message Control von Prominenten und eben auch Politiker*innen betrifft, so mussten und müssen sie einen Spagat meistern: zwischen der Offenbarung ihrer Normalsterblichkeit im Sinne von *They're Just Like Us* und einer geglückten Distinktionshandlung, die ihren Rang in einer Sonderkategorie der Gesellschaft bestätigt. Der persönliche Geschmack tritt in den Hintergrund, zugleich muss eine Rolle vorgespielt, einem Rollenbild entsprochen werden. Angestrebtes Ergebnis ist hier das ausgewogene Verhältnis zwischen der „professionalisierten Bildgestaltung" im politischen Leben und in der (massen-)medialen Aufbereitung und dem „Bedürfnis, die zugrunde liegenden Strategien aufzudecken und für das Publikum sichtbar zu machen".[52] Verbergen und Offenbaren zugleich, das sollen effiziente Bildgestaltungsprozesse am besten unentwegt leisten.

Als hilfreiche Grundlage erweisen sich in diesem Zusammenhang weiterhin die Ausführungen von Erving Goffman in seiner grundlegenden Publikation *The Presentation of Self in Everyday Life* aus dem Jahr 1959. Er plädierte damals dafür, die Theaterbühne als Metapher für die Inszenierung des persönlichen Auftritts der Subjekte zu gebrauchen, was sich in der zunehmend medial durchdrungenen Gesellschaft des 20. Jahrhunderts und auch der sich begleitend immer stärker ausbreitenden Aufmerksamkeitsökonomie als sinnvoll erwies. So hebt Goffman den Aspekt einer „kalkulierten Unabsichtlichkeit" (*calculated unintentionality*) hervor, also des nur scheinbar Ungeplanten: In der Konfrontation mit seinem Gegenüber entsteht für das Individuum ein unablässiger Codierungs- und Decodierungsaustausch. Das Ergebnis sei schon im kleinstmöglichen Rahmen eines intersubjektiven Austauschs ein sich ständig erneuerndes „Information Game". Die „Performance", die nun jede* Selbstdarstellerin* unablässig absolviert, beruht auf der im Bühnenbereich erbrachten Leistung (Goffman spricht hier von *Front*), zu der – wie im Theater – allc Elemente der Ausstattung gehören. Auch die für den Auftritt gewählte Kleidung ist fraglos eine der für den Erfolg der Performance entscheidenden begleitenden Komponenten.[53] Ergänzend zu der *Front Region* des Auftritts wirkt die *Back Region* als ein Bereich, auf den sich die Neugier und Aufmerksamkeit des Publikums unweigerlich richtet. Der Zugang zum Backstagebereich, so Goffman, werde zwar streng reglementiert, um die Kontrolle darüber zu behalten, welcher Teil einer Performance vom Publikum tatsächlich eingesehen werden kann. Mit den zunehmenden medialen Mitteln der folgenden Jahrzehnte verschiebt sich dieses Gleichgewicht freilich auf eine Weise, die Goffman noch nicht antizipieren kann. Je perfekter die öffentliche Performance werden soll und je größer das Kontrollbedürfnis der (politischen) Akteur*innen und ihres Berater*innenstabs wird, desto ausgeprägter ist der Wunsch des Publikums, (unrechtmäßig) Zugang zum Backstagebereich zu bekommen. Mit fortschreitender Beliebtheit und Reichweite von gängigen sozialen Medien bzw. des Internet 2.0, das jede* zur potenziellen Contentproduzentin* macht, gehört es nunmehr zum Standardrepertoire, das Treiben auf der Hinterbühne zumindest scheinbar zugänglich zu machen. Diese Praxis des doppelten Täuschens im Sinne der kontrollierten Kontingenz oder eben einer aufrechterhaltenen kalkulierten Unabsichtlichkeit macht den Drang offenkundig, die Inszenierungshoheit in jedem Fall bewahren zu wollen. Das soll dazu führen, dass die von Goffman beschriebene Trennung zwischen *Front* und *Back* nicht mehr durchgehend aufrechterhalten wird bzw. sich die öffentliche Darbietung auch in andere Bereiche ausbreitet.

DIE ANZIEHUNGSKRAFT DES UNGEPLANTEN

So groß auch Kontrollbedürfnis und Inszenierungswahn sein mögen, sosehr gehört es doch zu den grundlegenden Charakteristika der Fotografie, wenigstens in ihrer unretuschierten Form, ob der Geschwindigkeit ihres Entstehens ein Moment der Kontingenz zu bergen und so das Unkontrollierte mitauszudrücken. Ein Informationsgehalt, der „vorkommunikativ als eine anwesende Bildumwelt wahrgenommen wird“,[54] macht für Betrachter*innen den besonderen Reiz aus und lässt die Verfügbarmachung von visuellen Inhalten zum Spießrutenlauf für all jene werden, die sich der Notwendigkeit dieses visuellen Angebots als Teil der Kommunikationsleistung nicht entziehen können. In Kombination mit der Option einer unmittelbaren Veröffentlichung etwa auf Blogs oder in Social-Media-Kanälen ist dies unter Umständen besonders pikant.

Auch die großen Theoretiker*innen der Fotografie haben sich naturgemäß Gedanken über diese Kontingenzen gemacht. Bei Roland Barthes ist in diesem Sinne etwa vom *Punctum* die Rede, und damit von einer Zufälligkeit, die die Ebene des Gestellten und Kontrollierten durchstößt – wie die Markierung oder Verletzung, die ein spitzes Instrument hinterlässt.[55] Dieses aufrüttelnde Etwas, das wie ein Störer in der Bildgebung der Fotografie funktioniert, ist als potenziell besonders attraktive, die Aufmerksamkeit anziehende Komponente ein zentrales Element. Sich dem Punctum auszusetzen, also auch das damit verbundene Risiko einzugehen, gehört zum Spiel mit der Inszenierung der Vorder- und Verbergen der Hinterbühne. Nicht umsonst spricht Susan Sontag in ihren ebenfalls grundlegenden Ausführungen über die Fotografie davon, dass die Aufnahme einer Porträtfotografie gleichbedeutend sei mit einem Gewaltakt („to photograph people is to violate them"). In Sontags Wahrnehmung sind fotografische Bilder der Wirklichkeit, der Welt entrissene Realitätspartikel, die als Miniaturen für sich keine Aussagen treffen, sondern gleichsam als Interpretationsvorlage für alle Betrachter*innen dienen. Das gehe so weit, dass nicht mehr die Wirklichkeit an sich, sondern eben die ihr entnommenen Bilder als Vorlage für das Schöne und Nachahmenswerte gelten würden.[56]

Auch Walter Benjamin beschreibt in seinem Aufsatz über die „technische Reproduzierbarkeit" von Kunstwerken in einer neuen Ära das der Fotografie innewohnende Element des Ungeplanten: Gerade die Möglichkeit, ein besonders getreues, beinah vollkommenes Abbild der Wirklichkeit zu schaffen, würde, schreibt Benjamin, eine dieser glatten Oberfläche zuwiderhandelnde Erwartungshaltung bedingen: „Aller Kunstfertigkeit des Fotografen [...] zum Trotz fühlt der Beschauer unwiderstehlich den Zwang, in solchem Bild das winzige Fünkchen Zufall, Hier und Jetzt, zu suchen [...]."[57] Ob Punctum, Gewaltsmomente oder

Anregung zur Suche nach einer Sollbruchstelle in der Bildgebungsstrategie: Barthes, Sontag und Benjamin beschreiben als drei in einer Reihe vieler Theoretiker*innen des Genres Aspekte der Fotografie, die mit der Dualität von *Front* und *Back* in Verbindung stehen. Die Oberfläche einer weitgreifenden Photo-Op-Kultur auf der einen und das Dürsten nach *They're Just Like Us*-Momenten auf der anderen Seite stellen eine Dualität dar, die auf ein widersprüchliches Spiel aus Offenbaren und Verbergen hinausläuft. In der Verfahrensweise der *Visual Politics* ergibt sich daraus ein antagonistisches bzw. zumindest ambivalentes Verhältnis aus der Öffentlichkeitsmaschinerie etablierter Medien und Politiker*innen, die der öffentlichen Aufmerksamkeit bedürfen. In der Literatur geht das so weit, dass von einem „Guerillakrieg zwischen Medien und Politiker*innen" zu lesen ist: Jede Panne, jedes *Punctum*-Aufbrechen der perfekten Inszenierung wird zum möglichen *Gotcha Moment*, woraus sich eine gewisse Hoppala-Versessenheit des Publikums und der zwischengeschalteten Journalist*innen ableitet.[58]

Von außerordentlich großer Bedeutung sind in diesem Zusammenhang einmal mehr Kleiderwahl und verwandte Aspekte der „Bühnenausstattung", etwa die Entscheidung für oder gegen Make-up oder die Wahl einer bestimmten Frisur als Teil des Inszenesetzens für die Öffentlichkeit. An Worten und Taten können Wähler*innen die sich für ein Amt zur Verfügung stellenden Kandidat*innen häufig erst messen, wenn es quasi schon zu spät ist – und zumindest der erste Urnengang bereits erfolgte. Es mag nun eine fromme Hoffnung sein, dass die inhaltlichen Punkte eines Parteiprogramms beispielsweise von größerem Gewicht sind als eine auffällige Modepanne bei einem Wahlkampfauftritt. Ein mangelhaftes Bereitmachen für die Vorderbühne ganz auszugleichen, das freilich wird selbst der beste programmatische Unterbau nicht vermögen – sosehr sich Zweifler*innen an dieser Art der Inszenierung eine weniger *oberflächlich* angelegte Rezeptionshaltung auch wünschen mögen. Insofern ist eben Sahra Wagenknecht beizupflichten, wenn sie, wie eingangs zitiert, von glänzender Gesichtshaut spricht und von den Auswirkungen, die eine solche Kleinigkeit auf die „Wahrnehmung der Leute", die zu Hause vorm Fernseher ein Interview anschauen, haben kann.[59]

DIE HAARFARBE DES KANZLERS VOR GERICHT

Kontrollverlust, Neugier, Schadenfreude, Häme: Sie alle spielen in einer merkwürdigen Mischung zusammen, wegen des Polarisierungspotenzials in der Politik vielleicht noch stärker als bei Hoppalas aus einem Promi-Privatleben. Sichtungen von Politiker*innen abseits der politischen Bühne erregen übrigens weniger Aufsehen als irgendwelche Missgeschicke, die sich bei ihren öffentlichen Auftritten zutragen. Angela Merkel bei einer privaten Wandertour in ihrem Sommerurlaub ohne ihre Personaluniform ist, wie bereits beschrieben, ein zwar ungewohnter Anblick; ein solcher Einblick in die Nicht-Politiker*innen-Existenz hat aber meist keine großen Auswirkungen auf die Wahrnehmung der Person in ihrem Berufsleben. Anders stellt sich das dar, wenn auch das Private mitinszeniert werden soll, etwa bei Fototerminen in einer Sommerresidenz wie dem Fort de Brégançon, wo die französischen Staatsoberhäupter mit ihren Familien zu urlauben pflegen und Badehosen- oder Jet-Ski-Fotooptionen eher angeboten werden, als sie entrissen werden müssen.

Eine frühe und folgenschwere Stilpanne stellte der Auftritt von Richard Nixon bei der ersten TV-Konfrontation mit seinem demokratischen Widersacher John F. Kennedy im Wahlkampf 1960 dar. Das war übrigens damals nicht die erste landesweit vor einer Präsidentschaftswahl im Fernsehen ausgestrahlte

Debatte, wenngleich dies oft behauptet wird: Bereits vier Jahre zuvor bestückten die demokratische und die republikanische Partei ein entsprechendes Format – allerdings nicht mit Adlai Stevenson und Dwight Eisenhower, die gegeneinander antraten, sondern mit Eleanor Roosevelt als ehemaliger First Lady und der Senatorin Margaret Chase Smith. Nixon hatte sich beispielsweise gegen fernsehübliche Vorbereitungen inklusive Make-up entschieden und hinterließ so beim großen TV-Publikum einen deutlich schlechteren, abgekämpften Eindruck als sein Kontrahent, was im Nachhinein als die Wahl mitentscheidend interpretiert wurde.

Ein bereits vorliegendes Wahlergebnis stellte im November 2020 der ehemalige Bürgermeister von New York, Rudolph Giuliani, im Auftrag des abgewählten Präsidenten Donald Trump infrage. Bei einer Pressekonferenz, in der Giuliani ankündigte, Beweise für Wahlbetrug vorlegen zu können, kam er im Scheinwerferlicht – oder in der Hitze des Gefechts – gehörig ins Schwitzen, was zu einem bräunlichen Rinnsal aus dem Haaransatz in sein Gesicht führte. Dies führte in Kombination mit den hanebüchenen Behauptungen, die Giuliani aufstellte, zu einem äußerst befremdlichen Gesamteindruck, der weder inhaltlich noch optisch von großer Professionalität zeugte. Die *New York Times* reagierte in einem geeigneten Ressort mit einem schnellen Rundruf bei Frisör*innen, die etwa mutmaßten, es handle sich wohl um eine rasche Auffrischung einer Haarfarbe oder -tönung, die kurz vor dem Auftritt aufgetragen worden und nicht wasserfest sei.

Diese *Hair Malfunction* Giulianis ist nur eine Strähne in einem länger zurückreichenden Bausch an Vorkommnissen mit Haupthaarbezug. Dass es sich etwa bei Boris Johnson, am Gipfel seines politischen Einflusses britischer Premierminister, und Donald Trump um zwei im Geiste eng verwandte Politiker handeln könnte, deuteten die drollig unordentlichen blonden

Haarschöpfe an, mit denen sie auffielen. Beide zogen immer wieder einmal die Häme von Kommentator*innen auf sich, Trump etwa bei seinen beliebten Minipressekonferenzen, die er beim – für komplizierte Föhnfrisuren denkbar wenig günstigen – Einsteigen in einen Helikopter vor dem Weißen Haus zu geben pflegte. Wie sein *Hair Nest* konstruiert sei, war sogar Thema monothematischer Instagram-Accounts, die die komplizierte, kaschierende Kämm- und Legetechnik scherzhaft offenzulegen vorgaben. Im Falle Johnsons wurde an mancher Stelle darauf hingewiesen, dass man sich von der chaotisch wirkenden, auf eine gewisse Weise Harmlosigkeit vortäuschenden Schulbubenfrisur nicht täuschen lassen solle: Es könnte sich bei diesem Struwwelkopf um den Teil eines *Silly Style*-Ablenkungsmanövers handeln, zu dem auch die beinahe ostentativ getragenen schlechtsitzenden Anzüge gehören würden.

Auf eine rechtliche Ebene hob der deutsche Kanzler Gerhard Schröder eine haarige Angelegenheit: Nachdem die deutsche Presseagentur DPA im Jahr 2002 in einem von ihr verbreiteten Interview eine Stilexpertin zitiert hatte, die mutmaßte, Schröder färbe seine mittlerweile ergrauten Schläfen nach, um jünger zu wirken, was aber seiner Seriosität schade, bemühte Schröder seine Anwält*innen. In der „Schläfenaffäre" entschied 2003 das Bundesverfassungsgericht zu Schröders Gunsten, die DPA habe die presserechtlichen Sorgfaltspflichten verletzt, weil man die Aussagen der befragten Expertin verbreitet habe, ohne Schröders Stellungnahme einzuholen. Selbst wenn man diese Angelegenheit als bizarren Beleg für Schröders Eitelkeit oder als Überreaktion auslegen mag: Sie zeugt immerhin vom Bewusstsein des SPD-Kanzlers für die potenzielle Bedeutung von visueller Kommunikation, die bis in die Haarwurzel reicht.

DER PARKA DER FIRST LADY

Seine Sonderstellung im (welt-)politischen Geschehen untermauerte Silvio Berlusconi, der schon als Besitzer eines Medienimperiums um die Stricke und Fallen öffentlicher Auftritte wissen musste, auch durch sein unübersehbar entspanntes Verhältnis zu Aspekten der chirurgischen Selbstoptimierung. Das betraf auch seine Haarpracht bzw. die ständige Nachbesserung ihrer Dichte und ihres Verlaufs. Das führte so weit, dass eine Anti-Kahlheit-Community im Internet Berlusconi in ihrem Internetauftritt als Paradebeispiel nannte und dem „Mysterium der Haare“ in seinem Fall auf den Grund ging. Noch ehe Berlusconi das ständig verfeinerte Geschick von Haartransplanteur*innen bemühte, wurde eine Übergangslösung im Sommer 2004 in Italien sprichwörtlich: Die „bandana berlusconiana“ bezeichnete jenes auf Art eines Kopftuchs getragene Stoffband, mit dem er auf Sardinien während eines Wochenendes gesehen wurde, als Tony Blair ihn zu informellen Gesprächen in seiner Sommerfrische besuchte. Der britische Premierminister vermied es, wie später kolportiert wurde, bei öffentlichen Auftritten in fotografierbarer Nähe von Bandana-Träger Berlusconi in Erscheinung zu treten. Die Würde von Berlusconis Auslegung der Camelot-Ästhetik war zu diesem Zeitpunkt bereits verflogen.

Nicht ganz schlau wurden Beobachter*innen aus jener *bärigen* Optik, mit der Emmanuel Macron im Frühjahr 2022 kurz vor seinem Antreten im zweiten Präsidentschaftswahlgang gegen Marine Le Pen weltweit von sich reden machte. Macron, der bei der Verbreitung von Bildern Kontingenzen bestmöglich zu vermeiden trachtete und auf das Geschick seiner offiziellen Fotografin Soazig de la Moissonnière vertraute, zeigte sich hemdsärmelig und vor allem überaus aufgeknöpft: Der sich der Wiederwahl stellende Präsident saß entspannt, breitbeinig und mit auseinandergebreiteten Armen auf einem Ledersofa und hatte weit mehr als die in so einer Situation eventuell üblichen zwei Hemdknöpfe offen. Das ließ den Blick frei auf eine recht üppig wirkende Brustbehaarung, mit deren Zurschaustellung Macron sich – eine andere Schlussfolgerung war kaum möglich – als ebenso männlich wie jovial präsentieren wollte. Besonders in englischsprachigen Medien wurde über die so losgetretene Brusthaardebatte („chest hair debate") frohlockt; das Bild des höchstrangigen französischen Politikers entsprach für manche dem Klischee von *le French sexy*. In Frankreich freilich wunderte man sich über diese Art der Selbstrepräsentation im politischen Alltagsleben, obendrein zu einem recht heiklen Zeitpunkt. Kurz vor der Wahl war es Emmanuel Macron offenbar ein Anliegen, sein Image in puncto Nahbarkeit nach einigen Versäumnissen in dieser Hinsicht ein wenig nachzubessern.

Ein Worst-Case-Zwischenfall, vergleichbar mit der in anderem Kontext nicht minder pannenartigen Trachtenhochzeit Karin Kneissls, stellte der überaus verzichtbare Gastauftritt von Melania Trump in einem Heim für Migrant*innenfamilien in Texas dar. 2018 absolvierte sie diese Stippvisite und trug dabei einen militärgrünen Parka – vom Diskontriesen Zara, wie sich später herausstellte – mit der Aufschrift *I Really Don't Care, Do You?*. Da so gut wie sicher auszuschließen ist, dass ein Kleidungsstück dieser günstigen Marke sich zufällig in die Garderobe einer FLOTUS und Milliardärsgattin verirrt, muss dieses Beispiel einer Sloganmode als intendierte Textilbotschaft dechiffriert werden. Dass sie so zynisch sein würde, damit die Situation der Migrant*innen zu kommentieren, konnten nach Trumps Auftritt selbst die kritischsten Kommentator*innen nicht glauben. Auf den weltweiten Aufschrei, den ihr Look auslöste, reagierte das Team der Präsidentengattin mit dem Hinweis, es habe sich um eine Reaktion auf die nicht verstummenden Stilkritiken gehandelt und ihre Gleichgültigkeit diesen Wortmeldungen gegenüber. Dieses völlige Verkennen der sich durch den konkreten

Zusammenhang einstellenden zusätzlichen Bedeutungsebene musste gleichwohl als unerhörte Verfehlung gelesen werden.

Um einen Vergleich aus der Modegeschichte zu bemühen: Das war ein wenig so, als ob die Designerin Katharine Hamnett nachträglich behauptet hätte, das legendäre *58 % Don't Want Pershing*-Slogan-T-Shirt als Protest gegen die Stationierung amerikanischer Waffen in Großbritannien, getragen beim Handshake mit Margaret Thatcher, sei ihr in den Achtzigerjahren am Siebdrucktisch einfach nur als Buchstabenschieberei passiert. Der Parka von Melania Trump wäre darüber hinaus auch ohne deutlich sichtbare Aufschrift ein gut deutbares Modestatement gewesen: Das Kleidungsstück von Zara kostete im Laden weniger als 40 US-Dollar, was eigentlich nur dank menschenunwürdiger Produktionsbedingungen bzw. der Verarbeitung minderwertiger, ihrerseits unter schwierigen Bedingungen hergestellter Materialien möglich ist. Dass es sich also schon aus diesen Gründen um eine deutliche Botschaft und eine „erschütternde Spiegelung unserer aktuellen Lebensweisen"[60] handelt, sollten Politiker*innen bei ihrem nächsten Shoppingausflug eventuell mitbedenken.

IM JEANSLOOK VOR DEM SENAT

In direkten Widerspruch zu den Kampagnenbotschaften von Donald Trump stellte sich bei seiner Angelobung zum Präsidenten die Wahlkampfmanagerin seines Teams, dann Beraterin in seiner neuen Position, Kellyanne Conway: Während Trump immerwährend sein Credo des *Make America Great Again* in die Welt hinausposaunt hatte und mit ebendieser Ansage den Weg für Mode-Merchandise wie die ikonisch gewordene MAGA-Kappe gesorgt hatte, trug Conway bei der Inaugurationsfeier ausgerechnet einen Kurzmantel von Gucci in Weiß und Dunkelblau mit markanter A-Silhouette mit passendem rotem

Sixties-Hütchen. Die goldenen Löwenknöpfe verwiesen unübersehbar auf die (Luxus-)Markenherkunft eines italienischen Traditionshauses. Dass das von ihr ausgewählte Modell fast 4.000 US-Dollar kostete, war angesichts der vollkommen inkohärenten Botschaft beinahe nebensächlich. Conway verteidigte sich später damit, die Farbkombination aus Weiß-Blau-Rot sei ein Verweis auf die amerikanische Flagge und somit ein Beispiel für die offenbar neu lancierte Modekategorie der *Trump Revolutionary Wear*. Wie man zu dieser Aneignung der Trikolore übrigens in Pariser Politzirkeln stand, blieb in der Öffentlichkeit unkommentiert (tatsächlich erinnerte Conways Look eher an die französische Flagge als an das Stars-and-Stripes-Banner der USA).

So löblich sie aus Perspektive der zuständigen Designer*innen und Kreativteams sein mag, so schwierig kann eine sichtbar ausgelebte Modebegeisterung von Politiker*innen in ihrem Berufsleben werden. Allein aufgrund ihrer Parteizugehörigkeit stellt die demokratische Senatorin des Bundesstaates Arizona in den USA, Kyrsten Sinema, seit 2019 eine Besonderheit dar. Zudem gilt sie als überaus auffällige und schrille Erscheinung mit einem sehr entspannten Verhältnis zu betont „modischen" Looks. Dass sie sich einmal selbst als *Prada Socialist* bezeichnete, stellt eine Unvorsichtigkeit dar: Ein solches Etikett ist im Politikkontext schwer loszuwerden. Anders als viele ihrer Kolleg*innen vermeide es Sinema häufig, tatsächlich das Wort zu ergreifen, weshalb umso größeres Augenmerk auf die Interpretation ihrer Outfits umgelenkt werde: In Einzelfällen und wenn sie allzu originell ausfallen, würden ihre Looks nahelegen, Sinema nehme mittlerweile die Position „einer für sich stehenden Partei" ein.[61] Besonders eng mit ihr verbunden sind ärmellose Tops und Kleider, für die Sinema ein Faible haben dürfte und deren häufiges Auftauchen zugleich einen Fall der modischen Selbstermächtigung darstellen, da sie erst seit 2017 im Senat und im Kongress zulässig sind. Dass Sinema sich bei ihrer Angelobung für eine ärmellose, mit Perlen besetzte Bluse, getragen zu einem Bleistiftrock mit Rosenmuster, entschied, kann nur als Absage an jede Power-Dressing-Erwartungshaltung gesehen werden. Ähnlich bemerkenswert war die nur als Provokation von etablierten Dresscodes deutbare Entscheidung, in einer von ihr geleiteten Sitzung in der Rolle der Vorsitzenden zu einem schwarzen Stretchkleid eine bestickte, ärmellose Denimweste zu tragen: Denim gilt am Capitol Hill weiterhin als nicht regelkonform und somit als verpönter vestimentärer Code.

Einen relativ gelungenen Fall modischer Auffrischung stellt indessen die Lookveränderung der Republikanerin Sarah Palin dar, die ihre niederschwellige *Hockey Mom*-Aufmachung mit der Zeit ablegte, um sich für neue politische Agenden bereit zu machen. Dank des ausreichend behutsamen Vorgehens blieb Palins vestimentäre Botschaft nachvollziehbar: Wäre sie von ihrer erzkonservativen Wähler*innenschaft als zu modisch oder gar exzentrisch bzw. urban wahrgenommen worden, hätte sie diese Umdeutung ihrer selbst wohl abbrechen müssen.

Ein von Haus aus unverkrampftes Verhältnis zu auffälligen Looks – gern auch von teuren Marken – begleitete das politische Leben von Cristina Fernández de Kirchner in Argentinien, die, anders als etwa Hillary Clinton, keinen Anlass für eine Stilveränderung bei der Veränderung ihrer Rolle sah: Als Präsidentengattin war Kirchner nicht merklich anders gekleidet und aufgemacht als in ihrer späteren Rolle als gewähltes Staatsoberhaupt ihres Landes. Theresa May hingegen bedauerte es eventuell im Lauf ihrer politischen Karriere, in einem früheren Stadium ihre Modeaffinität durchaus auch in Interviews nicht verschwiegen zu haben und zugleich ihre Vorliebe für auffällige Schuhe unübersehbar an den Tag zu legen. Diese Präferenz sollte ihr zwar nicht angekreidet werden, solange sie die Grenzen des „guten Geschmacks“ nicht überschreitet, aber der Blick auf modisches Beiwerk rief bisweilen Kommentator*innen schneller auf den Plan als Mays politisches Handeln. Selbst der Versuch, sich bewusst von ihrem Personalstil zu entfernen, war nicht automatisch von Erfolg gekrönt. Man mag es allerdings als beinah misogyn werten, dass einer britischen Zeitung am Tag von Theresa Mays Angelobung als Innenministerin nichts Besseres einfiel, als die Wahl ihrer – für sie ungewöhnlichen – recht flachen Kitten-Heel-Schuhe mit einer Schlagzeile zu würdigen.

Der Balanceakt zwischen allzu „sicheren Nummern", also einem unpersönlichen und irgendwie undefiniert wirkenden Auftreten, und einer übertrieben modischen Kleiderwahl ist für Politiker*innen Teil des Spießrutenlaufs in ihrem professionellen Alltag. Umso löblicher ist es hingegen, wenn vereinzelt besonders mutige Entscheidungen getroffen werden. Doch vermag die gute Absicht allein es nicht, Hoppala-Schadenfreude möglicher Beobachter*innen auszuräumen. CSU-Politikerin Dorothee Bär, damals Digitalisierungsministerin in der Bundesregierung, wählte etwa ein Outfit der in Berlin lebenden, aus Wien stammenden Designerin Marina Hoermanseder für die Gala zur Verleihung der deutschen Computerspielpreise 2019. Hoermanseders Signature-Look, ein aus Ledergürteln geflochtener, die Bewegungsfreiheit stark einengender Rock, hier kombiniert mit einem nicht minder starren Miedertop, mag für Schauspielerinnen auf roten Teppichen ganz gut taugen. Wenngleich es ihre Absicht gewesen sein mag, selbst als Computerspielavatarin in Erscheinung zu treten, hätte Bär eventuell besser daran getan, diesen etwas exzessiv modischen Look zu vermeiden oder in einer Lightversion zu tragen.

BUHRUFE FÜR EIN BLUMENKLEID

Dieses grellbunte Outfit, das manche vielleicht an Burlesque-Auftritte einer Künstlerin wie Dita Von Teese erinnern mochte, las sich zugleich wie die Reminiszenz einer anderen modischen Politpanne in Deutschland. Gabriele Pauli, die als ehemalige Regionalpolitikerin der CSU mit Vorschlägen wie einer automatisch auslaufenden „Ehe auf Zeit“ nicht nur in ihrer katholischen Mutterpartei für Aufsehen sorgte, ließ sich im Jahr 2010 für eine Modestrecke im kurzlebigen Gesellschaftsmagazin *Park Avenue* ablichten. Der Entscheidung der* Stylistin*, sie mit einer Dominaallüre in Latexhandschuhen auszustatten, widersprach Pauli – vielleicht der Regeln der Aufmerksamkeitsökonomie eingedenk – zwar nicht. Als der Aufschrei später, auch in ihrer einstigen politischen Heimat, der CSU, aber doch allzu groß war und sie ihre Seriosität in Gefahr sah, klagte Pauli die Zeitschrift wegen Verletzens ihrer Persönlichkeitsrechte.

Das Spiel mit durchaus sehr modischen Looks, wenn geschmackvoll und mit Geschick betrieben, muss freilich nicht auf Kommunikationspannen hinauslaufen: Das sei an dieser Stelle in Erinnerung gebracht, um nicht alle Politiker*innen grundsätzlich und für alle Zeiten auf wenig aussagekräftige Businessanzüge festzulegen (die ja ihrerseits von einem nichtssagenden Politcharakter Zeugnis ablegen könnten und darum auch nicht gerade eine „sichere Bank“ darstellen). Die einstige Präsidentin Lettlands, Vaira Vīķe-Freiberga, hob etwa ihr ausgesprochen gutes Verhältnis zur Mode als Teil ihres Amtsverständnisses hervor. Gerade als Staatsoberhaupt eines kleinen Landes und einer relativ jungen Demokratie könne sie es sich nicht leisten, „schäbig auszusehen, wenn ich bei zeremoniellen Anlässen neben der Königin von England, jener der Niederlande oder der japanischen Kaiserin stehe“.[62] Um lokale Talente zu fördern – und ihnen dank international wahrgenommener Auftritte im Sinne der „Fashion Diplomacy“ zu Sichtbarkeit zu verhelfen – legte Vīķe-Freiberga zudem Wert darauf, ihre Garderobe weitgehend bei Designer*innen aus ihrem Land in Auftrag zu geben.

Man könnte meinen, im globalen Machtzentrum der Mode täten sich Politiker*innen leichter mit ihrer Kleiderwahl und etwas mehr Mut zu Exzentrizität: Selbst in Paris ist das aber nicht immer der Fall; auch hier ist der Pannendienst in Stildingen stets auf Abruf, und zwar für Extrembeispiele an jedem Ende der Stilskala. Dass die konservative Politikerin Rachida Dati etwa bei einer Aufnahme für die Titelseite von *Paris Match* posierte, wurde ihr im Sinne fehlender Volksnähe ausgelegt. Andererseits kritisierten viele das Auftreten von Präsident François Hollande als tollpatschig und nicht ausreichend stilsicher, um die Mode-Grande-Nation angemessen zu repräsentieren. Davon zeugte übrigens sogar ein eigener Twitteraccount, @FrancoisCravate, der jahrelang die schief- oder schlechtsitzenden Krawatten Hollandes getreu dem Titel „François, ta cravate !" scherzhaft dokumentierte.

Das Pariser Musée des Arts Décoratifs widmete skandalträchtigen Dresscode-Verfehlungen im Jahr 2016 eine eigene Ausstellung mit dem Titel „Tenue correcte exigée – Quand le vêtement fait scandale".[63] Eines der Exponate rief dabei ein besonders tristes Beispiel für die Reaktion auf einen femininen und durchaus nicht unpassenden Kleidungsstil im Politikumfeld in Erinnerung: Bereits 2012 war Cécile Duflot als Ministerin für eine parlamentarische Befragung vor die Assemblée nationale getreten – in einem weißen Baumwollkleid mit blauem Blumenmuster und Dreiviertelärmeln, was ihr Pfiffe und Buhrufe eintrug, noch ehe sie zu ihrer ersten Antwort ansetzen konnte. Diese Reaktionen auf einen weder unpassenden noch geschmacklich fragwürdigen Look, der einmal mehr offenbar nur auf das Auftreten einer dezidiert femininen Silhouette abzielte, stellten dabei nicht für Duflot selbst, sondern für die Pfeifenden eine nachhaltig wirksame Panne dar. Eine kurze Erwähnung verdient an dieser Stelle auch der vestimentäre Kniff der Pariser Bürgermeisterin Anne Hidalgo, sich frankreichweit als

Kandidatin für die Präsidentschaftswahlen 2022 in Stellung zu bringen, indem sie auf allzu urbane Outfits verzichtete und sich vermehrt in romantisierenden Kleidern in ländlicher Umgebung fotografieren ließ. Diese Umdeutung freilich war nicht von Erfolg gekrönt; vestimentäre Kommunikationsereignisse allein vermögen schließlich nicht, Berge zu bewegen.

Zwar ist das verfügbare Repertoire an Gewandformen der Damenmode größer, auch Männer tun sich aber immer wieder einmal mit beherzten Vorstößen hervor – und können damit ebenso danebenliegen. Dass in einem Politikkontext derlei grundsätzlich anders bewertet werden mag als aus einer branchenrelevanten Perspektive, belegte 1985 der damalige französische Kulturminister Jack Lang, ein Vertrauter von Präsident François Mitterrand, bei seinem Auftreten in der Assemblée nationale. Lang trug einen vage an Mao-Uniformen erinnernden Anzug von Thierry Mugler, mit Stehkragen und somit ohne sichtbare Krawatte: Was in der Mode als *dernier cri* gelten mochte, trug Lang in der Volksvertretung Schimpf und Häme ein, wobei man sich offiziell an der fehlenden Krawatte stieß und sich dabei auf die Kleiderordnung des Parlaments berufen konnte. Die Ära der binderlosen Staatsoberhäupter schien damals noch in weiter Ferne.

Auf Designeranzüge verzichten und dennoch Modemut beweisen: Dieses Ansinnen lässt Männern in der Politik oft tatsächlich wenig andere Optionen, als das männlichste aller Accessoires sprechen zu lassen. Dennoch scheint es überaus entbehrlich, kryptische oder irgendwie witzig gemeinte und doch so gar nicht originelle Botschaften über die Halsbinde zu versenden. Und damit soll gar nicht die Rede sein von solchen Marotten wie der Vorliebe des späteren österreichischen Bundeskanzlers Wolfgang Schüssel, der vor seinem Vorstoß an die Regierungsspitze für das Tragen von bunten Mascherln (Fliegen) bekannt war und erst später, als er den Gipfel der Macht erklommen hatte, zugunsten der standardisierten Krawatte auf die Alltagsfliege verzichtete.

KRAWATTENSAURIER, TÜRKISE SOCKEN UND EIN SCHLABBERPULLI

In Deutschland etwa trug AfD-Spitzenkandidat Alexander Gauland als Teil seines Landherrenoutfits eine Krawatte mit Jagdhundmotiv, als er sich an die Fersen der Kanzlerin im Wahlkampf heftete, und der österreichische Finanzminister Rudolf Edlinger witzelte einst krawattenhaft mit einem Panzerknackermotiv in der Öffentlichkeit. Auch Parteifarben kommen ab und zu zum Tragen: Guido Westerwelle trug gern gelbe Binder, Sigmar Gabriel und SPD-Kanzler Schröder setzten immer wieder einmal auf Schlipse in Rot. Friedrich Merz brachte ein dunkelblauer Binder mit Pinguinen von der Marke Ferragamo bei seiner Bewerbung um den CDU-Parteivorsitz im Jahr 2018 wenig Glück. Und wie der aristokratische Verteidigungsminister Deutschlands, Karl-Theodor zu Guttenberg, während seiner Amtszeit gerne die Krawattenkönigsklasse von Hermès auftrug, wählte auch der österreichische Außenminister Alexander Schallenberg bei seiner Angelobung als Interimsbundeskanzler im Herbst 2021 ein offenbar scherzhaft gemeintes Motiv der Luxusmarke aus der Rue Saint-Honoré. Witzige Seidenkrawatten mit Tiermuster schienen Schallenbergs zoologisch gefärbten Humor zu spiegeln; bei dieser sehr förmlichen Gelegenheit wirkte das aber unpassend, noch dazu, weil Schallenberg sich für einen Binder mit dem Killersaurier T-Rex und damit eine etwas bizarre Botschaft entschieden hatte. Auf seinen unmittelbaren Vorgänger Sebastian Kurz in Raubtiermanier loszugehen, hatte er bestimmt nicht im Sinn, zeigte er sich doch während seiner kurzen Amtszeit überaus loyal. Manche mochten sich darum eher die Frage stellen: Hat Hermès eigentlich Krawatten mit Schäfchenmuster im Angebot? Selbst wenn es sich hier primär um den misslungenen Modescherz eines Edelmanns handelte, übersah der Berufsdiplomat doch unzulässigerweise, dass man bei einem demokratisch derart gewichtigen Anlass seinen persönlichen Modegeschmack, zumal wenn mit Aristokratieallüren ausgestattet, besser unterdrücken sollte.[64]

Bisweilen ist auch ein Blick auf das unterste Ende der Modeskala aufschlussreich: Schuhe natürlich, oder gar ihr Fehlen. Beobachter*innen glaubten, ihren Augen nicht zu trauen, als 2019 Bilder des damaligen ÖVP-Regierungsmitglieds Gernot Blümel aus dem österreichischen Parlament in Umlauf gebracht wurden. Während einer Sitzung hatte Blümel sich seiner Schuhe entledigt und stand, in türkiser Parteifarbe besockt (das allerdings ein vestimentärer Spleen Blümels in jener Zeit), vor dem Präsidium im Hohen Haus. Nicht nur Vertreter*innen der Opposition kritisierten, man könne daran ein über die Maßen entspanntes Verhältnis zu den Usancen der Demokratie ablesen. Anders als die brasilianische Präsidentin Dilma Roussef, die dafür kritisiert wurde, ihren russischen Amtskollegen Medwedew in Crocs-Gartenschuhen empfangen zu haben, dies aber als Notwendigkeit infolge eines Bänderrisses erklärte, verzichtete Blümel auf eine orthopädische Rechtfertigung seiner Bestrumpfung.

Während der Verzicht auf gleich welches Schuhwerk – noch dazu im Parlament – wohl einen Extremfall der Missachtung aller gültigen Kleiderordnungen sowie der mit ihnen verbundenen Anstandsregeln darstellen mag, verhält es sich mit dem Schlabberlook, in anderem Zusammenhang getragen, ähnlich. Besonders wenn ein Staatsoberhaupt oder eine* Regierungschefin* noch nicht ausreichend Gelegenheit hatte, ihr* Bild in dieser staatstragenden Rolle auch hinsichtlich des Kleidungsstils zu festigen. Auch darum dürfte der deutsche Kanzler Olaf Scholz Anfang 2022, wenige Monate nach seinem

Amtsantritt, mit seiner Kleiderwahl mehr Aufmerksamkeit auf sich gezogen haben, als ihm lieb war. Er trug nämlich im Flugzeug der deutschen Luftwaffe, das ihn und die mitreisende Gesandtschaft standesgemäß nach Washington bringen sollte, einen nicht besonders kleidsamen Look mit grauem Strickpulli. Dass dieser, wie später herausgefunden wurde, von einem Hamburger Edellabel und aus lokaler, fairer Produktion stammte, veränderte die Essenz der Angelegenheit – nicht aber ihre visuelle Botschaft, die sich sofort in hämischen Memes und wenig wohlwollenden Kommentaren niederschlug. In einigen von ihnen wurde daran erinnert, dass einst auch Ronald Reagan bei längeren Flügen in vergleichbaren Reiseoutfits abgelichtet wurde, in deren Mittelpunkt eine hochgezogene Jogginghose stand und die dem Cowboypräsidenten einiges an Schnittigkeit nahm. Bloß agierte Reagan zu einer Zeit, als man sich vor der Manipulier- und rasanten Verbreitbarkeit von Schnappschüssen via soziale Medien nicht in Acht nehmen musste.

Der wahrscheinlich berühmteste, oder zumindest von größtem Erfolg gekrönte, entspannte Altherrenlook der jüngeren Weltgeschichte kam in anderem Zusammenhang zum Tragen, und zwar ebenfalls an einem deutschen Kanzlerkörper: Helmut Kohl trug im Sommer 1990 bei ausgedehnten Spaziergängen mit dem russischen Staatspräsidenten Michail Gorbatschow unweit von dessen Datscha eine dunkelblaue Strickweste über einem weißen Hemd (Gorbatschow übrigens flanierte ebenfalls relaxt, nämlich in einem Sweatshirt mit kleiner Stickerei auf der Brust). Bei dieser Gelegenheit überzeugte Kohl sein russisches Gegenüber davon, dass auch das wiedervereinigte Deutschland unverzüglich – und in seiner neuen Gesamtheit – Vollmitglied der NATO sein dürfe. Eventuell ließ sich weltpolitisch so Bedeutsames leichter ausverhandeln, solange zumindest auf der Modeebene Entspanntheit vorherrschte.

KAPITEL 04

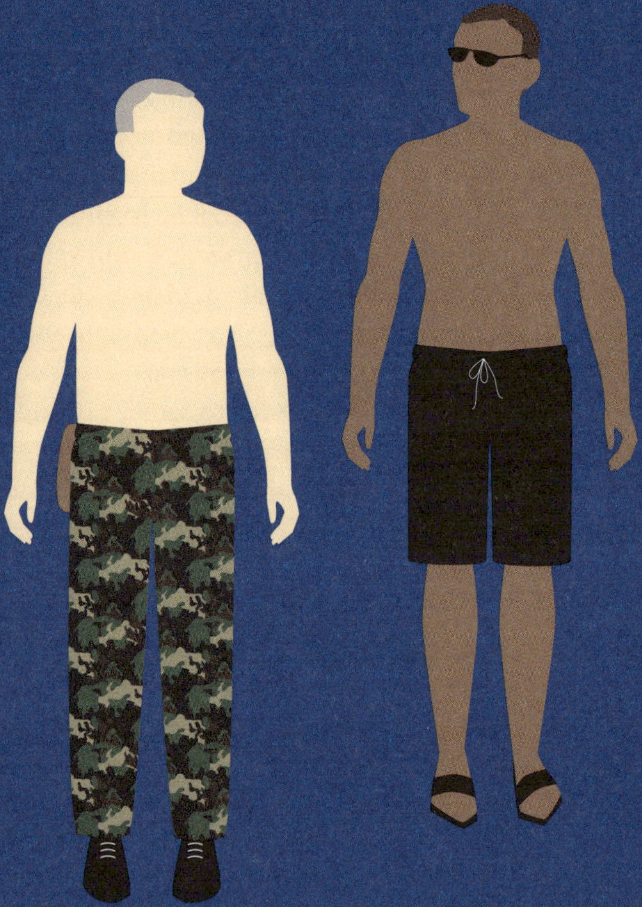

DIE LEISTUNGSFÄHIGKEIT DER KÖRPER

„Die Turnschuhe waren peinlich."
Joschka Fischer

„Meine Turnschuhe sind nicht respektlos."
Wolfgang Mückstein[65]

Dass überhaupt wechselnde Moden existieren und Menschen in regelmäßigen Abständen das Bedürfnis verspüren, sie umgebende bzw. verhüllende Gegenstände zu erneuern und auszutauschen, ist kein der Menschheit in all ihren Organisations- und Gesellschaftsformen mitgegebenes Phänomen. Vielmehr schlug in den meisten europäischen Gesellschaften die Geburtsstunde dieses Drangs in der Renaissance, als die Bedingungen reif für den Übergang von konstanten Gebräuchen zu wechselnden Moden waren.[66] Ungefähr zeitgleich entstand in der Malerei interessanterweise das Genre der ganzfigurigen Herrscherporträts, die nunmehr den Blick auf den ganzen Körper der Mächtigen und somit auch auf ihre zu Repräsentationszwecken getroffene Kleiderwahl lenkten.[67] Beinahe zeitgleich mit dem Phänomen wechselnder *Styles* entstand somit das Abbild dessen, was auch mehr als ein halbes Jahrtausend später noch, mittlerweile freilich auch in zahllosen anderen Zusammenhängen, als „Modekörper" bezeichnet werden kann: „grundsätzlich eigenständige Körper, die den anatomischen Körper gleichsam substituieren".[68] Indem die Macht tragende Physis also in ihrer vollen, meist etwas überbetonten Pracht, in Erscheinung tritt, beginnt das Wechselspiel der (sich anfangs freilich noch über

Jahre und Jahrzehnte haltenden) Moden als wichtiges Gestaltungsmerkmal und der Körperdarstellung zur Untermauerung eines angenommenen Machtanspruchs. Zugleich findet die gemalte Überbetonung mancher Körpermerkmale, die etwa auf Kampfestauglichkeit oder Fruchtbareit hinweisen sollen, auch Eingang in die vestimentäre Ausgestaltung der Physis.

Mittlerweile ist es längst nicht mehr nur die Kleidung mit all ihren eingebauten Kniffen und Tücken, die Aufschluss über die Regierungsfähigkeit geben soll, sondern auch der Blick auf das Darunter, auf den bloßgelegten Körper, ist Teil der Inszenierung geworden. Man könnte sagen, Andersens Märchen von des Kaisers neuen Kleidern fiebert längst seiner Wahrwerdung entgegen – allerdings ohne entlarvendes Gelächter am Ende. Denn wie etwa im Geschäftsleben, so gilt auch im politischen Alltag des 21. Jahrhunderts: Einsatzbereitschaft und Leistungsfähigkeit kommunizieren nicht zuletzt Körper, die, durchtrainiert und gestählt, in einer Slim-Fit-Silhouette gerade die rechte Hülle finden. Eine also, die nicht eigentlich wie angegossen passen soll, sondern die bei aller Schmalheit zwischen Haut und Stoff noch ein wenig flatternden Spielraum für agile Ausweichmanöver lässt. In der massenmedial geprägten Gesellschaft konnte sich zusehends eine Logik etablieren, derzufolge „die Körperbilder der Politiker/innen immer mehr als Projektionsfläche für individuelle Wünsche und als Darstellungsmittel von Lifestyle [fungieren]“, die dieses Prinzip zum einen unterstützt und zum anderen nachgerade zu fordern scheint.[69]

Wenn auch in der High Fashion seit Anfang der 1980er Jahre die Sportbekleidung „quasi über Nacht [...] für Jugend und Jugendlichkeit, für Fitness, Power, aktiven Lebensstil, für Status- beziehungsweise Abgrenzungssymbole“[70] steht, dann haben sich die daraus ergebenden Möglichkeiten längst auch der visuell orientierten Politikkommunikation erschlossen. Es mag ein Zufall gewesen sein oder nicht, dass sie auf diese Weise entstanden; auf jeden Fall hatte niemand etwas dagegen, die Bilder in sozialen und später auch etablierten Medien zu verbreiten: Als Kamala Harris ihren Parteikollegen Joe Biden anrief, um ihm zu dem in beider Augen positiven Ergebnis der US-Präsidentschaftswahl 2020 zu gratulieren, sprach sie das wenig später viral werdende „We did it, Joe" in einem Laufoutfit der Marke Nike in ihr Smartphone. Wie wenige andere ist diese Brand mit einem *All American*-Lebensgefühl verbunden, zugleich stellte sich Kamala Harris damit nach First Lady Michelle Obama in eine Reihe durchtrainierter, für ihr öffentliches Amt fitter Frauen – *fit for office*, wie man im Englischen sagt.

Michelle Obama übrigens machte ihre Sportbegeisterung (häufig wurden in Medien ihre muskulösen Oberarme und ihre durchtrainierte Sixpack-Bauchpartie erwähnt) zum FLOTUS-Programm und initiierte das „Let's Move"-Programm zur Bekämpfung von Übergewicht bei Kindern und Jugendlichen. Der visuelle Kommunikationsgehalt der kurzen Telefonsequenz von Kamala Harris wiederum war auf mehreren Ebenen bemerkenswert. Harris, als erste Woman of Colour in die zweitmächtigste Position der USA gewählt, signalisierte ihre Einsatzbereitschaft und zugleich das nötige Quäntchen Nahbarkeit vor Antritt der neuen Position. Eventuell sollte dieser dezidiert niederschwellig angelegte und jugendliche Gastauftritt auch die von ihr verkörperte Ergänzung zu dem politischen Angebot Joe Bidens unterstreichen.

VERROHUNG DURCH TURNSCHUHE

Dass Mode- und Lifestylemarken als Platzhalter für bestimmte Inhalte funktionieren sollen und also mit einer metonymischen Funktion ausgestattet sind, ist wesenshafter Teil ihres Erfolgs in der konsum- und massenmedial geprägten Gesellschaft der zweiten Hälfte des 20. Jahrhunderts. So sicherten sie sich auch einen immer größeren Platz im Rahmen der von Bourdieu einst beschriebenen Distinktionspraxis und übernahmen den Rang von subtileren Abgrenzungstechniken. Mittlerweile sind wir längst an den Punkt gekommen, an dem sich feststellen lässt: „Nike repräsentiert den trainierten Körper“.[71] In seinen grundlegenden Ausführungen über die Konsumgesellschaft beschrieb Jean Baudrillard 1970 kleinstmögliche konsumrelevante Bedeutungseinheiten als „P. P. D. M.“[72] (*plus petites différences marginales,* das steht für „kleinste marginale Differenzen“): Als Fragmente eines größeren Ordnungsprinzips, das von Werbung und Medien getragen wird, soll sich daraus und durch ein entsprechendes Konsumverhalten jener *échange socialisé des signes* („sozialisierter Zeichentausch“) ergeben, von dem auch Persönlichkeiten des öffentlichen Interesses für ihre Kommunikationsstrategie profitieren können. Die Verbreitung und Vermittlung von Inhalten ist ein essenzieller Zug der Konsumgesellschaft, da diese ohne effiziente Massenmedien nicht denkbar ist.

Einen der großen Tabubrüche und zugleich einen bahnbrechenden „Athleisure“-Moment, wie man das in heutigem Modesprech wohl bezeichnen könnte, bescherte Joschka Fischer der deutschen Innenpolitik am 12. Dezember 1985. Bei seiner Angelobung als hessischer Umweltminister trug der 37-jährige Grünen-Politiker knöchelhohe Turnschuhe in Weiß, ebenfalls von Nike. Im Jahr der Filmpremiere von „Back to the Future“ mag diese Markenwahl viele jedoch an die Zeitreisen des Protagonisten Marty McFly erinnert haben – nicht minder „futuristisch“ mochte manche Beobachter*innen der Beginn einer rot-grünen Landesregierung dünken. Die ARD-Tagesthemen resümierten den Auftritt mit dem Kommentar, dass der „Turnschuhminister“ seinem Stil treu geblieben sei, konstatierten zugleich aber – vielleicht mit dem Unterton der Erleichterung: „Neu und unbefleckt weiß war sein Schuhwerk allerdings schon".[73] Fischers Turnschuhe waren in einem Augenblick, der als Beginn einer neuen Ära in der deutschen Innenpolitik gedeutet werden konnte, nur eines von vielen bedeutungstragenden Fragmenten. Dass hier ein alternatives (inhaltliches) Angebot gemacht werde, ließ sich mit vestimentären Botschaften aber kaum deutlicher vermitteln.

Die anhaltende Virulenz dieser Vereidigung lässt sich etwa an der Tatsache ablesen, dass die Originalsneakers mittlerweile ein Sammlungsobjekt des Deutschen Ledermuseums in Offenbach sind. Außerdem stellt Fischers Bruch mit dem Erwartungshorizont des Politpublikums eine Stilvorlage dar, die sich auch in der jüngeren Vergangenheit noch als Zitatebene anbietet. Erwähnt sei an dieser Stelle etwa die Angelobung des Kurzzeit-Gesundheitsministers Wolfgang Mückstein von den österreichischen Grünen. Am 19. April 2021 trug der Allgemeinmediziner, der im März 2022 sein Amt zurücklegte, in der Wiener Hofburg Turnschuhe der Marke New Balance, als er Bundespräsident Alexander Van der Bellen gegenübertrat. Die Bezugnahme auf Joschka Fischer war unübersehbar, die Wahl des (übrigens ebenfalls „neu und unbefleckt weiß" wirkenden) Schuhwerks sorgte auch bei jener Gelegenheit noch für Empörungsrufe. Die Chefredakteurin einer Tageszeitung befürchtete in ihrem Leitartikel daraufhin, man steuere auf die bedenkliche „Verturnschuhung der Gesellschaft"[74] und damit den allgemeinen Sittenverfall zu. Dass Turnschuhe eines Ministers auch Jahrzehnte nach ihrer Premiere bei einer Vereidigung noch solches Unbehagen im konservativen Lager auszulösen vermochten, spricht zumindest für die Langlebigkeit eines politischen Moderepertoriums.

Ein politisches Alternativangebot mit Verweis auf das Universum von Sport- bzw. Freizeitmode machte in Deutschland der Kabarettist und Satiriker Nico Semsrott: Als Kandiat für das satirische Demokratieprojekt „Die Partei", aus dem er später ausschied, wurde er 2019 in das Parlament der Europäischen Union gewählt. Seine vestimentäre Kampfansage an das Establishment war kurz und knapp formuliert, denn Semsrott trug bereits bei Wahlkampfauftritten ausschließlich Kapuzenpullover und kündigte an, diesen Aspekt seiner öffentlichen Persona auch ins Parlament mitzunehmen. Eine Kleiderordnung, der das widerspreche, gibt es in der Volksvertretung der Europäischen Union nicht, sodass Semsrott seiner Ankündigung Folge leisten konnte. Als einen ungewöhnlichen Aspekt der sich auch modisch manifestierenden Volksnähe bewarb Semrott in seinen Social-Media-Kanälen bei Gelegenheit schwarze Kapuzenpullover der Marke Krasser Stoff, da diese „fair und bio" und somit „das Gegenteil der AfD" seien.[75] Noch größere Modenähe schaffte eine Kurzzeitpolitikerin in Wien: Die Lifestylebloggerin Madeleine Alizadeh, im Netz besser bekannt als „Dariadaria", kandidierte auf dem symbolischen letzten Listenplatz für die Grünen bei der österreichischen Nationalratswahl 2019. Ihr öffentliches Engagement hielt sich im Wahlkampf zwar in Grenzen, doch im Fall einer erfolgreichen Kandidatur hätte sie im Parlament Styles ihres eigenen Ökomodelabels Dariadéh tragen können. Im Angebot gab es damals etwa einen Hoodie mit der Sloganaufschrift „Éthical", der sich programmatisch instrumentalisieren hätte lassen.

IN BADEHOSE AUF MUSSOLINIS SPUREN

Doch zurück zur Athleisure-Urreferenz Joschka Fischer, der nach 1985, wie man gesehen hat, zur anhaltenden Referenz in der Politiker*innengarderobe wurde. Er selbst orientierte sich in späteren Jahren um und ersetzte die Sportbekleidung durch entsprechendes Handeln. „Er joggte sich an die Macht",[76] heißt es etwa über seine Phase als Außenminister in einer rot-grünen Bundesregierung, und stieß damit zu einer Truppe an nicht minder prominenten Leistungsträger*innen. Bill Clinton und Barack Obama, Nicolas Sarkozy und Christian Kern etwa: All diese Regierungschefs und Staatsoberhäupter waren und sind bekannt für ihre Sportbegeisterung, ob nun auf täglichen Joggingrunden, bei Marathonläufen oder, im Fall des rastlosen Sarkozy, bei fast frenetischem Wechsel zwischen verschiedenen Disziplinen. Gelegenheiten für Fotograf*innen, diese Aktivitäten entsprechend zu dokumentieren, sind meist selbstverständlich vorgesehen. Übrigens geht es, Stichwort Aufmerksamkeitsökonomie, auch darum, eventuell in Politik-und-Fitness-Bestenlisten in Zeitschriften wie *Men's Health* aufzutauchen und dort potenzielle Wähler*innen in gleichsam ungewohnter Umgebung und mit einem alternativen Kommunikationsangebot zu überraschen. In einer Ära, in der jederzeit damit zu rechnen ist, dass Schnappschüsse aus ihrem Zusammenhang gerissen und für die Gestaltung von bestenfalls scherzhaften, häufig auch spöttischen Memes zweckentfremdet werden, bleibt, wie bereits dargelegt wurde, wenig dem Zufall überlassen.

Als kommunikationsrelevantes Meme gilt aber auch ein Bild, das mit gewaltigem Verbreitungsgrad ausgestattet ist, selbst wenn es auf der „strategischen Bloßlegung eines politischen Backstage, das als Frontstage gezeigt wird" beruht.[77] Die Autorin dieses Zitats nennt als eines der markantesten Politikmemes der letzten Jahrzehnte im Zusammenhang ihrer Ausführungen zum Thema von „Memes als politische Teilhabe" jene Aufnahme, die Barack Obama am 1. Mai 2011 mit seinem Mitarbeiter*innenstab im *Situation Room* des Weißen Hauses und beim Warten auf die Verhaftung von Osama bin Laden zeigt. Während die anderen Anwesenden in Anzug, Uniform oder hemdsärmelig zu sehen sind, Hillary Clinton etwa in einer beigen Kostümjacke, trägt Barack Obama ein dunkelblaues Sportblouson über einem weißen Poloshirt. Dazu war es gekommen, weil der damalige US-Präsident – um den Anschein der Normalität zu wahren – am selben Tag zuvor eine Partie Golf spielte, diese aber beim neunten Loch abbrach.[78]

Während Barack Obama ungeachtet der Bedeutungsschwere dieser Situation, die von Pete Souza fotografisch dokumentiert wurde, natürlich die fünf Minuten für einen Outfitwechsel gefunden hätte, entschied er sich durch das Beibehalten des auf den ersten Blick politikfremden vestimentären Codes für das Versenden einer eindeutigen Botschaft, von der er wusste, dass sie in der Folge weltweit ankommen würde. Es handelte sich also um einen „assoziativen Bezug zu Volksnähe und zu Normalität",[79] der sich den meisten Betrachter*innen des Situation-Room-Bildmaterials intuitiv erschloss. Indem Barack Obama sich nach dem Golfspiel nicht umzog, signalisierte er unmissverständlich, wie er die Rolle des Präsidenten der USA als eines, wie es in den Vereinigten Staaten oftmals heißt, *World Leader* und sein Amtsverständnis in einem so schicksalshaften Moment auslegte. Neben seiner besonders angespannten Mimik und Körperhaltung war es gerade die Bekleidung, die Obama aus der Runde der Anwesenden als einen Primus inter pares und zugleich niederschwellig agierenden Anpackertypen herausstechen ließ.

Seine eigene Begeisterung für sportliche Tätigkeiten, analog zu jenen seiner Gattin, und folglich auch seinen Fitnesskörper enthielt Barack Obama den US-Amerikaner*innen (und der verbleibenden Weltöffentlichkeit) ebenfalls nicht vor. So kannte man ihn etwa von Bildern in Badeshorts, als Hawaii-Urlauber: Mit ihnen reihte sich Obama ein in eine lange Parade der Badehosenpolitiker aus allen politischen Lagern. Den Anfang machte der deutsche Reichspräsident Friedrich Ebert, der 1919, neben Wehrminister Gustav Noske, auf der Titelseite der *Berliner Illustrirten Zeitung* zu sehen war. Die beiden posierten artig für die Aufnahme, die allerdings von einem Hobbyfotografen und Passanten erstellt und nicht für eine spätere

Veröffentlichung gedacht war. Anlass war damals die Eröffnung eines Kinderheims an der Ostsee; die für die damalige Zeit unerhörten Badhosenbilder sorgten für Negativschlagzeilen und nährten unter anderem republikfeindliche Regungen. Der erste bewusst seinen vor Kraft strotzenden Körper inszenierende und zu diesem Behufe „oben ohne" posierende Berufspolitiker war in den 1920er Jahren Benito Mussolini. Aus heutiger Sicht mögen die Posen des Faschisten befremden oder auch abstoßen, damals war diese Art von völlig neuartigem Muskelspiel ein gut geöltes Zahnrad der Propagandamaschine und entsprach der Fortschrittsbegeisterung, mit der Mussolini seine politische Bewegung unterfütterte.

Der antidemokratische, faschistische Eigenkörperkult Mussolinis ist, selbst wenn sie ideologisch divergieren mögen, noch immer die Abpausvorlage für andere „starke Männer" der Politik. Diese *Strongmen*, wie sie in einer Untersuchung genannt werden, „beschädigen oder zerstören die Demokratie und nutzen Männlichkeit als Werkzeug ihrer politischen Legitimierung".[80] Bei Wladimir Putin als kraftstrotzendem Judoka oder, fast im Sinne einer Selbstpersiflage, mit nacktem Oberkörper bei einem Ausritt mag das auf jeden Fall zutreffen. Matteo Salvini von der rechtsextremen italienischen Lega Nord, der sich sommers mit schöner Regelmäßigkeit auf irgendwelchen *spiagge italiane* zeigt und dort auf Tuchfühlung mit Urlauber*innen geht, erinnert vom Typ her zwar eher an harmlose Touristen als an einen Ex-Geheimagenten in freier Wildbahn. Dass sich Salvini in direkter Kontinuität zu Mussolini sieht, ist hingegen nicht auszuschließen und, aufgrund der eigentümlichen Konstitution des italienischen innenpolitischen Diskurses mit zum Teil weiterhin fehlender Distanz zur Zeit des Faschismus, auch kein völliges Tabu.

Aus der Vergangenheit steigen bisweilen schon einmal Bilder empor, die in einer Situation argloser Selbstzufriedenheit von Mächtigen im engsten Kreis entstanden und heute nicht mehr zulässig wären. Fotos von einem Gipfeltreffen des französischen Präsidenten Valérie Giscard d'Estaing mit dem damaligen US-Präsidenten Gerald Ford auf Martinique, die die versammelte Runde in einem Swimmingpool zeigten (auch Henry Kissinger planschte mit), tropische Cocktails schlürfend, wären aus mehrerlei Gründen heute nicht twitterkompatibel: In einem solchen Freizeitsetting, noch dazu während der kalten Jahreszeit in Frankreich und den USA, und damit so ganz ohne *They're Just Like Us*-Anmutung, würden Politiker*innen heutzutage wohl lieber nicht fotografiert werden. Gleich einem aufziehenden Tropengewitter ließe sich ein auf die Veröffentlichung solcher Bilder folgender Shitstorm heute nicht mehr abwenden. Französ*innen kennen die Körper ihrer Staatsoberhäupter im Großen und Ganzen besser als die Bewohner*innen der meisten anderen Staaten: Das ist unter anderem der Sommerresidenz an der Mittelmeerküste, dem Fort de Brégançon, geschuldet, wo Präsidenten mit ihren Familien, bisher ja ausschließlich Männer, meist auch Fotograf*innen für entsprechende Bildberichterstattung vorließen.

Nicolas Sarkozy in Badeshorts neben seiner groß gewachsenen Gattin, dem ehemaligen Supermodel Carla Bruni, war auf sommerlichen Magazincovers kein Fremder, ebenso wenig Emmanuel Macron, der es sich zudem nicht nehmen ließ, seine Leidenschaft für rasante Jet-Ski-Ausflüge kunstgerecht zu inszenieren. Wie Macron in Schwimmweste aussieht, war in Frankreich also schon bekannt, noch ehe er mit bis zum Nabel offenem Hemd auf einer Ledercouch fläzte. Auch Angela Merkel waren die Bilder von Macron „mit stolzem Blick und geschwelltem

Bizeps“[81] untergekommen, jedenfalls wird kolportiert, dass sie sie bei einem Besuch in der Festung im Sommer 2020 beiläufig erwähnte. Dass auch von der deutschen Kanzlerin im Jahr 2013 nach einem ihrer Aufenthalte auf Ischia Fotos im Badeanzug kursierten, war hingegen nicht Teil einer Inszenierung, sondern einer Indiskretion geschuldet. Die Paparazziaufnahmen sorgten aufseiten Merkels für große Verstimmung und hinterließen die Stadtregierung in Erklärungsnot. Nach dem Ausscheiden aus dem Amt ist das konsequente Verfolgen eines Fitnessprogramms ohnehin wieder einfacher als im Politiker*innenalltag: Der einstige spanische Regierungschef, José María Aznar, stählte seinen Körper nach Ende seiner politischen Karriere mit einem umfassenden Programm und beeindruckender Disziplin. Bis zu zwei Stunden täglich verbrachte er mit Ausdauersport und Muskelübungen, was ihm auch vonseiten der Klatschpresse wohlwollende Berichterstattung eintrug. Sein Coach fühlte sich später bemüßigt, in Richtung des sozialistischen Premiers Pedro Sánchez auszuteilen und diesen darauf hinzuweisen, dass das Ausmaß seiner sportlichen Betätigung offenbar unzureichend sei.

Insgesamt ist auffällig – und das untermauert die zuvor erwähnte *Strongmen*-These –, dass Männer in der Politik sich offenbar leichter damit tun, ihre unbekleideten Körper, seien sie nun Inkarnation muskulöser Leistungsfähigkeit oder nicht, als Kommunikationsvektoren einzusetzen. Dass Bilder von Angela Merkel in Strandmontur kursierten, war nicht beabsichtigt. Von Hillary Clinton gibt es zwar Aufnahmen, die sie beim Tanzen mit ihrem Mann am Strand zeigten; sie agierte damals aber noch im First-Lady-Modus und war somit nicht ganz Herrin ihrer Repräsentationsstrategie. Besonders unverkrampft gehen hingegen manche Jungpolitiker mit ihren eigenen unbekleidet hergezeigten Körpern um: Julian Schmid, zu jenem Zeitpunkt Nachwuchshoffnung der österreichischen Grünen, postete auf seiner offiziellen Facebook-Seite etwa ein Urlaubsfoto aus Mallorca in Badeshorts und delektierte seine Fans mit einer Sixpackpose. Schmids Tiroler Parteikollege Gebi Mair präsentierte sich auf seinem Instagram-Account konsequent als begeisterter Sportler: Skifahren, Klettern und Radfahren gehören offenbar zu seinen Lieblingsdisziplinen, was freilich zur öffentlichen Persona eines Tiroler Grünen ausgezeichnet passt. Aufnahmen mit gestähltem nacktem Oberkörper wurden in Mairs Instagram-Auftritt konsequenterweise rarer, je firmer er sich in der Landespolitik etablieren konnte.

Anders als in der Vergangenheit sollte auch der teilentblößte Politiker*innenkörper des 21. Jahrhunderts „muskulös, ohne Fettröllchen oder Bauchansatz" herzeigbar sein: Hierbei handle es sich eben um die „Bestätigung eines Stils in Bekleidung und Lebensweise, der Ernährungsbewusstsein, körperliche Ertüchtigung und Körperpflege kombiniert".[82] Ein relativ frühes Gespür für diese Konstellation hatte in den Achtzigerjahren der rechtsextreme österreichische Populist Jörg Haider, der die FPÖ zu neuen Höhen und am Gipfel seines Erfolgs später in eine Regierungskoalition mit der ÖVP unter Mascherlträger Wolfgang Schüssel führte. 1986 posierte er für die Novemberausgabe des Magazins *Wienerin* als damals frisch gewählter Bundesparteiobmann mit nacktem Oberkörper – unter anderem mit „visionärer" Weitblickpose, die Hand schattenspendend über die Augenbrauen gelegt und pathetisch in die Ferne schauend. Mit demselben Arsenal konnten und wollten ihm seine Kontrahent*innen damals nicht entgegnen; wenn überhaupt, dann schienen eher seine politischen Wegbegleiter und Erben bereit zu vergleichbarer Freizügigkeit. Karl-Heinz Grasser, Haider-Schützling und FPÖ-Finanzminister in der ersten FPÖ-ÖVP-Regierung, war etwa in der italienischen *Vogue Uomo* und später dank einer Condé-Nast-Syndication der kurzlebigen deutschen *Vanity Fair* als glamouröser Dandy an der Seite seiner Ehefrau,

Fiona Swarovski, zu sehen. In einer Aufnahme ohne Hemd, mit einer Smokingjacke über die Schultern des nackten Oberkörpers gelegt: Dass die deutsche *Vanity Fair* diese freizügige Aufnahme allerdings auf ihren Titel nahm, behagte Grasser nicht, er kündigte an, die Redaktion verklagen zu wollen.

Einen Sonderfall hinsichtlich politischer Freikörperkultur stellt der freizügige und aus heutiger Perspektive durchaus ermächtigte Umgang von Ilona Staller mit ihrem Körper und seiner Preisgebung dar. Besser bekannt unter ihrem Künstlernamen Cicciolina, bewerkstelligte Staller in Italien das Kunststück einer parallelen Porno- und Politikkarriere: Als Kandidatin des Partito Radicale zog sie 1987 ins Parlament ein und war bis 1991 Abgeordnete. Im Zuge ihrer Kampagne entblößte sie wiederholt die linke Brust, um zu zeigen, wo ihr Herz schlage; inhaltlich setzte sie sich mit den Radicali etwa für die Legalisierung weicher Drogen, präventive Informationskampagnen zum Thema AIDS und gegen von der Kirche dominierte Moralvorstellungen in der italienischen Gesellschaft ein. Zu Stallers politischem Erbe zählt die Gründung des kurzlebigen Partito dell'Amore („Liebespartei") im Jahr 1991, also zu einem Zeitpunkt, da ihre politische Karriere bereits abflaute.

EINE ZWEITE HAUT MIT FETISCHALLÜREN

Ebenso wie Ilona Stallers Körpereinsatz als an sich stringentes Kommunikationsinstrument mit Verweis auf eine radikal-liberale inhaltliche Position funktionierte, inkarnierte auch der griechische Politikquereinsteiger Yanis Varoufakis in seiner kurzen Zeit als Finanzminister auf den ersten Blick einen alternativen Typ von Staatsmann. „Nichts [...] entspricht dem typischen Politikerbild von Männern in Anzuguniformen",[83] lautet eine beinah frohlockende Analyse von Varoufakis' (körperlicher)

Erscheinung: Der Ökonom zeigte sich häufig im Freizeitlook, wobei sich der durchtrainierte Körper etwa durch seine T-Shirts deutlich abzeichnete, bei mancher Gelegenheit auch als Motorradfahrer, und er sollte im Kabinett von Alexis Tsipras 2015 die Finanzen des Landes sanieren helfen. Sein gesamtes Auftreten – und auch seine persönliche Sparsamkeit – machten klar, dass hier jemand nach alternativen Lösungsansätzen suchen werde. Wegen der baldigen Verstimmung zwischen Tsipras und Varoufakis war seine Amtstätigkeit allerdings nicht von langer Dauer, 2018 gründete er seine eigene Linkspartei, MeRA25, konzipiert, so die Vollversion des Parteinamens, als eine „Realistische Europäische Front des Ungehorsams“: Bereits diesem Versprechen wohnte, wenn man so möchte, der Versuch eines Kraftakts inne.

Als Alltagsmotorradfahrer war Varoufakis häufig in schwarzer Lederjacke zu sehen: Gleichsam als verstärkte und leicht überhöhende „zweite Haut“ für sich gesehen stellt diese eine Kleiderkategorie mit besonderem Körpergefühl dar und ist zugleich im politischen Kontext als Teil einer Revolutionsmode konnotiert. Hauptverantwortlich dafür war im postrevolutionären Russland zunächst Leo Trotzki, der sich in einer schwarzen Lederkluft als Alternative zum politischen Establishment inszenierte und damit Einfluss auf den Bolschewismus sowie Sympathisant*innen ausübte. Als Konstante in der Konfektionsmode des 20. Jahrhunderts stellt die schwarze Lederjacke hingegen eher ein Zitat der Fliegerjacke der deutschen Luftwaffe im Ersten Weltkrieg dar. Ihr revolutionäres Potenzial hat die Jacke in der Folge übrigens auch als High-Fashion-Störer unter Beweis gestellt. So kam Yves Saint Laurent das Verdienst zu, als Hausdesigner und Nachfolger von Christian Dior die erste schwarze Lederjacke in einer Haute-Couture-Kollektion gezeigt zu haben. Seine Reverenz an die Beatnik-Kultur stellte im Jahr 1960 jedoch für einen Teil der Klientel des Maisons sowie für manche Modekritiker*innen einen zu revolutionären Ansatz dar.

Ob Beatniks, Lost Generation oder Punks: Gegen- und subkulturelle Bewegungen vereinnahmten die Lederjacke immer wieder als wesentlichen Teil ihrer Selbstdarstellung und affirmierten so das Protestpotenzial des Kleidungsstücks.

Unter Vertreter*innen des zeitgenössischen politischen Geschehens ist neben Yanis Varoufakis, dem unangepassten Biker, etwa der 2021 in sein Amt gewählte chilenische Staatspräsident Gabriel Boric zu nennen. Der zum Zeitpunkt seiner Wahl erst 35-jährige Kandidat der Linkspartei Convergencia Social stand in Chile für ein alternatives politisches Angebot, was das jugendliche Auftreten des Millennials, Jahrgang 1986, untermauerte. Noch als Parlamentsmitglied zeigte sich Gabriel Boric in Karohemden, Merchandise von Rockbands wie Nine Inch Nails und Rammstein sowie häufig eben auch schwarzen Lederjacken, die zwangsläufig, wie soeben ausgeführt, auf Rebellion und Gegenkultur verweisen. In konservativen Kommentaren und von politischen Gegner*innen für seinen *estilo casual* kritisiert, etwa bei seiner Vereidigung als Kongressmitglied im Jahr 2014, gelang es Boric, aus der mit vestimentären Mitteln unterstützten Geste der Rebellion eine kleine politische Revolution in seinem Land zu generieren. Dass ihm seine Widersacher*innen übrigens während des Wahlkampfs und nach seinem Amtsantritt alsbald inhaltliche Kehrtwenden vorzuwerfen begannen, ist eine idiomatisch erwähnenswerte Randnotiz: Im Spanischen ist hier von einer *vuelta de chaqueta* die Rede, also wortwörtlich dem Umdrehen einer Wendejacke bzw. dem Herauskehren des Innenfutters einer farblich nicht mehr passenden Uniformjacke.

In die Kategorie der politischen Quereinsteiger*innen fällt der österreichische Politiker – und Rockmusiker – Dominik Wlazny. Nach einem Medizinstudium wandte sich der gebürtige Wiener von seinem bürgerlichen Beruf ab, reüssierte als Rockmusiker mit seiner Band Turbobier und gründete im Jahr

2015 die zunächst als Spaßprojekt wahrgenommene Bierpartei. Bei den Wiener Gemeinderatswahlen 2020 konnte diese aber in einigen Bezirken der Hauptstadt Achtungserfolge erzielen und auf unterster politischer Ebene einige Bezirksräte stellen. In einem aufgrund der großen Anzahl an Konkurrenten insgesamt etwas skurril verlaufenden Präsidentschaftswahlkampf 2022 kandidierte Wlazny als linkspopulistischer Herausforderer des amtierenden Bundespräsidenten, Alexander Van der Bellen, und wurde so erstmals von einem breiteren Publikum im politischen Zusammenhang wahrgenommen. In offiziellen Porträtfotos und Social-Media-Auftritten, die Wlazny große Aufmerksamkeit bescherten, zeigte er sich häufig noch im Rockerlook – etwa mit ärmellosen Jeanswesten, in kurzärmeligen T-Shirts oder schwarzer Lederjacke. Das rebellische Potenzial dieser Kleiderform wurde hier, in Kombination mit entsprechenden inhaltlichen Ansagen bzw. der ideologischen Positionierung des Kandidaten, voll ausgeschöpft. Bei wichtigen Fernseh- und Wahlkampfauftritten verzichtete Wlazny hingegen auf diese Rebellenkluft und trat etwas eleganter auf, etwa mit Sakko und darunter getragenem T-Shirt. Damit näherte er sich der Ästhetik der Slim-Fit-Politikergeneration an: Während ihn etwa mit Sebastian Kurz, der übrigens gleich alt ist wie Wlazny, denkbar wenig verband, sprach sich der Bierpartei-Gründer offen über seine Bewunderung für einen anderen Vertreter dieses Politikdresscodes, nämlich den SPÖ-Politiker Christian Kern, aus.

Eine geschickte Wahl in der Lederkategorie traf auch die finnische Ministerpräsidentin Sanna Marin, als sie im Frühling 2022 gemeinsam mit ihrer schwedischen Amtskollegin vor den Augen der Weltöffentlichkeit erklärte, ihr Land strebe, als Reaktion des russischen Angriffskriegs auf die Ukraine, einen NATO-Beitritt an. Sie trug bei dieser Gelegenheit, allerdings nicht zum ersten Mal, eine schwarze Bikerjacke aus Leder zu einem schwarzen Rollkragenpullover und einer Hose. Gerade die

Wahl der schwarzen Lederjacke, Teil von Marins Personaluniform, ist bei dieser Gelegenheit bemerkenswert: auch wegen des direkten Zusammenhangs mit Russland und als Fingerzeig auf die russische Geschichte des 20. Jahrhunderts ab der Oktoberrevolution. Diese ideologische Reapropriierung und vestimentäre Absage an Wladimir Putins Politik war ein gelungener Schachzug, obendrein eröffnete sich durch die inhaltliche Verbindung mit einem militärischen Bündnis eine weitere Assoziationsebene – hin zur Welt der Uniformen, dazu gleich mehr.

Deutlich entspannter trug Marin ihre schwarze Bikerjacke wenige Monate später, als sie sie beim Besuch eines Sommerfestivals mit Denimshorts kombinierte und damit erneut von sich reden machte. Ihr Auftritt in diesem jugendlichen *Casual Look* wurde überwiegend positiv bewertet, als Hinweis auf ihre ungezwungene Auslegung des (Privat-)Lebens als Premierministerin verstanden. Nur wenige Monate später schien sich das Blatt ins Gegenteil zu wenden, was auf ein Social-Media-Video zurückzuführen war, das aus Marins intimem Umfeld an die Öffentlichkeit geleakt wurde. Eine Instagram-Story zeigte Marin, wie sie mit Freundinnen in einer Privatwohnung tanzte, sich dabei – allem Anschein nach absolut innerhalb der Grenzen des gesetzlich Erlaubten – vergnügte und Alkohol trank. Später geriet eine weitere Aufnahme in Umlauf, die sie beim Besuch einer Diskothek am selben Abend und beim Tanzen mit einem männlichen Popstar zeigte, was man ihr ebenfalls, diesmal mit einer Dosis Moralinsäure als Motivation, ankreidete. Marin reagierte auf den Vorwurf, an diesem Abend Drogen konsumiert zu haben, mit vehementem Zurückweisen dieser Unterstellung und dem Vorlegen eines Drogentests. Wiederholt betonte sie in der darauffolgenden Diskussion, die sich international entfachte und um das „zulässige" Maß an Privatleben einer Regierungschefin kreiste, dass einem männlichen Spitzenpolitiker vergleichbare Vorwürfe oder Unterstellungen in einer vergleichbaren

Situation wohl kaum gemacht werden würden. Hier lässt sich etwa an die bereits besprochenen Oktoberfestbesuche von deutschen Regierungsgranden, meist männlich, denken: Bei solchen bierschweren Auftritten würde es wohl nicht einmal der* gewieftesten Oppositionspolitikerin* einfallen, drohende Amtsunfähigkeit wegen übertriebenen Biergenusses als Inhalt einer öffentlichen Diskussion ins Spiel zu bringen.

Im deutschen Politikgeschehen kam Lederjacken relativ große Bedeutung in der Konstruktion des Rollenbilds und -verständnisses durch Annalena Baerbock von den Grünen zu. Sie kombinierte ihre unterschiedlichen Modelle manchmal mit Kleidern, manchmal mit einem Jeans- und T-Shirt-Look, machte das Kleidungsstück eine Zeitlang zum zentralen Teil ihrer Garderobe. Für eine Politikerin, die sich gute Chancen auf die Kanzler*innenkandidatur ihrer Partei ausrechnen konnte, mochte die Konstruktion einer alternativ angehauchten Personaluniform zugleich das Signal sein, die Herausforderung einer möglichen Nachfolge Angela Merkels selbstbewusst anzutreten. Diese Andeutung eines rebellischen Moments trat zeit ihrer Amtstätigkeit als Außenministerin konsequenterweise wieder in den Hintergrund.

Dass ein „flott" gemeinter Alltagslook, und damit zurück zur Lederjacke, im öffentlichen politischen Leben nicht zwingend das beste Kommunikationsereignis darstellt, erlebte etwa Baerbocks Vorgänger im Außenamt, der SPD-Politiker Heiko Maas. Als er sich in einem betont entspannten Look – mit Turnschuhen, Endlosschal und eben schwarzem Lederblouson – bei einem Pressetermin zeigte, erntete er dafür mehr Häme als Bewunderung: Zu weit war das bereits konstruierte Image des Politikers von diesem punktuellen Look entfernt; zu spürbar war die Bemühung, ein alternatives Deutungsangebot in einem dafür nicht passenden Umfeld und obendrein nur isoliert zu machen. Die vestimentäre Botschaft war da, aber sie war in Ermangelung eines passenden Kontexts nicht dechiffrierbar. Selbst wenn das im politischen Alltag zumeist nicht primär bedeutsam ist, so verweist das Material Leder potenziell auch auf einen anderen Kosmos. Es handelt sich weiterhin „um das beliebteste Fetischmaterial, das zu einem international gültigen ‚Zeichen' für ‚radikalen Sex', wie vom Ausdruck *Leathersex* nahegelegt, wurde", woraus sich seine Platzhalterfunktion für „Schmerz, Macht, animalische und Raubtierimpulse sowie Männlichkeit" ableite.[84]

Im Detail parat mag die US-Außenpolitikbeauftragte Condoleezza Rice die Liste dieser Assoziationen nicht gehabt haben, als sie im Februar 2005, gemeinsam mit dem damaligen Präsidenten George W. Bush, in Wiesbaden stationierten US-Truppen einen Besuch abstattete. Ihre Kleiderwahl für diesen Auftritt sorgte gleichwohl für große Aufregung unter – auch wohlwollenden – Stilkritiker*innen, die in ihrem Look etliche Bedeutungsebenen geborgen fanden. Rice trug einen bodenlangen schwarzen Mantel mit vage militärisch anmutenden Goldknöpfen. Indem sie mit grüßender Geste an den Soldat*innen vorbeischritt, öffnete sich in der raschen, dynamischen Bewegung der Mantel und gab den Blick auf einen knielangen Rock und schwarze, spitz zulaufende Lederstiefel mit Stilettoabsätzen frei. Die Reverenz an den militärischen Zusammenhang war offenkundig, auch wenn Rice keine Fantasieuniform oder gar einen modischen Military Look trug – wie jene High-Fashion-Uniform von Alexander McQueen, in der sich Melania Trump auf dem republikanischen Nationalkongress im Sommer 2020 zeigte.[85] Besonders die schwarzen Lederstiefel, die gemeinsam mit dem Stärke und Strenge signalisierenden bodenlangen Mantel eine große Bandbreite an Konnotationen aktivierten, rückten das Outfit von Condoleezza Rice in Wiesbaden in etwas größere Nähe der Fetischmode als vielleicht beabsichtigt. Durch diesen Auftritt, und selbst wenn das keineswegs ihre Intention war, stieg Rice zugleich kurzerhand zum Rang einer Art

Stilikone empor. Dass modische Looks mit Uniformanleihen jedoch ungeachtet aller vordergründigen Harmlosigkeit von Bekleidungsformen durchaus einen Aspekt der Normalisierung eines militärischen Diskurses darstellen bzw. einen Beitrag zur imagologischen Militarisierung der Gesellschaft leisten, sollte an dieser Stelle nicht unerwähnt bleiben.[86]

MIT EINEM T-SHIRT DURCH DEN KRIEG

Als erste Frau, der das Verteidigungsressort in einer spanischen Regierung übertragen worden war, sorgte die Sozialdemokratin Carme Chacón bei der traditionellen Osterparade der Armee, der Pascua Militar, im Jahr 2009 für Aufsehen. Sie brach mit dem offiziell vorgesehenen Dresscode für Frauen, die in Rock oder Kleid, nicht aber in Hosen, dieser Veranstaltung beiwohnen sollen. Chacón hatte im Vorfeld die protokollarische Genehmigung dafür eingeholt, in einem – ihrem Amt und ihrem Rollenverständnis besser entsprechenden – Hosenanzug ihre Rede als zuständige Ministerin zu halten. Dass Chacón in einem schmal geschnittenen Anzug der spanischen Marke Purificación García vor die Truppen und den König trat, trug ihr Kritik von der einen, Lob und Bewunderung von der anderen Seite ein. Im Nachhinein lassen sich die Bilder von der Pascua Militar 2009 nur als Absage an den Machismus in der spanischen Politik und besonders dem Umfeld der Armee lesen sowie als geschickt inszenierte Selbstermächtigung einer Politikerin mit aller vestimentären Deutlichkeit.

Beispiele an männlichen Politikern in Uniformen gibt es zuhauf, was schon allein der in vielen Ländern existierenden Doppelrolle aus Oberbefehlshaber der Streitkräfte und Staatsoberhaupt geschuldet ist. Ein Auftreten in adäquater Kleidung für militärische Anlässe entspricht zugleich einer in der Forschung erfassten bestimmten Kategorie in einer Typologie von „politischen Bildstrategien im amerikanischen Präsidentschaftswahlkampf": Die „Heldenstrategie", die das Staatsoberhaupt in Uniform zeigt, ist neben der „Common-Man-Strategie", der „ökonomischen Strategie" oder der „Familienstrategie" einer jener Ansätze, die sich besonders gut für visuelle, vestimentär begleitete Inszenierungen eignen.[87] Unter den erwähnenswerteren Auftritten als nicht nur repräsentierendes, sondern auch operatives Mitglied der Armee ist jener Auftritt von George W. Bush auf dem Flugzeugträger USS Abraham Lincoln im Jahr 2003 zu nennen, der wegen seiner sogenannten *Mission Accomplished Speech* in Erinnerung bleiben sollte. Bush ließ sich in voller Fliegermontur von einem Kampfjet zum Flugzeugträger bringen, was wohl auch die Tatsache in Erinnerung rufen sollte, dass er selbst in der Luftwaffe gedient hatte.[88] Bei seiner Rede vor der Besatzung der USS Abraham Lincoln trug Bush zwar wieder einen zivilen Anzug, das militärische Drumherum blieb vielen aber in Erinnerung. Für Verstimmung sorgte im Nachhinein auch die Tatsache – daher auch der Titel, der diesem Auftritt gegeben wurde –, dass Bush vor einem groß aufgespannten Banner mit der Aufschrift *Mission Accomplished* zu den Soldat*innen sprach. Inhalt seiner Rede war die Situation im Irak, und wenngleich der US-Präsident nie ausdrücklich behauptete, dass der Einsatz dort erfolgreich abgeschlossen worden sei, legte die begleitende Bildgebung ebendies nahe: Auf den Fotografien war der Präsident mit dem erwähnten Banner und einer großen Anzahl aus dem Persischen Golf zurückkehrender Armeeangehöriger zu sehen. Die visuelle Kommunikation vermittelte also, ungeachtet der in dieser Situation ausgesprochenen Worte, ihrerseits eine recht klare, parallel funktionierende Botschaft.

Skurrilen – und ebenfalls missverständlichen – Charakter hatte eine Jacke, die der österreichische Innenminister Herbert Kickl 2019 bei einem Ministerrat trug: Formal erinnerte sie wegen der Aufnäher auf der Brust (eventuell auch mit Klettverschluss angebrachte Stoffschilder) an eine Uniformjacke der Polizei, der Kickl als Innenminister ja vorstand. Auf einem dieser Schilder war „Federal Ministry of the Interior" zu lesen, auf der anderen Brustseite prangte ein großes „Kickl". Da alle notwendigen Merkmale fehlten, handelte es sich aber nicht im eigentlichen Sinn um eine Uniformjacke, sondern vielmehr um ein personalisiertes Exemplar des Berufsblousons des Staatlichen Krisen- und Katastrophenschutzmanagements. Dieser bizarre Auftritt unterstreicht immerhin die Beobachtung, dass das Bild der Uniform im Lauf der Jahrhunderte in der Kostümgeschichte zahlreichen Veränderungen und auch Bedeutungsverschiebungen unterlag und schließlich in die Domäne der Performancewear mündete: „Die rezenteste Variation des Themas war keine militärische, sondern athletisch." An die Stelle von Offiziersjacken, Helmen oder Brustpanzern ist eine „rüstungsähnliche Bekleidung, bestehend aus synthetischen Fasern und geformtem Kunststoff" getreten.[89]

Mit großem Fingerspitzengefühl im Sinne der internationalen Kommunikation, aber auch jener mit seiner eigenen Nation, zeigte sich im Frühling 2022 nach Beginn des russischen Angriffskriegs auf die Ukraine bei öffentlichen Auftritten und den zahllosen Liveschaltungen in diverse Parlamente Staatspräsident Wolodymyr Selenskyj. Nach kurzer Zeit legte Selenskyj den staatsmännischen Einheitslook aus Anzug und Hemd ab und zeigte sich zumeist in einem kurzärmeligen olivgrünen T-Shirt, das wegen Farbe und anderer Merkmale an den Militärkontext erinnerte. Anfangs changierte die Farbe noch zwischen Militärgrün und bräunlichen Tönen, bald tauchte auf der Brust ein ukrainisches Kreuz mit Wappenfunktion auf. Selenskyj positionierte sich damit nicht ganz aufseiten der Armee, was auch in einer Demokratie einen autokratischen Charakter mitimpliziert und zudem für Verunsicherung der Zuseher*innen sorgen kann. Er wählte eine hybride, halb militärische, halb athletische Form der Bekleidung, die entsprechend vielseitig deutbar war. Eine völlig entbehrliche Bezugnahme auf die Situation in der Ukraine und die Auftritte Selenskyjs steuerte in derselben Phase der sich im Wahlkampf befindliche französische Präsident Emmanuel Macron bei, der anfangs noch versucht hatte, sich als Vermittler zwischen Moskau und Kyiv einzuschalten. Er ließ sich im Elyséepalast nach einer augenscheinlich durchwachten Nacht, unrasiert, im Kapuzenpullover und mit einem Stapel Papiere unter den Arm geklemmt, von seiner offiziellen Fotografin ablichten: Auch diese Aufnahme fand umgehend ihren Weg in die Social-Media-Kanäle Macrons und sollte wohl Nahbarkeit, Tatendrang und Anpackergeist signalisieren. Für besonders Aufmerksame war eine zusätzliche Bedeutungsebene auf der textilen Oberfläche angebracht worden: Macron trug nämlich einen Hoodie mit dem Logo der Spezialeinheit CPA10 der Streitkräfte. Dieses *Commando parachutiste de l'air n° 10* war 1935 gegründet worden, nachdem Frankreich drei Soldaten in die damalige Sowjetunion entsandt hatte, um die Techniken des Fallschirmspringens für die französische Armee zu erlernen. Macron verwies hier somit auf die lang bestehende Nähe Frankreichs zu Russland, sogar auf einen militärischen Zusammenhang der beiden per se befreundeten Nationen.

In Kriegs- und anderen Krisenzeiten gilt ganz besonders, dass Politiker*innen mit Vorsicht, Fingerspitzengefühl und vor allem der gebotenen Sensibilität agieren sollten – natürlich auch in ihrer Kleiderwahl. Die Versuchung, sich etwa am Rande von Naturkatastrophen als nicht nur präsent zu zeigen, sondern in eine Art Anpackermodus überzugehen, ist für manche nicht leicht zu überwinden. „Ein falsches Wort, eine falsche Geste und vor allem falsche Bilder können fatal sein",[90] ist hier jedenfalls richtig, wobei es im Zweifelsfall besser ist, empathisch zu agieren als mitgebrachte Accessoires als Ersatz für tatsächlichen Tatendrang einzusetzen. Überdies sollten Politiker*innen bzw. ihre Berater*innen realistisch evaluieren, welches Bild in der Öffentlichkeit von ihrer Person existiert und wie sich allzu abrupte Brüche vermeiden lassen. Als unauthentisch und darum völlig unglaubwürdig wurden etwa jene kanarigelben Gummistiefel wahrgenommen, die der österreichische Bundeskanzler Viktor Klima bei seinem Auftauchen am Rande einer Hochwassersituation im Triestingtal 1997 trug. Die wie neu gekauft wirkenden Stiefel erschienen an Klima unpassend, das für die Krise ersonnene Modehandeln ging nach hinten los.

Das erfolgreichste Gegenbeispiel, ebenfalls mit Gummistiefeln in einer Hauptrolle, lieferte Gerhard Schröder. Er zeigte sich 2002 von der Situation vor Ort bei einem Lokalaugenschein einer Hochwassersituation in Sachsen persönlich betroffen, versprach rasche und unbürokratische Hilfe. Sein Auftreten in froschgrüner Regenjacke und mit dunkelgrünen Gummistiefeln wurde ihm von den Wähler*innen abgenommen, dieser Anpackermoment galt im Nachhinein als mitentscheidend für den Erfolg der Kanzlerpartei SPD bei den Bundestagswahlen im selben Jahr. Im Zweifelsfall möchte man Berufskolleg*innen von Klima und Schröder aber freilich raten, von der Wahl irgendwelcher Katastrophenrequisiten abzusehen und primär auf ihre Präsenz und die Kommunikation ihres Krisenmanagements zu setzen. Auf Herumwitzeln und Gelächter mögen sie bei ihrem Besuch jedes von einer Naturkatastrophe heimgesuchten Ortes jedenfalls verzichten: Bilder, auf denen er hinter dem angesichts eines Hochwassers seine Betroffenheit ausdrückenden Bundespräsidenten Frank-Walter Steinmeier als Schmähführer zu sehen war, kosteten nämlich höchstwahrscheinlich den damaligen CDU-Kanzlerkandidaten Armin Laschet 2021 seinen sicher geglaubten Wahlsieg als Nachfolger von Angela Merkel.

In welchem Zustand Laschets Schuhwerk war, ob nun hochwassertauglich oder nicht, wurde angesichts dieser Klamaukposen nicht mehr separat besprochen.

KAPITEL 05

BESONDERER KOMMUNIKATIONSBEDARF

„Because many of my predecessors had beards and none was known to wear a skirt, my use of pins to send a message was something new in American diplomacy."
Madeleine Albright

In den vorangehenden Kapiteln galt das Hauptinteresse jenen *Fashion Moments,* wenn man sie so nennen möchte, in denen sich dank der Aussagekraft von Bekleidung das öffentliche Auftreten von Politiker*innen einer vestimentär ausgerichteten, meist aber ungeplanten Deutung anbot: manchmal mit mehr, manchmal mit weniger Erfolg; manchmal als Teil bewussten Modehandelns, manchmal als zufällige Begleiterscheinung oder gar Stilpanne. Alle besprochenen Beispiele standen in Verbindung mit einer der Hauptcharakteristiken der Mode, nämlich dass sie als großes Ordnungsprinzip stets genug Spielraum auf individueller Ebene lässt, sodass die* Einzelne* sich mit ihren* persönlichen Vorlieben einer Interpretation durch andere anbieten kann. Ebenso wenig, wie Menschen unbekleidet die Polis durchschreiten, können sie sich dem potenziellen Kommunikationsgehalt von Kleidern entziehen: Es ist unmöglich, sich etwas Textiles überzustreifen und dabei keine Aussage zu treffen, die für das Gegenüber dank einer kulturellen Prägung, Vorerziehung oder auch persönlicher Vorlieben (Geschmack, Distinktion) erfass- und bewertbar wird. Dies nun korrespondiert mit einer der Haupteigenschaften der visuellen Kommunikation, die „einer eigenen, nicht rational-argumentativen Logik" folgen soll und deren grundlegende Logik auf Assoziationen beruht, die „nicht rational erklärbar [sind], [...] aber auf Vorbildern, deren Bedeutungen analytisch dechiffrierbar und damit interpretierbar sind [beruhen]“.[91]

Manchmal stellt sich nun aber für Politiker*innen, die durchaus zu offensiver Modekommunikation aufgelegt wären, die Frage nach der Ad-hoc-Aktivierbarkeit dieses in der Kleidung ver-/geborgenen Potenzials des Mitteilbaren. Anders gesagt: Wie diese vestimentäre Kommunikationsbereitschaft ausleben und sicherstellen, dass die versandten Botschaften weder zu subtil noch zu vage oder vieldeutig sind? Ein interessanter und an dieser Stelle verfolgenswerter Gedanke wäre es, dass – vergleichbar mit der für die Linguistik entwickelten Sprechakttheorie – im Modehandeln laufend Kleidungsakte gesetzt werden, um den Front-Stage-Auftritt adäquat zu begleiten. Zu vermeiden ist jedenfalls das Missgeschick, dass Beobachter*innen „die Botschaft nicht als linear vermittelte logische Nachricht lesen“ können. Jene „Signale, die auf emotionaler und intellektueller Ebene augenblicklich zu einer meist unbewussten, subjektiv wertenden Wahrnehmung einer Person führen“,[92] müssen im Sinne ihrer Absender*innen ihrer Unbestimmtheit beraubt werden.

Auch das allzu Modische, im Sinne eines zu deutlich sichtbaren Trendbewussteins der* Trägerin*, dürfte sich hier als wenig hilfreich erweisen. In theoretischen Ausführungen und allgemeinen Überlegungen zum Phänomen der Mode wird ja selten darauf vergessen, wie (selbst-)destruktiv sie sei, wie sehr sie sich gegen das Bleibende richte. So soll etwa, schreibt Luhmann in seiner Systemtheorie über den „Sinn der Mode“, ebendieser darin liegen, „das Neue zu legitimieren, ja zu oktroyieren, und zwar mit der stupenden (um nicht zu sagen: admirablen) Begründung, daß es vergänglich sei“.[93] Ebendiese Vergänglichkeit steht nun der Übermittlung einer Botschaft, die im politischen Alltag für Verlässlichkeit bürgen sollte, eher entgegen, weshalb der Handlungsspielraum a priori klar abgegrenzt werden muss.

Nicht jede Kleiderkategorie ist geeignet, sehr wohl aber bestimmte Genres/Modephänomene, die mit einer historisch gewachsenen Message ausgestattet sind. Wie Menschen sich „mit Hilfe von Mode in sozial deutbare Konstrukte verwandeln“[94] können, ist Teil einer Kompetenz, über die nicht jede* verfügt. Gerade in diesem Umfeld ist die Nähe zu möglichen *Gotcha Moments*, wie sie zuvor aufgelistet wurden, besonders groß.

Die einer verlässlichen Deutung am meisten entgegenstehende Eigenschaft der Mode ist ihre Kontingenz: Darum stellt zu Interpretations- und Mitteilungszwecken eine erfolgreich konstruierte Personaluniform einen guten Ausgangspunkt dar. Betrachter*innen kennen den *degré zéro*, das Richtmaß, und vermögen Abweichungen als intendierte Botschaften zu entschlüsseln. Das muss nicht so weit gehen wie bei jener berüchtigten Handtaschensprache, vermittels derer Königin Elizabeth II. angeblich ihrem Mitarbeiter*innenstab konkrete Handlungsanweisungen gab. Je nach Positionierung bzw. Tragefaçon habe die Queen zum Beispiel darum gebeten, sie aus einer unliebsamen Gesprächssituation zu befreien. So konkret – und auch so subtil – muss es im öffentlichen Treiben der *Visual Politics* nicht zugehen, zumal der Kreis möglicher Adressat*innen um ein Vielfaches größer ist. Die bunten Blazer von Angela Merkel stellten etwa einen Ansatzpunkt für Interpretationswillige dar: Man versuchte zum einen, ihre persönlichen Vorlieben zu dokumentieren und zugleich festzuhalten, mit welcher Farbe sie welche Grundhaltung in einer bestimmten Position begleitete.

Von allzu vagen Deutungsversuchen sollte allerdings doch Abstand genommen werden, um im politischen Alltag Modehandelnden nicht Mitteilungsbereitschaft zu unterstellen, wo sich diese nur mit viel Fantasie ausmachen lässt. Wo Schlussfolgerungen allzu bemüht wirken oder sich nach *Wishful Thinking* anhören, wurde eventuell über das Ziel hinausgeschossen. „Sie sah aus wie ein Engel, der den Rettungsschirm aufgespannt hat",[95] lautete etwa die Bewertung einer deutschen Modeprofessorin, als sie auf die Ära Merkel zurückblickte und konkret die Jackenwahl der Kanzlerin bei der Abstimmung über den EU-Rettungsschirm im Jahr 2012 kommentierte. Auch ob sie mit Königsblau gegenüber Staats- oder Regierungschefs nun ein Treffen auf Augenhöhe betonte oder mit Rot andeutete, dass eine politische Lage besonders ernst sei, lässt sich in Ermangelung einer ausdrücklichen Bestätigung seitens der Kanzlerin nicht klären. Einfacher zu deuten ist in jedem Fall der Umgang mit etwaigen Parteifarben, etwa das unübersehbare Faible der Schottin Nicola Sturgeon für Rot, ebenso wie das überlieferte Vermeiden von Rot bei innenpolitischen Auftritten durch Margaret Thatcher, die nicht mit der Farbe der Labour-Partei in Verbindung gebracht werden wollte.

Zu diesem Thema passt auch eine Beobachterin der Stilkritikerin der *New York Times*, die nach der in Lifestylemedien intensiv besprochenen Angelobungszeremonie Joe Bidens im Januar 2021 eine auffällige Präsenz der Farbe Violett detektierte. Die „Allgegenwart von Violett", so die Schlussfolgerung, könnte auf die angestrebte Bi-Partisanship, die erwünschte Zusammenarbeit des „roten" und des „blauen" Lagers in der US-Innenpolitik in den Folgejahren hindeuten.[96] Besonders bei diesem Farbenraten ist aber Vorsicht geboten, weil es natürlich auch das Phänomen saisonal wechselnder Trendfarben gibt, das in denselben Bereich hineinspielt. „Die tatsächliche Beziehung zwischen Politik und der Form, die Mode annimmt, bleibt immer ein wenig unbestimmt, weil Menschen manche Dinge aus den perversesten Gründen oder ohne Grund anziehen."[97] Diese Mahnung aus der Modetheorie und -soziologie sollte im Hinterkopf behalten, wer sich allzu beflissen an das Decodieren von vermeintlich mitgegebenen Botschaften macht.

EIN RICHTERLICHES AMTSVERSTÄNDNIS

Ein betont gutes Verhältnis zu persönlicher Kleiderwahl und modischen Styles hatte indessen Brigitte Bierlein, als Oberhaupt einer Interimsregierung von Expert*innen in Österreich zugleich erste Bundeskanzlerin des Landes. Als bisher höchstrangige Politikerin bei dieser Veranstaltung wohnte sie 2019 der Eröffnung der Wiener Modewoche bei und sagte in ihrer Rede: „Mode ist Kommunikation ohne Worte und ein wichtiges Kulturgut. Sie ist nicht nur Ausdrucksform des eigenen Stils, sondern auch Spiegelbild eines Kollektivs."[98] Dass im politischen Leben so konkret auf das Potenzial von Mode eingegangen wird, Botschaften der* Trägerin* zu versenden, stellt tatsächlich eine Seltenheit dar. In Lobes- oder Begrüßungsreden bei Preisverleihungen oder Galadiners steht zumeist das Allgemeine, etwa das Modeschaffen als Teil des kulturellen Geschehens oder auch die Betonung des Beitrags zur nationalen Wirtschaftsleistung, im Vordergrund.

Dass Bierlein den Aspekt einer „Kommunikation ohne Worte" hervorhob und damit auf die Option einer vestimentär ausgerichteten Bildgebungsstrategie verwies, war aufgrund ihrer damaligen Rolle besonders bemerkenswert. Als einige Monate zuvor der österreichische Bundespräsident Alexander Van der Bellen zum ersten Mal vor die Öffentlichkeit getreten war, um die kurz vor dem Rückzug aus dieser Position stehende Präsidentin des Verfassungsgerichtshofs der Republik als seine Wunschkandidatin für die Führung einer Übergangsregierung zu präsentieren, hatte Bierlein einen festlich, beinahe privat wirkenden Hosenanzug getragen, darunter eine weiße Bluse mit Manschettenärmeln und rüschigem Wasserfallkragen. Dies konnte damals als Fingerzeig der Verfassungsrichterin gelesen werden – als Verweis auf ihr künftiges Rollenverständnis im Sinne der Kleidungsformen bei Gericht: Der Wasserfallkragen ließ sich nämlich als ein Zitat des Jabots an der richterlichen Robe lesen und somit als Versicherung, wie Justitia über die Vorgänge in der Innenpolitik zu wachen. Berühmt wurde übrigens die Sammlung jener Krägen und Jabots, die die US-Höchstrichterin Ruth Bader Ginsburg über viele Jahre zusammentrug. In Interviews und Gesprächen, etwa im Dokumentarfilm „RBG" (2018) über ihr Leben und Wirken, zeigte Bader Ginsburg gern, mit welchem Kragen sie welche Art von Urteilssprüchen begleitete. Nach dem zuvor publik gewordenen „Ibiza-Skandal" und dem Zerbrechen einer in weiten Teilen als korrumpierbar wahrgenommenen Bundesregierung war eine intuitiv auf diese Weise auslegbare vestimentäre Botschaft der neuen Bundeskanzlerin für viele wohl ein willkommener Fingerzeig.[99]

Bisweilen fühlen sich Politiker*innen freilich bemüßigt, noch deutlicher mit vestimentären Mitteln auf ihre Intentionen hinzuweisen. Die Schweizer Nationalrätin Anita Fetz trug als störendes Moment im Jahr 2001 bei einer Rede im Parlament, in der sie sich für einen UNO-Beitritt ihres Landes aussprach, etwa ein rotes T-Shirt mit weißem Kreuz auf der Brust und somit die Schweizer Flagge. So drückte sie aus, dass ihrer Meinung nach eine stärkere Bindung an die internationale Staatengemeinschaft und eine „patriotische" Gesinnung einander nicht widersprechen würden. Tatsächliche Sloganmode ist etwas heikler und könnte sogar den – gemeinhin recht großzügig formulierten oder gar nicht existierenden – Kleiderordnungen in Parlaments- oder anderen Amtsgebäuden widersprechen. Oppositionspolitiker Nico Semsrott etwa trug vor der Wahl der neuen Kommissionspräsidentin im EU-Parlament bei einer Fragerunde eine auffällige Variante seines bekannten Kapuzenpullovers: Dieser war großflächig mit Aufklebern mit den Firmenlogos diverser Consultingfirmen bedeckt, womit Semsrott Kritik an der zum Teil ungeklärten Vergabepraxis von Beraterverträgen durch das deutsche Verteidigungsministerium unter

Ursula von der Leyen übte, die 2019 dessen ungeachtet zur Präsidentin der Kommission gewählt wurde.

Eine vergleichbare, allerdings nicht satirisch angelegte Outfitentscheidung der deutschen Digitalisierungsministerin Dorothee Bär für eine Bundestagssitzung wurde gar zum modischen Streitfall, mit dem sich der Ältestenrat zu befassen hatte: Sie trug, wohl um ihre anhaltende Unterstützung des Fußballvereins nach einer wichtigen Niederlage im Jahr 2015 auszudrücken, ein Trikot des FC Bayern, womit sie allerdings gegen die Kleiderordnung verstieß. Schließlich sind auf den offiziellen Kleidungsstücken der Teamspieler auch die Sponsoren abgebildet, was in der Volksvertretung nicht zulässig ist. Zu seiner eigenen Marke machte sich Donald Trump, der den gewinnbringenden Slogan seiner ersten Präsidentschaftskandidatur, *Make America Great Again* in den Rang eines modischen Accessoires mit der roten MAGA-Baseballkappe erhob. Wie viele seiner Anhänger*innen war Trump, zumindest bei öffentlichen Auftritten, häufig mit diesem Werbegimmick zu sehen.

Nicht ganz zum Thema der Slogan- oder sonstwie mitteilungsbedürftigen Mode passt ein Sonderfall der Wahlwerbung, mit dem die CDU-Politikerin Vera Lengsfeld von sich reden machte: Auf ihrem Plakatmotiv waren zwei Fotos nebeneinander zu sehen – einmal Angela Merkel mit dem tief ausgeschnittenen Kleid, in dem sie sich 2008 bei der Eröffnung der Osloer Oper zeigte, und einmal Lengsfeld in einem ebenso dekolletierten Kleid, begleitet von dem Spruch „Wir haben mehr zu bieten“. Während die Kritik an Merkels festlichem Kleid entbehrlich und unpassend gewesen war, sorgte die zwar originell betextete, darüber hinaus aber inhaltsarm wirkende Wahlwerbung mit spaßigem Verweis auf das Dekolletee der Kanzlerin nicht für den bestmöglichen Auftritt einer Wahlkämpferin.

GROSSE ROBEN MIT KLARER ANSAGE

Wenn das Modesystem auf einem „immateriellen Prozess der Kommunikation, die sich an der materiellen Kleidung entzündet",[100] beruht, dann ergibt sich daraus als logische Folge die inhaltliche Aufladung von konkreten Kleiderkombinationen in einem bestimmten Zusammenhang. Das trifft etwa auf den weißen Hosenanzug zu, den Politikerinnen in den USA bei wichtigen Anlässen der letzten Jahre wiederholt getragen haben. Geradezu sinnstiftend war dabei der Auftritt von Hillary Clinton, mit dem sie 2016 die Nominierung der demokratischen Partei als Kandidatin für den bevorstehenden Präsidentschaftswahlkampf annahm. Auch bei der letzten TV-Auseinandersetzung mit ihrem Kontrahenten Donald Trump trug Clinton einen weißen Anzug: Beobachter*innen interpretierten dies als eindeutige Hommage an die Suffragettenbewegung, die sich im späten 19. und frühen 20. Jahrhundert für das Frauenwahlrecht einsetzte. Besonders ein Marsch durch Washington am 3. März 1913, bei dem Suffragetten in weißen Kleidern und Kostümen durch die Hauptstadt zogen und für ihr Anliegen eintraten, wurde stilbildend.

Wie bereits ausgeführt, ist der von Frauen getragene Hosenanzug in der Politik und besonders am Capitol Hill keine Selbstverständlichkeit, sondern verweist seinerseits auf die Geschichte einer erfolgreichen Ermächtigung und Selbstbestimmung. Clintons Kleiderwahl referenzierte somit zwei wichtige und eindeutig interpretierbare Bedeutungsebenen und wurde bestimmend für eine *Political Icon* im folgenden Sinne: „Bilder und visuelle Artefakte tun Dinge. Sie sind selbst politische Kräfte. Oft formen sie Politik mit, ebenso sehr, wie sie sie abbilden."[101] Dieser Ikonencharakter ließ diese Kombination in der Folge zum immer leichter lesbaren Element einer Kommunikationsstrategie werden, worauf sich etwa demokratische

Kongressabgeordnete bei den State-of-the-Union-Ansprachen von Donald Trump in den Jahren 2019 und 2020 bezogen. Auch Kamala Harris entschied sich am 9. November für einen weißen Hosenanzug bei ihrer ersten Rede nach dem Wahlsieg von Joe Biden, der sie in den Rang einer gewählten Vizepräsidentin der USA hob.

Noch ausdrücklicher das modische Wort zu ergreifen fühlte sich bei der Met Gala 2021 die demokratische Abgeordnete Carolyn Maloney bemüßigt. Beim wohl wichtigsten Modeevent des Jahres, dem großen Empfang der amerikanischen *Vogue* im New Yorker Metropolitan Museum, trug Maloney ein etwas wild zusammengestückeltes Abendkleid, das mit eindeutiger Botschaft ausgestattet war: *Equal Rights for Women* war auf diversen Stoffbahnen zu lesen, die übereinander zu einem Kleid gelegt waren; in der Hand hielt Maloney ein kleines Banner mit der Aufschrift *ERA YES*. Damit sprach sie sich für die Verabschiedung eines *Equal Rights Amendment* ein, das das Verbot der Diskriminierung wegen Geschlecht oder Gender in den Verfassungsrang heben würde.

Für programmatische Slogan-Abendmode, eine an sich nicht eben gängige Kleiderkategorie, entschied sich für ihren Auftritt bei derselben Met Gala (das patriotische Thema lautete „In America") die in Kommunikationsangelegenheiten überaus geschickte, social-media-begeisterte und als modeaffin geltende Demokratin Alexandria Ocasio-Cortez. Die Kongressabgeordnete trug ein bodenlanges weißes Kleid mit ab dem Knie ausgestelltem Tüllsaum, entworfen von der Schwarzen Designerin Aurora James für ihr Label Brother Vellies. Verwies bereits die Gewandform auf die als Bezugsebene wichtige Suffragettenbewegung, so wurde die Message für das von größtem Publikumsinteresse begleitete Modeevent noch einmal verdoppelt: *Tax the Rich* stand in blutroten Lettern als unübersehbare Forderung einer Reichenbesteuerung über den Rücken des Kleids geschrieben.

Während diese beiden Abendkleider Sonderfälle der Sloganmode darstellen, wie sie bei einem offiziellen Anlass, etwa dem Empfang einer Delegation, oder gar in den Räumen einer Volksvertretung nur schwer tragbar bzw. sogar unzulässig ist, liegt es in der postprotokollaren Ära, besonders in der Diplomatie, nahe, dass nach alternativen Bekleidungsformen und Dresscodes gesucht wird. Dies spielt etwa in den Bereich des sogenannten *Diplomatic Signalling*, verstanden als der „Einsatz nonverbaler Zeichen, durch die diplomatisch Handelnde stillschweigend miteinander kommunizieren oder in weiterem Sinne auch mit der Öffentlichkeit".[102] An dieser Stelle lässt sich auch an das Prinzip der sogenannten *Fashion Diplomacy* denken, das in der jüngeren Vergangenheit besonders mit Michelle Obama assoziiert wird und eher in den Wirkungsbereich von First Ladys/Gentlemen bzw. königlicher Familien fällt als in jenen gewählter Amtsträger*innen. Das Prinzip beläuft sich auf die Zusammenstellung einer Garderobe bei Auslandsreisen und beruht auf einer Kombination aus jüngeren Designpositionen aus dem eigenen Land, um diese zu promoten, und ihren Äquivalenten in der Kreativlandschaft der besuchten Nation – als begleitende Modehommage.

ANGESTECKTE AUSSAGEKRAFT

Unter allen Politiker*innen, die auf der internationalen Bühne eine bedeutende Rolle spielten, ist ohne Zweifel die einstige UNO-Botschafterin der USA und spätere Außenministerin Madeleine Albright als die wichtigste Vertreterin eines eigenen, und in mancher Hinsicht eigentümlichen, Bezugs zu Bekleidungsformen und modischer Ausstattung zu nennen. Albright setzte in ihrer Personaluniform nicht nur auf Textiles, sondern begleitete ihre Auftritte im Lauf ihrer Karriere mit auffälligen

Broschen und Anstecknadeln. Die Verbindung zwischen der Demokratin, die im Kabinett von Bill Clinton an den Gipfel ihrer politischen Bedeutung gelangte, und dem von ihr als Bedeutungsträger eingesetzten Schmuckstück ging so weit, dass das New Yorker Museum of Arts and Design ihr im Jahr 2009 eine Ausstellung widmete. Begleitend erschien eine von Madeleine Albright selbst gezeichnete Publikation mit dem Titel „Read My Pins", in der die Politikerin ihre Lieblingsbroschen beschrieb und besonders denkwürdige Anekdoten zusammenfasste.

In diesem Buch erzählte sie auch, wie es dazu kam, dass sie ihre „Broschen als ein Werkzeug der Diplomatie"[103] einsetzte. Als UN-Gesandte der USA kritisierte Albright 1994 Saddam Hussein wegen seiner Weigerung, Dokumente zum Nuklearprogramm des Irak zu veröffentlichen. Auf diese Kritik reagierte die irakische Staatspresse mit einem Gedicht, in dem Albright als eine „Schlange, die ihresgleichen sucht" (*unparalleled serpent*) bezeichnet wurde. Als Albright kurz nach dieser Veröffentlichung irakische Gesandte treffen sollte, entschied sie sich für das Anlegen einer Schlangenbrosche, ein Modeschmuckstück, das sie in einer Boutique in Washington gefunden hatte. Damit war der Grundstein einer neuen Praxis gelegt, auf deren Initialzündung Albright mit folgenden Worten zurückblickte: „Als die Fernsehkameras auf die Brosche heranzoomten, lächelte ich nur und sagte, dass dies eben meine Art sei, eine Botschaft zu übermitteln."[104]

Die kostbaren Codes, die Albright für besonders publikumswirksame oder markante öffentliche Auftritte anlegte, deckten eine ziemlich breite Palette ab und reichten von Subtilitäten bis zu eher Deutlichem. Als etwa im Herbst 1996 ein US-Zivilflugzeug von der kubanischen Luftwaffe abgeschossen wurde, trug Albright eine Vogelbrosche mit einem kleinen Hüttensänger *(bluebird)* mit Kopf nach unten, „um Wut und Trauer auszudrücken".[105] Daraus leitete sich nach und nach die Eigenheit ab, dass Albright, anders als andere Spitzenpolitiker*innen, nicht *Read My Words* oder, wie Präsident George Bush, *Read My Lips*, zu sagen pflegte, sondern sie – zum Teil wohl scherzhaft – Beobachter*innen des politischen Geschehens wortwörtlich dazu aufforderte, sie möchten doch ihre Broschen lesen. Diese zumindest in Teilen skurril anmutende Herangehensweise Albrights ist bemerkenswert, weil sie ihre Sonderstellung als Frau im Gesamtpanorama der Vereinten Nationen bzw. der Weltpolitik widerspiegelt. Als Mitglied des UN-Sicherheitsrates und einzige Frau in diesem Gefüge wollte Albright sich „keine Sorgen über mein Auftreten machen müssen. Das veranlasste mich, meinem Äußeren noch mehr Aufmerksamkeit zu schenken, nach und nach neue Broschen zu erwerben, um meine Kleider interessanter aussehen zu lassen".[106]

Diese in sich beinahe widersprüchliche Aussage legt zugleich offen, dass sich Madeleine Albright in ihrer Rolle als Frau und Repräsentantin der USA in einem der wichtigsten Gremien der Weltpolitik eingehend damit auseinandersetzte, wie sie Erwartungshaltungen einerseits überspielen, andererseits das ihr zur Verfügung stehende und in Anbetracht bestehender Kleiderkonventionen deutlich größere Repertoire der Möglichkeiten in ihrem Sinne einsetzen konnte. Zwar als Broschenträgerin bekannt, achtete Madeleine Albright im Übrigen stets darauf, in der Öffentlichkeit bei wichtigen Treffen nicht mit Handtasche gesehen bzw. fotografiert zu werden, da dieses die Hände in Beschlag nehmende Beiwerk in ihren Augen unweigerlich einen Imagenachteil gegenüber männlichen Kollegen mit sich brachte.

Das Etablieren einer Gepflogenheit wie dieser Broschensprache mag als begrüßenswerte neue Praxis wahrgenommen werden, solange es sich um den Spleen einer besonders prominenten Figur im politischen Geschehen handelt. Würden sich mehrere ungefähr gleichrangige Akteur*innen etwa zeitgleich oder gar bei derselben Gelegenheit mit solch sprechendem

Ornat zieren oder andere Attribute mit Interpretationsspielraum für sich auswählen, würde dies aber wohl für nicht mehr ganz zweckmäßige Verwirrung sorgen. Ein Verwandter im Geiste fand sich später in Frankreich in der Person von Premierminister Édouard Philippe: Auch er legte ein Faible für das Kommunizieren via kleine Schmuckstücke an den Tag, trug etwa inmitten einer innenpolitischen Krise bei einem TV-Auftritt Manschettenknöpfe in der Form von Feuerlöschern. Während einer Mobilisierungsphase der einflussreichen Eisenbahner*innengewerkschaft wählte Philippe Manschettenknöpfe in der Form gelber Bauhelme, die formal als Zugeständnis an die *Gilets jaunes*, die Gelbwestenbewegung, verstanden werden konnten.

Am Vortag des geplanten Starts einer Ariane-Weltraumrakete trug Philippe dasselbe Schmuckstück in Raketenform, und als er sich im Juli 2020 aus seiner Rolle als Premierminister zurückzog, entschied er sich für Manschettenknöpfe in Form pinker Flipflops, die vielleicht andeuten sollten, dass er sich nunmehr in Urlaubsstimmung befinde und den Karriereschritt durchaus auf die leichte Schulter nehme. Wie schon bei Albrights Broschen oder auch Krawatten mit schwer deutbaren Tiermotiven gilt angesichts solcher Kommunikationsimpulse, dass sie zwar im Einzelfall als originell wahrgenommen werden können, zugleich aber mit Vorsicht zu genießen sind, wenn sich aus ihnen das Potenzial einer inhaltlichen Banalisierung durch die Reduktion auf ein Modeaccessoire ableitet. Eher noch *on message* kann der bewusste Verzicht auf ein Modeattribut sein: Als der spanische Premierminister Pedro Sánchez etwa im Sommer 2022 Maßnahmen zum Energiesparen wie das Drosseln von Klimaanlagen verkündete und dabei ohne Krawatte, mit geöffnetem oberstem Hemdknopf vor die Öffentlichkeit trat, wurde das in Spanien ausführlich medial besprochen und als konsequente Modehandlung begrüßt. Immerhin empfahl Sánchez ja ausdrücklich (Geschäfts-)Männern, im Berufsalltag schon einmal auf die Krawatte zu verzichten, selbst wenn dies mit gängigen Businessdresscodes brechen sollte. Und das, obwohl im selben Jahr, wie bereits erwähnt, für das Schlussfoto des G7-Gipfels alle anwesenden Männer ebenfalls auf ihren Binder verzichtet hatten – aus Gründen der Modernität und Jugendlichkeit jedoch, und nicht als Zugeständnis an eine Klimapolitik.

DER BALL DER MASKEN

Die Ausnahmesituation einer globalen Pandemie, die im Frühling 2020 die Welt erstarren ließ und in den meisten Ländern ein jähes „Herunterfahren" des Alltags bewirkte, zeitigte auch hinsichtlich möglicher Dresscodes unübersehbare Folgen. Indem die Regierungen versuchten, ihre Herangehensweisen zu koordinieren und der Covid-19-Krankheitswelle alles Erdenkliche entgegenzusetzen, entpuppten sich bald verschiedene Varianten eines Mund-Nasen-Schutzes als gut anwendbares Mittel gegen die allzu rasche Ausbreitung der Pandemie. Ehe es so weit kam, dass vielerorts nur mehr chirurgische Einweg- oder effizientere FFP2-Masken zulässig waren, griffen anfangs viele Menschen zu selbstangefertigten Stoffmasken, die relativ großen Spielraum bei der Gestaltung ließen. Die slowakische Präsidentin Zuzana Čaputová wurde bald dafür bekannt, dass sie ihre Masken nach Möglichkeit auf ihre jeweiligen Kostüme abstimmte: Die einen erheiterte dies, oder sie lobten den stilbewussten Zugang; andere fanden diese Praxis verharmlosend und kritisierten die Umdeutung der Gesichtsmaske zu einer Modeerscheinung in einer kritischen Phase der Pandemie.

Ähnlich stellte sich der Fall der demokratischen Vorsitzenden des Repräsentant*innenhauses in Washington dar. Von Hillary Clinton wurde Nancy Pelosi wenig verwunderlicherweise für ihr Geschick in der *Mask-to-Pantsuit Coordination* auf Twitter gelobt. Besonders in den USA, wo keine bundesweit einheitliche Regelung hinsichtlich einer möglichen Maskenpflicht getroffen wurde, war Pelosis Zugang kein reines Modestatement. Präsident Trump weigerte sich in akkurat demselben Zeitraum, eine Maske zu tragen; Pelosi unterstrich also ihre Opposition zu seinen politischen Positionen und besonders zu seiner Haltung während der Frühphase der Pandemie bzw. zu seinem Krisenmanagement.

Einige Politiker*innen sahen die Maske über das Statement des an sich potenziell aussagekräftigen Tragens hinaus als Möglichkeit an, ihre Handlungen mit einem konkreten Statement zu verbinden. Erwähnenswert ist an dieser Stelle etwa die Entscheidung von Abgeordneten im polnischen Parlament, Masken mit dem Muster der charakteristischen Regenbogenfahne zu tragen. Mit dieser ideologischen Aufladung signalisierten sie ihre Solidarität mit der LGBTQIA+-Community, was dank dieses neuen Accessoires besser funktionierte als etwa mit vergleichbar diskreten Fahnenansteckern am Revers oder Ähnlichem. Vergleichsweise skurril waren in einem vergleichbaren Zeitraum Auftritte der republikanischen Kongressabgeordneten Marjorie Taylor Greene. Sie galt als politische Leitfigur der QAnon-Bewegung und trug bei einigen ihrer Wortmeldungen eine Maske mit der Aufschrift *Censored*. Damit wurde sie zwar streng genommen zu einem Widerspruch in sich, einer Contradictio in adiecto, drückte aber aus, was sich die QAnons in jener Phase dachten.

Als neues Genre der bildbasierten Politikkommunikation etablierte sich einige Monate später, als erste Impfstoffe auf den Markt kamen und so viele Menschen wie möglich zum Impfen animiert werden sollten, das „Impfselfie" bzw. streng genommen eigentlich Impfporträt, da es so gut wie immer von anwesenden Fotograf*innen aufgenommen wurde. Viele Regierungschefs, Staatsoberhäupter, Parteigranden ließen es sich nicht nehmen, sich in medias res als Vorbild für die Bevölkerung abbilden zu lassen. Das trug manchen freilich nicht wenig Häme ein, auch weil die teilentblößten Oberarme und Torsos von nicht ganz so fitten Machtkörpern den Blick auf etwas ein wenig peinlich Berührendes zogen. Der kanadische Premierminister Justin Trudeau wurde seiner Rolle als besonders attraktiver Spitzenpolitiker gerecht, als er sich im Live-Fernsehen seiner Krawatte und seines Hemds entledigte und in dem – klugerweise zuvor bereits angelegten – weißen T-Shirt, das er darunter trug, zum Impfen Platz nahm. Der französische Gesundheitsminister Olivier Véran trug nichts unter seinem Hemd, als er zum Impf- und Fototermin Platz nahm, zog sich dann aber züchtigerweise die Knopflochleiste über die Brustwarze – um nicht zu freizügig zu wirken. Bei UN-Generalsekretär António Guterres täuschte das siegessicher in die Kamera gehaltene Victory-Fingerzeichen nicht darüber hinweg, dass er mit über die Schulter hängendem Hemd etwas fragil und, nun ja, einfach wie ein älterer Herr bei seinem Arzttermin aussah. Auf Nummer sicher gingen jene Kommunikationsprofis, die sich, vielleicht nach Sichtung des vorliegenden Bildmaterials ihrer Kolleg*innen, ohne anwesende Fotograf*innen und Kameraleute impfen ließen und dies einfach im Nachhinein mit einer Presseaussendung dokumentierten.

PROTESTMODE UND ROTE LIPPEN

Besonders ausgeprägt ist der Wunsch, sich mit vestimentären Mitteln möglichst deutlich zu positionieren, im Bereich der Identitätspolitiken, wo engagierte Akteur*innen deutliche Aussagen treffen möchten. Zugleich ist dabei große Sensibilität gefragt – und gegebenenfalls auch die entsprechende Glaubwürdigkeit, um den Balanceakt zwischen der Kommunikation einer

Verbundenheit mit bestimmten Communitys und der unrechtmäßigen Aneignung bestimmter Codes zu meistern. Als etwa Mitglieder der demokratischen Partei im US-Kongress bei einer Veranstaltung zu George Floyds Ehren Schals aus dem traditionellen ghanaischen Kentestoff trugen, wurde diese Geste nicht durchgehend als Hommage im Sinne der *BlackLivesMatter*-Bewegung gelesen, sondern ebenso als unzulässig angeprangert. Im *New Yorker* wurde etwa kritisiert, dass das „Bedürfnis, eine Photo-Op abzuliefern, Überlegungen dazu, was die entstehenden Bilder ausdrücken würden, überwog".[107] Wie bei anderen Gelegenheiten war es auch anlässlich von #BLM-Demonstrationen und Würdigungsveranstaltungen mitunter angebrachter, durch stille Gegenwart eine Haltung zum Ausdruck zu bringen, als diese noch durch Dresscodes oder Beiwerk zu unterstreichen. Während im Modesystem ein postkolonialer Diskurs nicht mehr vorsieht, dass „exotische" oder exotisierende Zitate in Kollektionen von Designer*innen ohne autobiografische Bezüge zulässig sind, gestalten sich solche Entwürfe auch dann als heikel, wenn sie von Menschen ohne entsprechende Vita getragen werden – zumal, wenn es sich um Personen des öffentlichen Interesses und Entscheidungsträger*innen handelt.

Markante Bedeutungsverschiebungen hat es insbesondere im Bereich Protestmoden, mit dem Aufkommen von Gegenkulturen und ihrer Weiterentwicklung, immer wieder gegeben, die in den Sechzigerjahren an den Höhepunkt ihrer Relevanz gelangten. „Politisierte *Styles* der Selbstdarstellung waren ebenso sehr Teil einer nationalen Konversation [in den USA] über die Sozialbewegungen der 1960er Jahre wie deren eigentliche politische Ziele."[108] Zum Zuge kamen Mode-Metonymien, extrem aufgeladene Kleidungsstücke oder *Styles,* die als pars pro toto für eine Bewegung konkrete Inhalte oder die Zugehörigkeit zu einer Protestkultur stehen sollten. Es konnte sich dabei um vestimentäre Codes handeln (Frauen in Hosen, zugleich auch

Minikleidern), aber auch Attribute wie Frisuren (lange Haare bei Männern, nicht geglättetes Kraushaar bei Schwarzen Menschen in der Bürgerrechtsbewegung und auch heute noch als Empowerment-Aussage). Das Potenzial der Rebellion verliert sich allerdings, sobald das subkulturelle Versprechen durch eine Übernahme seitens der Kommerzmode ausgelöscht wird. Gerade Politiker*innen sollten sich über die Ursprünge von Protestmode – auch in ihrer banalisierten Form – im Klaren sein, da sie als Träger*innen zwangsläufig mittlerweile obsolete Inhalte reaktivieren können.

So folgte auf eine Entpolitisierung der Jugendkultur nach den Sechzigerjahren nicht nur das gemeinhin oft vorgebrachte „Ende der Mode" (im Sinne einer versiegenden Formenvielfalt bzw. des erschöpften Einfallsreichtums), sondern auch ein begleitendes Ausdünnen des im Mainstream verwertbaren Protestpotenzials. Zu einer signifikanten Neuausrichtung kam es eventuell erst wieder mit dem Auftauchen der *Fridays for Future*-Bewegung, getragen von der Generation Z und der Generation Alpha, der besonders große disruptive Kraft zugeschrieben wird. Neue inhaltliche Ansprüche werden entsprechend dem bereits erwähnten *Ethical Turn* in der Mode nicht nur ästhetisch transportiert, sondern zielen auf Ursprung und Beschaffenheit der getragenen Kleidung ab. Die Bereitschaft, mit vestimentären Codes offen und durchaus offensiv umzugehen, steht in Zusammenhang mit einem Bekenntnis zu Nachhaltigkeit und Konsumverzicht. Das äußert sich häufig nicht in der Anmutung, sondern betrifft etwa die Vorstufe der Herstellung oder der Beschaffung, zum Beispiel nach dem Prinzip der Kreislaufwirtschaft.

Als Mitglied einer jüngeren Politiker*innengeneration, die für ein unverkrampftes und offenes Modehandeln steht, ist Alexandria Ocasio-Cortez zu nennen, Abgeordnete des US-Kongresses für die demokratische Partei. „AOC", wie ihre

Anhänger*innen sie verkürzt nennen, hat keine Scheu, sich der Mode und ihres Trendbewusstseins für ihre Anliegen zu bedienen. Ihre eigenen Social-Media-Kanäle sind wichtige Kommunikationswege für die Politikerin, und sie präsentiert sich mit ihren inhaltlichen Anliegen ebenso wie mit ihrem politischen Bildhandeln auf der Höhe der sozialen Medien und damit ihrer Zeit. Zu ihrem Look gehören typischerweise grellrote Lippen, was etwa die Onlineausgabe der *Vogue* dazu veranlasste, sie über ihre *Signature Red Lips* auszufragen. Es ist bezeichnend, dass Ocasio-Cortez es nicht als unter ihrer Würde erachtete, den Fragenkatalog des Modemagazins zu ihrer Beautyroutine zu beantworten, dabei aber auch inhaltliche Agenden zu behandeln. Allein diese Tatsache verdeutlicht, dass die Demokratin sehr genau wusste, wie potenzielle (junge) Wähler*innen zu erreichen sind bzw. wie sie sich präsentieren musste, um zugänglich zu wirken. „Femininität ist Macht, und in der Politik herrscht so viel Kritik und Herumgenörgel daran, wie sich Frauen und Femme-Personen präsentieren. Allein eine Frau in Washington zu sein, ist schon politisiert", führte die Abgeordnete etwa aus und betonte, dass ihrer Meinung nach ein Interesse an Make-up und Mode/Kleiderwahl nicht im Geringsten einer politischen, intersektional feministischen Haltung im Weg stehe.[109]

Ocasio-Cortez gehört jener Generation junger Frauen in der Politik an, deren Verständnis von modebewusstem Auftreten und einer Affinität zu Geschminktsein nicht mehr im Zeichen eines fremdbestimmten, kommerzgetriebenen Frauenbildes zu sehen ist. Vielmehr werden diese Aspekte als Teil eines selbstbestimmten Handelns bzw. des Self-Empowerment gesehen und gelebt, was auf eine sich von vorangehenden Ausprägungen unterscheidende Sichtweise des *Fourth Wave Feminism* hindeutet. Für Ocasio-Cortez als Tochter puerto-ricanischer Immigrant*innen war selbstverständlich ihre Identität als Person of Colour mitentscheidend für die Definition ihrer inhaltlichen politischen Positionierung, und sie ließ sich wegen ihres Auftretens nicht die Seriosität ihrer Anliegen absprechen. „Als jüngste Frau im Kongress [Stand 2020, Anm.] und als Woman of Colour habe ich es oft schwer, ernst genommen zu werden. Da würde ich denken, oh Mann, Glitzer-Make-up wird mir nicht weiterhelfen. Einige Personen versuchen jetzt schon, mich herabzuwürdigen und meine Stimme als jung, frivol und unintelligent abzutun. [...] Aber ich habe den Glitzer ausprobiert, und er sieht toll aus. Er hilft mir dabei, mich besser zu fühlen, und ich habe das Gefühl, er bringt meine Augenpartie besser zur Geltung, also wisst ihr was? Ich habe mich einfach getäuscht."[110]

Naturgemäß verläuft ein Gespräch mit der *Vogue* in anderen Bahnen als eine Konversation in einem enger gesteckten Politikkontext, die Flexibilität der jungen Demokratin und ihre Bereitschaft, zwischen verschiedenen Agenden hin- und herzuspringen, ist aber charakteristisch für ihr Auftreten. Ihr *Tax the Rich*-Abendkleid bei der Met Gala war bereits Thema, auch bei anderen Gelegenheiten bewies sie durch die Auswahl von Entwürfen bestimmter Kreativer ihr Gespür für die Stärkung von marginal(er)en Positionen im Feld der Modeproduktion. Dass sie mit einer der begehrten Taschen des schwulen Schwarzen Designers Telfar Clemens auf dem Weg ins Kapitolgebäude gesehen wurde – zu einem Zeitpunkt, als dieses Accessoire nur von einer sehr modebewussten Klientel geschätzt wurde und schwer zu bekommen war –, stellte eine gelungene Verbindung aus eindeutiger Unterstützungsansage einer Community und Unterstreichen der Trendaffinität dar. Indem sie darauf hinwies, dass Telfar in Queens aufwuchs – und zwar genauer im 14. Kongresswahlbezirk, den sie im Abgeordnetenhaus repräsentierte – stellte sie einen eindeutigen Bezug zwischen dieser Modehandlung und dem, wofür sie im politischen Leben der USA steht, dar. Gesamtumfänglich kann Ocasio-Cortez' Herangehensweise an den Kosmos der Styles nur als von großem Verständnis für diesen

Gegenstand und die in ihm geborgenen Möglichkeiten gelobt werden. Im Zusammenhang mit einem *Racialized Body* im politischen Umfeld gilt: „Mode, die an sich den Beigeschmack von Elitarismus und Aufstiegsmobilität hat, kann entweder ein zusätzliches gesellschaftliches Hindernis schaffen oder Hebelwirkung für substanzielle Macht zur Verfügung stellen."[111] Diesen Balanceakt wusste die Demokratin jedenfalls zu ihren eigenen Gunsten und für die Bereitstellung eines zusätzlichen Kommunikationstools zu meistern.

Der 2021 in sein Amt gewählte Bürgermeister von New York, Eric Adams, sorgte ebenfalls in mehrerlei Hinsicht für interessante Beispiele politischen Modehandelns. Der Schwarze Politiker wählte für seinen Amtsantritt einen sehr klassischen und zugleich makellosen Look, übrigens krawattenlos, was die Modekritikerin der *New York Times* dazu bewog zu urteilen, seine Herangehensweise unterscheide sich deutlich von jener anderer US-Lokalpolitiker*innen: „Er ist mehr als gewillt, seine Kleidung einzusetzen, um sich von anderen abzuheben."[112] Ein kleiner Diamantohrstecker, den Adams trug, ließ sich auf eine Wette zurückverfolgen, die er mit einem jungen Wähler abgeschlossen hatte: Sollte er für die demokratische Partei in die Bürgermeisterwahl ziehen, werde er sich ein Ohrloch stechen lassen, so Adams' ursprüngliche Ansage. Sein eigenes makelloses Auftreten bzw. die Entscheidung für einen sehr klassischen Look korrespondierte zugleich mit einem Kapitel aus Adams' Vergangenheit, der von manchen als politischer Hardliner charakterisiert wurde.

So hatte er als Senator von Albany eine *Stop the Sag*-Kampagne ins Leben gerufen, mit der er sich gegen die vestimentäre Praxis des *Sagging* aussprach. Die Aussage „You can raise your level of respect if you raise your pants" wandte sich primär an junge Persons of Colour, die aufgefordert wurden, ihren Hosenbund nicht zu tief, gar unter dem Bund ihrer Boxershorts, zu tragen, um im Berufsleben und an Ausbildungsstätten eher zu Erfolg zu kommen. Während Teile einer weißen Mehrheitsgesellschaft derlei eventuell begrüßen, stellen sich in der Schwarzen Community solche Kampagnen als durchaus nicht unumstritten dar. Schließlich gehe es dabei darum, einem fremdbestimmten Ideal der *Black Respectability* bzw. dem Bild einer sich assimilierenden *Black Bourgeoisie* nachzueifern. So könnten Kleidervorschriften, die ein Modehandeln wie das *Sagging* untersagen, in erster Linie Gewohnheiten der afroamerikanischen Bevölkerung beschneiden und sie dem hegemonialen Blick der dominierenden Klasse unterwerfen.[113]

ALS DIE WELT SICH NEU ORDNETE

Kursorisch wurde bereits am Ende des Kapitels, das sich mit Trachten und von Tracht transportierten Authentizitäts- und Inhaltsversprechen beschäftigt, auf die begleitende identitätspolitische Bedeutung hingewiesen. Besonders ausgeprägt war diese Dimension aus naheliegenden Gründen während des Unabhängigkeitskampfes in afrikanischen Ländern, die eine postkolonialistische Neuordnung des Kontinents anstrebten. Aus bestimmten Stoffen gefertigte oder mit regionalen Traditionen verknüpfte Bekleidung wurde begleitend zu einer Bedeutungsträgerin, die eine Selbstpositionierung von einflussreichen Wortführer*innen, Staatsmännern und -frauen, klar untermauerte. Aus der einstigen und anhaltenden Praxis dieses Modehandelns ergibt sich als logische Konsequenz die Verurteilung jener Auftritte, bei denen Politiker*innen ohne intrinsischen Bezug zu einem dieser gesellschaftlichen oder nationalstaatlichen Gefüge solche vestimentären Codes übernehmen. Der sich daraus ergebende Eindruck wird besonders in der aktuellen Diskurslage zumeist nicht jener einer positiv konnotierten *Hommage* sein, sondern auf eine unzulässige Appropriierung hinauslaufen.[114]

Wie etwa in der großen und überaus bedeutsamen Ausstellung *Africa Fashion* (2022) im Victoria-and-Albert-Museum facettenreich herausgearbeitet wurde, spielten Moden und Bekleidungsformen eine wichtige Rolle während des Kampfs für Unabhängigkeit der afrikanischen Länder von den jeweiligen Kolonialmächten, da sie die zentrale Forderung mit nonverbalen Mitteln untermauern konnten. Ab den späten 1950er Jahren vollzogen viele von ihnen den Schritt in die Unabhängigkeit, und die wichtigsten Politiker*innen in dieser Wende hin zu einer postkolonialen Welt setzten Bekleidung bewusst ein, um ihre Anliegen zu kommunizieren und das Recht auf eine eigene Identität in entkolonisierten Ländern zu unterstreichen.[115] Einen denkwürdigen Auftritt lieferte etwa Kwame Nkruma, der erste Präsident des 1957 von Großbritannien unabhängig gewordenen Ghana, bei seiner Rede am 6. März 1957. „Zu guter Letzt hat der Kampf sein Ende gefunden", waren die ersten Worte seiner Ansprache vor seinen begeisterten Landsleuten und einer Weltöffentlichkeit, die ahnte, dass eine neue Ära angebrochen war.[116]

„Während des Freiheitskampfes und nach Erlangen der Unabhängigkeit war es eine höchst politische Aussage, Stoffe und Kleiderformen zu tragen, die mit der eigenen Kulturgeschichte in Verbindung stehen",[117] ist die Grundformel, auf die sich das Modehandeln in diesem Kontext verknappen lässt. Nkrumas Wahl, sich gemeinsam mit seinem staatsbegründenden Kabinett in traditionellen Kleiderformen in ghanaischen Kentestoffen zu zeigen, war der logische Schlusspunkt – auch vestimentär gesehen – aller vorangegangenen Unabhängigkeitskämpfe. Auch in anderen afrikanischen Ländern trafen politische Führer eine vergleichbare Auswahl der für ihre Anliegen bedeutsamen *Styles*. Nkruma übte in mancherlei Hinsicht große Vorbildwirkung aus und beeinflusste in der panafrikanischen Bewegung andere politische Führer*innen bis in die Gegenwart. Nicht alle trafen aber dieselbe Wahl: Der erste Präsident von

Sambia, Kenneth Kaunda, appropriierte etwa seinerseits den Safarianzug der Kolonialmächte und machte diesen, kombiniert mit einem am Hals getragenen Seidenbinder, zu seiner eigenen Version einer Personaluniform.[118]

Für ein hybrides vestimentäres Erscheinungsbild optierte indessen der erste Premierminister des von Belgien unabhängigen Kongo (heute: Demokratische Republik Kongo), Patrice Lumumba. Noch heute kursieren Bilder des 1961, kurz nach der Unabhängigkeit der Nation und einem erfolgreichen Militärputsch, hingerichteten Politikers in Maßanzug und mit einem Hut aus Leopardenfell. Diese Kopfbedeckung übernahm Lumumba aus der Kleidertradition in der Region, wo Würdenträger und Anführer regionaler Ethnien sie als Insignie der Macht trugen. Lumumbas Nachfolger, der für den Putsch verantwortliche Mobutu Sese Seko, wurde in den Jahrzehnten seiner Machtausübung ebenfalls bekannt für den mit ihm eng verbundenen, als Symbol des afrikanischen Nationalismus stehenden Leopardenhutes. Präsident Mobutu war dafür verantwortlich, dass die Demokratische Republik Kongo von 1971 bis 1997 als Republik Zaire firmierte – der Leopardenhut ist bis heute in der Wahrnehmung vieler ebenso eng verbunden mit Mobutus Person wie mit dem Geschick des Landes in diesem Zeitabschnitt.

Als weltweit bekanntes Staatsoberhaupt von Südafrika übte in späteren Jahren Nelson Mandela mit seinem charakteristischen Modehandeln eine unübersehbare Vorbildwirkung aus: mit den farbenfrohen, auffällig gemusterten Hemden, die Mandela als Präsident des Landes in den Neunzigerjahren trug. Der Name, unter dem sie bekannt wurden – *Madiba Shirts* – leitet sich von Mandelas Beinamen in der Sprache der Thembu-Ethnie ab. Vorbild standen nicht eigentlich afrikanische Gewandformen, vielmehr ließ sich Mandela von indonesischen Batikhemden inspirieren. Die leger anmutende Bekleidung sollte zugleich den Übergang zu einer neuen Ära in der Politik

Südafrikas markieren, bis in die Gegenwart stellen diese Hemden ein beliebtes Souvenir dar.

RELIGION AUSÜBEN

Polarisierende Wirkung üben auf manche Beobachter*innen des politischen Lebens allerlei sichtbar getragene religiöse Symbole aus, allen voran in säkularen Demokratien bzw. christlich geprägten Ländern zuletzt wohl das von Muslimas getragene Kopftuch. Politikerinnen, die sich dafür entscheiden, das Kopftuch oder eine andere Version des Hidschab zu tragen, und dies etwa auch in der Wahlwerbung tun, sehen sich in vielen Ländern mit scharfer Kritik konfrontiert. In Frankreich wurde 2019 etwa der jungen Regionalpolitikerin Sara Zemmahi die Unterstützung der Partei La République en marche ! entzogen, weil sie auch im politischen Leben mit Kopftuch agierte und dies, wie es hieß, den Werten der Partei im laizistischen Frankreich widerspreche.

Von 2018 bis 2022 war Ramlati Ali in Paris Abgeordnete in der Assemblée nationale: Sie repräsentierte das Übersee-Département Mayotte. Als sie sich für offizielle Fotos und im Parlament mit einem Schal um den Kopf zeigte, sorgte dies für Entrüstung bei manchen Beobachter*innen. Ali hob allerdings hervor, dass es sich um den typischen Schal mahorischer Frauen auf Mayotte handle und somit um kein religiöses Symbol, was diese Entscheidung anders einordnete. Anderswo wurde jener Moment als charakteristisch für eine Zeitenwende hervorgehoben, als in der über lange Zeit säkular geprägten Türkei im Jahr 2013 vier weibliche Abgeordnete der AKP mit Kopftuch in die Volksvertretung einzogen.

In Deutschland wurde 2018 ein Wahlplakat der Kopftuch tragenden FDP-Regionalpolitikerin Aygül Kilic zum Skandalfall, besonders in den Augen der rechten Szene: Kilic kandidierte für den Gemeinderat von Neumünster in Schleswig-Holstein und zeigte sich auf Werbemitteln mit Hidschab. Umgehend detektierten etwa Politiker*innen der AfD darin einen Hinweis auf die „Islamisierung“ der Partei. Dass die Kandidatur einer Muslima mit Hidschab auf kommunalpolitischer Ebene oder bundesweit ein Hinweis auf eine funktionierende pluralistische Gesellschaft sein könnte, erschloss sich den Kritiker*innen nicht. Anders stellte sich die Situation etwa in Großbritannien dar, wo 2019 Apsana Begum in das Unterhaus gewählt wurde. Sie zählte damals mit ihrem Hidschab zu einer Reihe von Persons of Colour, die sich bei der Wahl in ihren Distrikten durchsetzen hatten können und dazu beitrugen, dass die Zusammensetzung des Parlaments zu einem getreueren Abbild der britischen Bevölkerungsstruktur wurde.

Als Ausdruck einer individuellen Entscheidung und Lebensweise und somit als Symbol ihrer eigenen Ermächtigung bezeichnete die demokratische Politikerin Ilhan Omar ihren Hidschab, den sie als Abgeordnete des US-Kongresses 2019 nicht ablegen musste. Um dies zu ermöglichen, wurde ein seit 1837 herrschendes Verbot von Kopfbedeckungen adaptiert. Omars Einzug in den Kongress wurde zum Anlass für eine Adaptierung des Beschlusses (*United States House of Representatives ban on head covering*), der zuvor streng eingehalten worden war. Die berühmte Feministin Bella Abzug, von 1971 bis 1977 Mitglied des Repräsentant*innenhauses für die demokratische Partei, durfte ihre Vorliebe für Hüte mit breiter Krempe am Kapitol nicht ausleben; für sie wurde keine Ausnahme gemacht. Abzug hatte die Hüte zum Teil ihrer Personaluniform gemacht, weil sie als Anwältin in einer von Männern dominierten Arbeitswelt mit diesem Attribut leichter ihre professionelle Identität unterstreichen konnte.

Während es für hochrangige Politikerinnen auf Auslandsbesuch in islamisch geprägten Ländern Teil des diplomatischen

Modehandelns ist, ein Kopftuch als Zugeständnis zu tragen oder das Tragen desselben zu verweigern (ein prominenter Fall etwa Angela Merkel 2017 in Saudi-Arabien, wo sie kein Kopftuch trug), besteht umgekehrt die Möglichkeit, sich mit der Causa muslimischer Frauen durch diese Geste zu solidarisieren. Hier zu nennen ist etwa die österreichische Parlamentarierin Martha Bißmann, die 2019 bei einer Rede im Nationalrat ein Kopftuch trug, um gegen das Kopftuchverbot in Kindergärten zu protestieren.

International wahrgenommen wurde die überaus sensible Geste der neuseeländischen Premierministerin Jacinda Ardern, als sie 2019 einen schwarzen Hidschab trug. Ein rechtsextremer Terrorist hatte in Christchurch 51 Mitglieder einer muslimischen Gemeinde getötet, was eine Welle der Betroffenheit in Neuseeland nach sich zog. Ardern war die erste prominente Nicht-Muslima, die sich in der Öffentlichkeit mit Hidschab zeigte, um sich mit der muslimischen Bevölkerung zu solidarisieren und ihre Trauer auszudrücken, andere Politikerinnen und etwa TV-Journalistinnen folgten. Kurz danach setzte eine landesweite Bewegung ein, die in sozialen Medien mit dem Hasthag #HeadscarfForHarmony begleitet wurde.[119] Fielen die Reaktionen anfangs durchgehend positiv aus, folgten später – auch von Muslimas – kritischere Kommentare, die diesen vestimentären Aktivismus als eine Art von *Tokenismus* anprangerten, wo das Kopftuch ohne begleitende Reflexion oder intellektuelle Auseinandersetzung nur als Ready-made-Symbol eingesetzt wurde. Jacinda Ardern aber, die ihre Geste als Regierungschefin setzte und damit auf die Geeintheit der Gesellschaft hinwies, wurde als Politikerin für diese vestimentäre Hommage durchgehend gelobt. Ein Kritikpunkt, der diese Aktion grundlegend begleitet, zielt indessen berechtigterweise auf die Gleichsetzung der Hidschab tragenden Muslima mit einer sichtbaren Vertreterin ihrer Religion ab.

KAPITEL 06

BESCHEIDENHEIT IST EINE ZIER

„Les pays sans mode et sans créateur de mode sont plutôt gris. Ce sont les pays de l'uniforme."
François Mitterrand

Als François Mitterrand 1984 anlässlich eines Empfangs für Granden des Pariser Couturezirkels im Elysée-Palast in seiner Ansprache vor diesem in der Materie überaus kundigen Publikum betonte, dass „die Länder ohne Mode eher grau sind, denn es sind die Länder der Uniformen",[120] war das aus verschiedenen Betrachtungswinkeln aufschlussreich. Zum einen hob der französische Präsident implizit die Bedeutung des Sektors für die Wirtschaftsleistung des Landes hervor: Das mochte weniger überraschend sein, galt der damals recht plötzlich in sein Amt gewählte Mitterrand doch als Vertreter einer neuen Linken (man kennt sie auch unter ihrem despektierlichen Beinamen *Gauche caviar*), die keine großen Berührungsängste mit diesem noblen Kosmos hatte. Zum anderen unterstrich Mitterrand damit die politische Dimension des bloßen Existierens einer bunten, facettenreichen, vielgestaltigen Mode, und zwar als Gegenpol zu eintönigen Erscheinungsformen in undemokratischen, von (Militär-)Diktaturen beherrschten Nationen. Am anderen Ende der vestimentären Formen, deren Königsklasse die Pariser Haute Couture darstellt, evozierte Mitterrand unausgesprochen etwa das einheitliche Erscheinungsbild des Mao-Anzugs oder jenes von Regimes in Militärdiktaturen. Dass ausgerechnet der Mao-Anzug in der Kreation von Thierry Mugler für Jack Lang, 1985 in der Assemblée nationale getragen, formal zitiert wurde, verleiht der bereits besprochenen Modepanne des Kulturministers zusätzliche Virulenz und ist ein kleiner Treppenwitz in dieser Angelegenheit.

Unter allen Ländern scheint Frankreich freilich einen Sonderfall darzustellen, was die (erlaubte) Nähe von Politiker*innen zur Welt der edlen – und häufig auch sündhaft teuren – Modekreationen betrifft. Von den Repräsentant*innen der sich längst nicht mehr im Ernst als solche bezeichnenden *Grande Nation*, die sich seit dem Wirken von Jean-Baptiste Colbert, dem Finanzminister unter Ludwig XIV., offensiv als globale Vormacht in der ökonomisch bedeutsamen Produktion von Luxusgütern in Stellung brachte, erwartet auch der Souverän, dass sie dem Land keine Schande machen, wenn sie sich öffentlich zeigen. Man erinnere sich bloß an die peinlich zur Kenntnis genommenen Krawattenvorfälle von François Hollande, dem man ankreidete, ein zu wenig edles (Frankreich-)Bild nach außen weiterzugeben. Andererseits muss auch in Frankreich mittlerweile mit Vorsicht vorgegangen werden, wo es um den Prunk der Ausstattung von Politiker*innen geht. Immerhin liegt der Vorwurf nahe, aus dem Beamt*innensalär gekaufte Luxusartikel würden über relativ wenige Umwege dank der Mittel von Steuerzahler*innen angeschafft werden – welche nur in seltenen Fällen ein Luxusmarkenlogo tragen.

Die Vorstellung, dass Machthabende ebendiese Macht auch in Fleisch und Blut bzw. mit ihrem Drum und Dran zu inkarnieren haben – in ihren Abbildern als Herrschende zum Beispiel – kam in vergangenen Jahrhunderten mit aller Deutlichkeit in ständischen Kleiderordnungen zum Ausdruck. Neben der Selbstdarstellung als vermögend und reich ging es hier primär um die sofortige Lesbarkeit der Bekleideten als Angehörige einer bestimmten Klasse, also hinsichtlich ihrer Position in der Hierarchie des gesellschaftlichen Gefüges. In demokratischen Gesellschaften nun haben die ständischen Kleiderordnungen keinen Platz mehr, gleichwohl scheint die Zurschaustellung unerschwinglicher Luxusgüter bisweilen an ihre Stelle getreten zu sein. „Als Statussymbol und nonverbales Kommunikationsmittel vermag [Kleidung] Informationen zur politischen Stellung und zum Rang der Porträtierten zu geben."[121] Dieser Satz ist einem kunsthistorischen Aufsatz über die Rolle von ganzfigurigen Herrscher*innenporträts in der Porträtgalerie der Habsburger entnommen, behält jedoch seine Gültigkeit bis in die Gegenwart.

Der Einsatz besagten Kommunikationsmittels hat mit Bedacht zu erfolgen, um nicht sofort ins Kreuzfeuer der Kritik – von Medien, von potenziellen Wähler*innen – zu geraten. Denn bereits das Modische an sich wird häufig mit Argwohn wahrgenommen, da es ja ob der in seinem Wesen begründeten Veränderlichkeit gerade auf das Gegenteil einer erwarteten Verlässlichkeit und Kontinuität des Handelns hindeutet. In gleichem Maße oder mehr noch stellt auch das Luxusgut, das als Teil des Gewandes von gewählten Volksvertreter*innen zur Schau gestellt wird, einen Quell möglichen Misstrauens dar. „Kleidermoden [machen] spezifische, sozioökonomische Machtkonstellationen auf den Körpern der Menschen sichtbar [...], und zwar in gleicher Weise, wie Kleidersittengebote Hierarchien zu regulieren hatten und stets von dominanten und privilegierten Gesellschaftsgruppen ausgingen."[122] Wenn die implizite Stellung der Prima inter pares aufgegeben bzw. explizit gemacht wird, weil die* Trägerin* auf das Bescheidenheitsgebot vergisst und etwas für viele Unleistbares zur Schau trägt, dann erfolgt unweigerlich eine Art von Reaktivierung der Standesmoden, damit also eine Refeudalisierung und der Bruch eines demokratischen Gleichstellungspakts. Dass Gutverdiener*innen, wie es Politiker*innen in wichtigen Funktionen nun einmal zwangsläufig sind (auch wenn sich ihr Salär neben jenem von Spitzenmanager*innen in der Privatwirtschaft häufig „gering" ausmacht), sich schöne, kostbare oder teure Objekte leisten möchten und können, sei unbestritten. Nur während einer politischen Karriere bzw. bei Anlässen, wo dies besonders gut sichtbar ist, tun sie tatsächlich besser daran, diese Vorliebe für sich zu behalten und auf das Private zu beschränken.

Gerade für Vertreter*innen der politischen Linken, selbst wenn sie sich in ihren aktuellen Parteiprogrammen kaum mehr direkt auf Marx beziehen mögen, ist es überdies heikel, mit dem von ihm beschriebenen Warenfetischismus im Sinne der Vergötterung einer überhöhten Ware (wie es das Luxusgut zwangsläufig ist) in Zusammenhang gebracht zu werden. Das Gebrauchsgut, zumal wenn hochpreisig, ist als ein Produkt von Arbeit mit dem es auszeichnenden Mehrwert aufgeladen und steht damit als „Wertding", wie Marx unterstreicht, über dem rein nützlichen. „Der Fetischcharakter der Warenwelt entspringt [...] aus dem eigentümlichen gesellschaftlichen Charakter der Arbeit, welche Waren produziert. Gebrauchsgegenstände werden überhaupt nur Waren, weil sie Produkte voneinander unabhängig betriebner [sic] Privatarbeiten sind."[123] Je höher auf der Wert- und Luxusskala das in Marxens Sinne zum Fetisch erhobene, götzengleiche Objekt angesiedelt wird, desto übertriebener ist der *eigentümliche* Charakter und impliziert, dass dieses besonders kostbare Eigentum des einen beim anderen einen Mangel bedingt. Wer für eine politische Richtung steht, die sich auf die eine oder andere Weise aus einer Arbeiter*innenbewegung entwickelt hat und für den Ausgleich ungerechter Verhältnisse steht, tut besser daran, auf diese inhaltliche Aufladung nicht zu vergessen.[124]

Besonders die Ambivalenz jedes Modedinges kann sich in diesem Zusammenhang als fataler Kommunikationsinhalt erweisen, wenngleich, wie schon Christian Garve in seiner frühen Modetheorie aus dem Jahr 1792 unterstrich, neben dem tadelnswerten Überfluss auch der Aspekt eines zugrundeliegenden

Fleißes bzw. der Reverenz an ihn aufzufinden ist. „Die Moden [...] sind zu betrachten entweder, insofern sie ein Teil des Luxus, oder insofern sie Produkte des Fleißes und der Erfindsamkeit, oder insofern sie Beschäftigungen für die Aufmerksamkeit und Gegenstände der Begierden für die modischen Menschen sind."[125] Mitten in den Revolutionsjahren und hineingeschrieben in eine Ära des Umbruchs, liegt in dieser Betrachtung eine lange gültige Dreifaltigkeit der Betrachtungsweisen geborgen. Prunk, Qualitätsarbeit oder Kreativstreben – zwischen diesen Polen oszillieren die Moden und *Styles* schließlich bis in die Gegenwart. Und Politiker*innen, die ihren Staat allzu prunkvoll auftragen, laufen Gefahr, auch auf den Aspekt der Arbeit nicht in respektvoller, sondern eher in ausnützerischer Manier hinzuweisen.

ANZÜGE VOM BESTEN SCHNEIDER DER STADT

So kritisch beäugt wurden die Bekleidungsgepflogenheiten der Mächtigen allerdings nicht seit jeher – und Luxusgüter waren übrigens nicht immer schon so teuer, wie sie es nach Jahrzehnten einer markt- und marketinggetriebenen Preisspirale heute sind. Das kann man etwa am Wohlwollen ablesen, das gutgekleideten, dandyhaften oder Bohémien-Staatsmännern in teuren Anzügen einst entgegengebracht wurde, auch im deutschsprachigen Raum. Der österreichische Bundeskanzler Bruno Kreisky etwa, selbst aus großbürgerlichem Hause stammend, legte Wert auf schöne Anzüge, die er, zumindest teilweise, bei Wiens bestem Herrenschneider Knize am Graben erstand. Kreiskys Politik zugunsten der Arbeiter*innen- und weniger vermögenden Schicht aber sprach für sich, während die Lebensweise seines jüngeren Parteikollegen Hannes Androsch auch dem Kanzler nicht behagte. Androschs Liebäugeln mit den Reichen und Schönen in

Adabei-Settings war nicht genehm und brachte Kreisky „ebenso zur Raserei wie Androschs 108 Anzüge vom noblen Herrenausstatter Knize und Comp. am Wiener Graben im Wert von rund 1,5 Millionen Schilling".[126] Dieser damals allerdings sagenhaft hohe Betrag machte der sozialistischen Partei keinen schlanken Fuß, als er in den Medien kolportiert wurde.

Einen besonders unglücklichen Medienauftritt als SPD-Kanzler muss Gerhard Schröder nachhaltig bedauert haben, da er ihm den beinah nicht abzustreifenden Ruf eines Prahlers eintrug. Dem frisch in sein Amt gewählten Sozialdemokraten mochte die Öffentlichkeit allerdings noch größeres Vertrauen entgegenbringen als dem Getreuen Putins, als der er in späteren Jahren von sich reden machte. Zwischen dem Brioni-Fauxpas und seiner Haltung etwa im Angriffskrieg gegen die Ukraine besteht aber eine eigentümliche Kontinuität. Ungleich SPD-Kanzler Helmut Schmidt, der gekonnt eine Mischung aus legeren *Styles* und gutsitzenden Anzügen – übrigens mit oder ohne Krawatte – trug, vergab Gerhard Schröder zu Beginn seiner Kanzlerschaft die Chance, als staatstragende Stilvorlage gelten zu können. 1999 war er in einer Modestrecke der deutschen *Gala* zu sehen, fotografiert von Peter Lindbergh: Die Aufnahmen hätten ein – bestenfalls – ironisch überzogenes, in weiten Strecken aber wohl ernst gemeintes Bild des erfolgreichen Mannes Gerhard Schröder zeichnen sollen.

Da die Redaktion jedoch die Entscheidung traf, den Fotos auch sogenannte Modecredits beizustellen, also kenntlich zu machen, von welchen Marken die Outfits des Kanzlers auf den Seiten des Editorials stammten, geriet dieser Medienauftritt zum Fiasko. Schröder trug nämlich Kleidung der im höchsten Luxussegment angesiedelten Marke Brioni, was von Beobachter*innen äußerst kritisch aufgenommen wurde. Das Etikett eines „Brioni-Kanzlers" wurde Schröder zeit seiner politischen Karriere jedenfalls nicht mehr los – ebenso wenig wie beispielsweise Nicolas Sarkozy das Attribut eines Bling-Bling-Präsidenten, nachdem er seinen Wahlsieg zwar nicht in Brioni, dafür aber mit einer Champagnerparty im Pariser Fouquet's und auf der Jacht eines Milliardärs gefeiert hatte.

Man könnte an dieser Stelle erneut an Pierre Bourdieu denken und daran, was er über den „naiven Exhibitionismus des ‚ostentativen Konsums'" bemerkte, der „die Distinktion in der ungehobelten Ausbreitung eines schlecht beherrschten Luxus" suche und nicht mithalten könne mit der „einmaligen Fähigkeit des reinen Blicks, eines beinah schöpferischen Vermögens, das vom Gemeinen durch einen Unterschied abhebt, der radikal ist, weil er augenfällig in die Personen eingeschrieben ist".[127] Sich der Welt des Luxus aus wirtschaftlichen Gründen anzunähern, weil er für die Ökonomie eines Landes bedeutsam ist, scheint hingegen eine vertretbare Herangehensweise zu sein, die jenseits aller Überlegungen zu einem *goût pur* (um wieder mit Bourdieu zu sprechen) funktioniert. Geschickt agierte einst etwa Matteo Renzi als Bürgermeister von Florenz, der schon in dieser Funktion wiederholt die Bedeutung des Sektors für seine Stadt und ganz Italien hervorhob – eine Sichtweise, die er auch als Premierminister nicht aufgab: Renzi war sich nicht zu schade, bei Empfängen der Camera nazionale della moda italiana anlässlich der Mailänder Fashion Week in Erscheinung zu treten.

An einer bloß inhaltlichen Nähe zur Modebranche stoßen sich offenbar nur die wenigsten (hier ließe sich an einen Besuch von Angela Merkel bei einem Designer*innentreffen auf Einladung des Fashion Council Germany denken, das regelrechte Begeisterungsschübe in der Szene auslöste), kritisch ist hingegen erneut das achtlos getragene Kleidungsstück an sich – und sei es so unscheinbar wie ein gut geschnittener Businessanzug. Das erfuhr am eigenen Leibe der konservative Präsidentschaftskandidat in Frankreich, François Fillon, als im Zuge des Wahlkampfs eine Affäre um die Scheinbeschäftigung seiner Ehefrau und unerlaubte Geschenkannahme durch den Politiker aufkamen. War Fillon zuvor mit großer Wahrscheinlichkeit als achter Präsident der Fünften Republik gehandelt worden, brachten ihn das Publikwerden dieser Vorwürfe (die später von einem Gericht in zweiter Instanz bestätigt wurden) und die Entscheidung, seine Kandidatur aufrechtzuerhalten, bereits um den Einzug in die entscheidende zweite Runde der Wahl.

Pikanterweise spielten in dieser Causa sehr teure Maßanzüge des Pariser Herrenausstatters Arnys eine Rolle, der als Maßatelier seit 2013 Teil der globalen Luxusmarke Berluti ist. Fillon hatte Arnys-Maßanzüge im kolportierten Wert von 13.000 Euro von einem Gönner angenommen. Ein Anwalt und Lobbyist, der sich für Françafrique-Belange einsetzt, hatte diese Bestellung in Auftrag gegeben, nachdem sich Fillon Ende 2016 bei der Vorwahl als Kandidat des Parti Républicain durchsetzen hatte können. Dass sich ein französischer Präsident bei Arnys einkleidet, wie zuvor etwa Valéry Giscard d'Estaing und François Mitterrand, war bei vergangenen Anlässen nicht thematisiert worden. Als Teil eines Politikskandals mit außerordentlichen Konsequenzen gerieten Kleidungsstück und Träger – sowie Spender – in ein äußerst schiefes Licht.

Spätestens aus dieser Angelegenheit dürfte Emmanuel Macron gelernt haben: Er setzte sich bei den Wahlen 2017 durch und wurde zu einem Präsidenten, der mit einem deutlich merkbaren Gespür für Bescheidenheitsgebote sein Amt bekleidete. Als zeitgemäß agierender und relativ junger Spitzenpolitiker war Macron darauf vorbereitet, dass auch seine Kleidung und andere Accessoires genau durchleuchtet wurden und etwa ein Magazin wie der Gossip-Titel *Closer* die Frage stellte: „Wie viel kosten die Anzüge des Präsidenten?", die beim Publikum auf offene Ohren stieß. Die Antwort lautete dann tatsächlich: überraschend wenig, und als bei einer Gelegenheit Aufregung zu herrschen drohte, weil aus dem Kofferraum der Macrons ein Kleidersack der Luxusmarke von Louis Vuitton ausgeladen wurde, folgte bald Entwarnung. Die Gattin des Präsidenten, Brigitte Macron, reiste mit einem Kleid der von ihr meist bevorzugten Luxusmarke, der Präsident setzte stets auf durchaus Erschwingliches. Macron kaufte, noch in seinem Karriereabschnitt als Geschäftsmann, seine Businessanzüge zwar nicht gerade bei einem Textildiskonter, immerhin aber bei dem im moderaten Preissegment angesiedelten Pariser Herrenausstatter Jonas & Cie, wo man um etwa 400 Euro ein Ensemble erstehen kann.

EINE NUR VERMEINTLICHE „KELLY"-BAG

Während es sich auch für Menschen ohne politische Wirkungsabsichten zumindest aus geschmacklichen Gründen gemeinhin anbietet, eine *No Logo*-Devise in ihren Bekleidungsgepflogenheiten zu verfolgen, sollten Politiker*innen das aus den eingangs dargelegten Gründen tun. Ein in den vorangehenden Kapiteln als „Modepanne" erwähntes Beispiel kann hier nochmals Erwähnung finden, nämlich jener Pullover, den Olaf Scholz im Flugzeug zu seinem Amtsantrittsbesuch in Washington trug. Was dem Kanzler als peinlicher Fauxpax in puncto einer vestimentären Repräsentation der Bundesrepublik vorgeworfen wurde, war in Wirklichkeit ein kleiner Modefund. Ein wenig später stellte sich heraus, dass Scholz ein Kaschmirmodell der in Hamburg ansässigen Nobelmarke Omen getragen hatte, die nur in Insiderkreisen bekannt ist. Scholz dürfte sie in seiner Zeit als Regionalpolitiker kennen- und schätzen gelernt haben: Dass der einige hundert Euro teure Pulli ihm nicht den Vorwurf des Konsums von überteuerten Kleidungsstücken eintrug, sondern nur jenen, ein Modemuffel zu sein, dürfte den Sozialdemokraten am Ende vielleicht sogar gefreut haben.

Anders als First Ladys und Premières Dames, von denen gewissermaßen erwartet wird, dass sie in ihrer Repräsentationsfunktion auch schöne und in Einzelfällen durchaus hochpreisige Kleidung tragen, tun in ihr Amt gewählte Politikerinnen besser daran, auf bekannte Luxusmarken, womöglich noch mit Logomuster oder -aufdruck versehen, zu verzichten. 2007 wurde in Frankreich etwa Rachida Dati dafür kritisiert, dass sie auf der Titelseite von *Paris Match* in einem Kleid von Christian Dior zu sehen war: Dies sende, so der Vorwurf, ein falsches Zeichen an die Wähler*innen, selbst wenn eine Spitzenpolitikerin über die Mittel verfügen mag, sich ein solches Kleid leisten zu können. Auch dass Christine Lagarde als Chefin der Europäischen Zentralbank in Zeiten der sich abzeichnenden Wirtschaftskrise 2022 weiterhin in Chanel, offenbar einer ihrer Lieblingsmarken, zu sehen war, kreideten Opponent*innen ihrer Führungsstrategie in der EZB ihr in der Folge an.

Die despektierliche Herabwürdigung der österreichischen Außenministerin und späteren Bundespräsidentschaftskandidatin Benita Ferrero-Wallner wegen ihrer Vorliebe für Kostüme von Chanel wurde bereits erwähnt: Derlei mag ein unzulässiges Vergreifen im Umgangston darstellen, gewiss aber wäre es bisweilen klüger, in der ministeriellen Selbstdarstellung solche Flanken gar nicht erst aufzumachen. Gerade das berühmte Tweedensemble aber, auch dies wurde schon besprochen, lässt sich andererseits als bewusst eingesetztes Kommunikationsmittel und Platzhalter für eine konservative(re) Weltanschauung einsetzen. Das Tragen solcher Markenware sollte also wenigstens das Ergebnis einer Kosten-Nutzen-Rechnung sein und den konkreten Zusammenhang mitbedenken.

Eine geradezu kuriose Angelegenheit trug sich im Jahr 2009 zu, als die brasilianische Kabinettschefin und spätere Präsidentin Dilma Roussef mit einer „Kelly“-Handtasche von Hermès fotografiert wurde, also einem der begehrtesten und teuersten Taschenmodelle der Welt. Als Politikerin des Partido dos Trabalhadores beging Roussef einen Kommunikations-Fauxpas, der in der brasilianischen Presse nicht unbemerkt blieb. Als sie sich später damit rechtfertigte, es handle sich um keine Original-„Kelly", sondern einen Entwurf des italienischen Designers Francesco Rogani, den sie noch dazu im Schlussverkauf in Venedig erstanden hatte, verschlimmbesserte Roussef die Lage nur: Aus dem Vorwurf, sich ostentative Luxusgüter zu kaufen, wurde jener, sie erstehe als prominente und gut verdienende Politikerin quasi gefälschte Ware bzw. zumindest ein sehr deutlich als Kopie des Originals angelegtes Modell.

Gerade Damenhandtaschen sind, wie man ansatzweise in anderem Zusammenhang bereits sehen konnte, ohnehin ein potenziell heikles Terrain: Madeleine Albright mied sie, und das durch Margaret Thatcher berühmt gewordene *Handbagging* war so oder so von ihren Parteikolleg*innen und Opponent*innen gefürchtet – ob Thatcher nun mit Modellen der Marke Salvatore Ferragamo hantierte oder zu Launer aus London griff, der bevorzugten Marke von Königin Elizabeth II. Angela Merkel, die verhaltene und doch so weise Modehandelnde, leistete sich als einzige kleine Extravaganz in ihrem Auftreten die Vorliebe für Erzeugnisse der französischen Marke Longchamp, die im erschwinglichen *Affordable Luxury*-Segment angesiedelt ist. Dass die Kanzlerin nicht zu einer deutschen Brand griff, etwa Bree oder Liebeskind Berlin, sah man ihr freundlicherweise nach.

Ganz anders, allerdings traf das auf ihr gesamtes Aussehen zu, stellte sich der Fall der argentinischen Spitzenpolitikerin Cristina Fernández de Kirchner dar, ehemals Gattin des peronistischen Präsidenten Néstor Kirchner, später selbst gewählte Präsidentin und am Ende ihrer Politikkarriere noch Vizepräsidentin. Sie galt als Verfechterin eines vergleichbaren Modehandelns wie etwa ihre ukrainische Amtskollegin Julija Tymoschenko, nur verzichtete sie auf die erdende Note einer

Folklorefrisur und war für ihre Schwäche für Luxuserzeugnisse und auffälliges Make-up bekannt. Ihren Look änderte sie anlässlich des Rollenwechsels von Präsidentengattin zu gewählter Präsidentin mitnichten. Die von einem Humoristen in Umlauf gebrachte Falschmeldung, Cristina Kirchner habe das Präsidentenflugzeug umkehren lassen, weil sie ihr Make-up-Set vergessen hatte, konnte sich aufgrund des nicht unbeträchtlichen Wahrscheinlichkeitsgrads einige Zeit halten. 2019 errechnete die argentinische Wirtschaftszeitung *El Cronista*, basierend auf 30 Fotografien, einen Gesamtwert ihrer in einem relativ kurzen Zeitraum getragenen Handtaschen, der sich auf über 115.000 US-Dollar belaufen sollte. Noch 2022, mitten in einer sich abzeichnenden Weltwirtschaftskrise mit gravierenden Auswirkungen auf die Situation in Argentinien, wurde Kirchner, zum Zeitpunkt der Aufnahme Vizepräsidentin, mit einer Tasche der Marke Louis Vuitton gesehen, was als Indiz ihrer mangelnden Sensibilität und Solidarität mit Menschen in prekärer Lage ausgelegt wurde.

DIE UHRENSAMMLUNG VON MONSIEUR LE PRÉSIDENT

In seinen Ausführungen über „Die Gesellschaft des Spektakels“ hob Guy Debord die Bedeutung der Ware *(marchandise)* hervor, auf die eine Art von Übertragung stattfinde und die eine „totale Besetzung des gesellschaftlichen Lebens“ erreiche: „Nicht nur ist die Beziehung zur Ware sichtbar, sondern man sieht nichts anderes mehr als sie“, schreibt er und evoziert das Bild von Illusionskonsument*innen *(consommateurs d'illusions)*, die in ihre Rolle gedrängt werden.[128] Zum Teil dieser Illusion gehört nun wohl auch die Anbringung subtilerer Distinktionsmerkmale, die eben nicht von allen gleich gesehen werden sollen, sondern von Personen gleichen Ranges als signifikante Marker erkannt werden. Es handelt sich also um ein Spielen mit gegensätzlichen Intentionen: sich distinguieren bei der Anwendung einer *Visual Politics*-Strategie und zugleich das Luxuriöse verschleiern, weil man um das Aufregerpotenzial der heißen Ware weiß. Man denke nur an einen feinen, kleinen Unterschied wie die drolligen Tierchenkrawatten von Hermès, für die manche Politiker eine besondere Vorliebe haben. Oder eben an den gut geschnittenen Maßanzug aus feinstem Tuch, bei dem nur der Connaisseur zu erkennen weiß, ob er nun von Knize aus Wien stammt, von Arnys in Paris oder gleich aus der Savile Row in London.

Eine für viele unverzichtbare Ware, auf die sie ihren Fetischismus projizieren und mit dem sie Standesbewusstsein, Vermögensgrad und Geschmackssicherheit ausdrücken wollen, ist die gut gewählte Armbanduhr. Das trifft auf jede* einzelne* zu und scheint zusätzliche Bedeutung zu erhalten, je höher man in einem Macht-Geld-Koordinatensystem emporsteigt. Erst vor relativ kurzer Zeit hat es sich eingebürgert, dass manche Geschäftsleute als ostentatives Zeichen ihrer Bescheidenheit bzw. ihres vernunftgetriebenen Handelns etwa leistbare Modelle einer Marke wie Swatch tragen – oder eben eine Smartwatch, die die* Trägerin* im Nu als zeitgemäß und sportlich dastehen lässt. Geradezu ein Vorläufer dieses neueren Trends war François Hollande, der ebenfalls mit Swatch gesehen wurde, was allerdings für seine Landsleute wenig zur Option beitrug, ihn als Stilvorlage zu rehabilitieren.

In diesem Punkt stellte Hollande als Sozialist aber ein relativ gutes Gespür unter Beweis: Es ist, und noch einmal mehr für den prominenten Vertreter einer Mitte-Links-Partei, bestimmt besser, mit einer zu günstigen Uhr für Gesprächsstoff zu sorgen als mit einer zu kostspieligen. Um Kommunikationspannen auszuräumen, ist es von Vorteil, wenn gleich gar kein großes Interesse an dem Prestigeobjekt besteht. So gilt Hollandes Nachfolger Emmanuel Macron nicht als ein *amateur de l'horlogerie:* Sein fehlendes Uhrenfaible äußerte sich, wie französische Medien mit Argusaugen verfolgten, in der weitgehenden Abwesenheit von Zeitmessern von seinem Handgelenk. Ähnlich übrigens Sebastian Kurz: Auch er war kein Armbanduhrträger, zumindest nicht während seiner Politikkarriere. Als zeitgemäß lebender junger Mann las er die Zeit wohl eher vom Smartphone ab.

Bei einer der wenigen Gelegenheiten, als man Macron mit Uhr sah, trug der Präsident ein Modell der französischen Marke March LA.B. Die Quarzausführung kostet um die 700 Euro, was für eine Herrenuhr nicht übermäßig teuer ist. Auch die Wahl einer in Frankreich, im baskischen Biarritz, gefertigten Uhr war zweifellos ein kluger Schachzug. Solange sie hochpreisige Waren aus dem eigenen Land konsumieren (und solange das Hochpreisige sich in einem rational einigermaßen nachvollziehbaren Rahmen bewegt), bieten Politiker*innen etwas weniger Angriffsfläche, als wenn sie mit Importgütern protzen. Die Option, durch diese Markenwahl zugleich auf die Bedeutung möglicher Relokalisierungen von Produktionsketten bzw. auf das Potenzial französischer Marken auch in einem nicht ganz gewöhnlichen Umfeld hinzuweisen (Luxusuhren stammen in der überwiegenden Mehrheit der Fälle aus der Schweiz), eröffnet jedenfalls einen zusätzlichen Kommunikationsbonus im Sinne geschickten Modehandelns.

Ganz anders agierte Macrons Vorgänger Nicolas Sarkozy: Die Entwicklung seiner Uhrensammlung und seiner Vorliebe für immer ausgefallenere und wertvollere bzw. kostspielige Modelle im Lauf der Jahre wurde auf einschlägigen Websites gut dokumentiert. Die Chronologie seiner Vorlieben soll dabei sowohl die jeweilige Karrierestufe gespiegelt als auch dem Geschmack der Zeit entsprochen haben: Von Ebel (erschwinglich) über Cartier (eventuell Quarz) über Breitling (Luftfahrtskonnotation) bis zu Rolex hantelte er sich vor, ehe die Eheschließung mit der geschmackssicheren und selbst einem luxusverliebten

Milieu entstammenden Italienerin Carla Bruni ihn, wie Uhrenliebhaber*innen zufrieden feststellen, in neue Sphären hob. Bruni, Chansonnière und ehemaliges Topmodel, beschenkte Sarkozy etwa mit Modellen von Patek Philippe und Girard-Perregaux, die von ebenso gutem Geschmack wie großen Geldtaschen zeugen. Auch während seiner Amtszeit als Präsident verbarg Sarkozy diese kostspielige Sammelleidenschaft nicht, was aber außerhalb des Elysée-Palasts nicht für Entrüstungsstürme sorgte – vielleicht da Sarkozy ohnehin quasi ab seiner ersten Stunde als Staatsoberhaupt als Freund der Superreichen gebrandmarkt worden war.

Vergleichsweise bescheiden gaben sich als Uhrenträger hingegen US-Präsidenten ab den Neunzigerjahren: Hatte zuvor bei den „mächtigsten Männern der Welt" ein offenbar durchaus vertretbares Faible für Armbanduhren von Rolex bestanden (Dwight Eisenhower, Lyndon B. Johnson, Gerald Ford und Ronald Reagan trugen Modelle der Schweizer Marke), so wandte sich etwa Bill Clinton in den Neunzigerjahren sehr bestimmt von dieser Praxis ab und trug eine erschwingliche und außerdem „hausgemachte" Digitaluhr von Timex, die ihn sofort als bescheidener und in Kontakt mit der sich digitalisierenden Welt kennzeichnete. Auch George W. Bush trug später ein erschwingliches Modell der US-Marke, allerdings mit analoger Anzeige und einer amerikanischen Flagge unter zwölf Uhr auf dem Zifferblatt als patriotischem Detail. Unter den wenigen Uhren, mit denen Barack Obama während seiner Zeit in der Politik gesehen wurde und die allesamt ebenfalls einem leistbaren Segment zuzuzählen sind, könnten zwei Modelle besonders hervorgehoben werden: einmal jene Sonderausführung eines handelsüblichen Quartz-Chronografen, die es nur im Mitarbeiter*innenshop des US-Geheimdienstes zu kaufen gab – ein Geschenk einer* Mitarbeiterin*, die* zu seiner Bewachung abgestellt war. Und dann noch jene Smartwatch von Fitbit, mit der sich im Nu ein Hinweis auf seine Sportbegeisterung anbringen ließ.

Erst nach dem Ausscheiden aus seinem Amt leistete sich Obama eine deutlich kostspieligere Uhr: Die aufmerksamen und gut informierten Internetforen verzeichneten ihn als Träger einer Rolex Cellini, einer sehr klassischen und reduzierten Herrenuhr, die allerdings ein Vielfaches der von ihm zuvor bevorzugten Modelle kostet. Interessanterweise leistete sich auch Michelle Obama erst nach dem Auszug der Familie aus dem Weißen Haus einen sehr prominenten Bruch mit ihrer Praxis der *Fashion Diplomacy:* Bei einem Auftritt als Teil ihrer Promotiontour für das Buch „Becoming" trug sie kniehohe, glitzernde Goldstiefel der Pariser Marke Balenciaga um einige tausend Euro, wie aufmerksame Fashionistas unter ihren Fans bemerkten. Ihre Gesprächspartnerin war bei dieser Gelegenheit allerdings „Sex and the City"-Hauptdarstellerin Sarah Jessica Partner, was ein Grund für die extravagante Wahl gewesen sein könnte.

DIE ROLEX ALS REIZTHEMA

Während sich die Lage etwa in Frankreich oder den USA anders darstellen mag, so liegt es an Politiker*innen in den bei Modedingen verhalten agierenden Ländern, ihr Verhalten während einer Amtszeit entsprechend anzupassen. Dazu zählen etwa Nordeuropa und der deutschsprachige Raum, wo man deutlich weniger Verständnis für Bling-Bling-Anflüge zeigt. Nicht nur Gerhard Schröder hing sein Auftreten in Brioni lange nach, auch FDP-Chef und Finanzminister Christian Lindner tat wenig für sein Image und krönte einen Ruf als auf sein Aussehen bedachter Politiker mit Luxusallüren (teure Slim-Fit-Maßanzüge, Zeitmesser etwa von Rolex oder IWC) 2022 mit einer Hochzeit auf Sylt. Inmitten der Wirtschafts- und Energiekrise im Jahr des

Ukrainekriegs geriet eine von Prominenten gespickte Trauung in Norddeutschland zum Debakel. Man warf dem Finanzminister mangelndes Fingerspitzengefühl vor, da er in dieser Phase als prominentes Regierungsmitglied eine so kostspielige und öffentlichkeitswirksame Feier ausrichtete. Zudem war anfangs unklar, bis zu welchem Ausmaß mit Geldern aus der öffentlichen Hand für den Personenschutz eingeladener Politikkolleg*innen von Lindner aufgekommen werden musste. „Leitungswasser predigen, Champagner saufen", lautete der Kernsatz in einem Kommentar der* Berliner Autorin* Hengameh Yaghoobifarah, die* urteilte: „Man muss nicht linksradikal sein, um diesen obszönen Zustand und die Doppelmoral zu benennen."[129]

Während denkbar ist, dass Sympathisant*innen oder Wähler*innen von Lindners Partei sich nicht per se an einer Affinität für luxuriöse Anwandlungen im Lebensstil stoßen, stellt sich die Lage für prominente Mitglieder von Parteien links der politischen Mitte in Deutschland signifikant anders dar. Ein Paradebeispiel für Entrüstungsstürme, die das Assoziiertwerden mit einem kostspieligen Accessoire auslösen kann, stellt die Causa Sawsan Chebli dar. Die SPD-Politikerin geriet 2018 in die Kritik, als ein vier Jahre altes Foto von ihr mit einer Rolex-Armbanduhr unter Verweis auf den „Zustand der deutschen Sozialdemokratie" auf Twitter geteilt wurde. Chebli verteidigte sich ihrerseits mit einem Tweet, in dem sie auf ihre Kindheit mit zwölf Geschwistern in zwei Zimmern, Essen und Schlafen auf dem Boden und selbstgehacktem Heizholz verwies. „Mir sagt keiner, was Armut ist. #Rolex",[130] lautete ihre Twitter-Replik, die aber nach dem Social-Media-Prinzip der kaum möglichen Schadensbegrenzung wahrscheinlich zu spät kam und von vielen wohl ohnehin nicht akzeptiert wurde. Häufiger als mit der Rolex war Chebli mit einer kompliziert gemachten Armbanduhr von Cartier auf Fotos zu sehen, die, wie in überaus aufmerksamen Uhrforen und auf einschlägigen Websites vermerkt, mit über 20.000 Euro etwa das Dreifache des Rolex-Modells kostet. Die Macht der Weltmarke Rolex spricht aber offenbar eine andere und plakativere Sprache als Symbol für das, was wohl viele SPD-Unterstützer*innen ideologisch ablehnen.

Ein ausufernder „Warenfetischismus", um erneut den Ausdruck zu bemühen, wurde im Jahr 2018 auch dem Bundesgeschäftsführer der österreichischen Sozialdemokrat*innen, Thomas Drozda, vorgeworfen. Bilder, auf denen er mit einem der begehrtesten und kostspieligsten gängigen Uhrenmodelle der Welt, einer „Nautilus" von Patek Philippe, zu sehen war, zogen Häme und Entrüstung nach sich. Sie trugen dem Politiker etwa den Vorwurf ein, ein „Wiener Bobo" zu sein, was sich für den landesweiten Beliebtheitsgrad der SPÖ-Spitze zu einem etwas heiklen Zeitpunkt nach einem Führungswechsel kaum positiv auswirken konnte. Zuvor war Drozda bereits wegen eines geliehenen Bildes aus der Sammlung des Belvedere-Museums in Kritik geraten. Er hatte unbefugterweise die Leihgabe aus seinem Büro als für Kulturangelegenheiten zuständiger Kanzleramtsminister in jenes des SPÖ-Geschäftsführers mitgenommen. Als er wenig später bei einer Veranstaltung nicht mehr mit seiner „Nautilus" gesehen wurde, sondern einem vergleichsweise günstigen Modell von Rolex, war dies nur ein weiterer Benzintropfen auf einer bereits gut lodernden Empörungsflamme. Drozdas luxuriöse Vorlieben waren in dieser Phase nicht mit den Erwartungen an eine Sozialdemokratie in der Phase einer Neukonfiguration vereinbar und hätten sich zumindest in öffentlichen Auftritten besser nicht bestaunen lassen.

REMINISZENZ AN DIE STUDIENZEIT

Als ein Hybrid aus mit Kommunikationsgehalt aufgeladenem Accessoire (man denke nur an die Broschen von Madeleine

Albright) und kostbarem Luxusgut lassen sich indessen die Perlenketten einstufen, die US-Vizepräsidentin Kamala Harris durch ihre Karriere als Spitzenpolitikerin begleiteten. Harris ist wahrlich nicht die einzige prominente Politikerin, die dieses weit verbreitete Schmuckstück zum Teil ihrer Garderobe gemacht hat, gehören solche Ketten oder Ohrstecker doch zum Standardrepertoire einer gepflegt bürgerlichen Garderobe. Harris' *Power Pearls* waren aber diejenigen, die in der jüngeren Vergangenheit – auch wegen der prominenten Rolle ihrer Trägerin als erste Frau und Woman of Colour in der zweitmächtigsten Position der Vereinigten Staaten – die meiste Aufmerksamkeit auf sich zogen und dabei durchgehend positiv beurteilt wurden.

Besonders in den USA zählt es zu den Gepflogenheiten in vielen Familien, dass Töchtern anlässlich ihres Highschool- oder College-Abschlusses und gewissermaßen als begleitendes Token in einem Ritual der Erwachsenenwerdung sogenannte *Graduation Pearls* zugedacht wurden, die sie auf dem weiteren Lebensweg begleiten und diesen denkwürdigen Moment markieren sollen. Auch die Perlen von Kamala Harris ließen sich als Verweis auf ihre Studienzeit an der Howard University, einer als historisch Schwarz (*historically* Black) geltenden Hochschule, lesen. Und zwar noch konkreter: als Verweis auf ihre Mitgliedschaft in der bundesweiten Alpha Kappa Alpha (AKA) Sorority von Schwarzen Studentinnen, für die das Tragen von Perlen besondere Bedeutung birgt.

So werden die Gründerinnen der 1908 ins Leben gerufenen Studentinnenverbindung bis heute als die *Twenty Pearls* bezeichnet,[131] und es steht außer Frage, dass die von Kamala Harris bei wichtigen Gelegenheiten getragenen Perlen sich als Respektsbezeichnung an ihre Sorority lesen lassen und von anderen Mitgliedern derselben als solche verstanden werden. Wie wichtig ihr die Mitgliedschaft in der Verbindung war, unterstrich Harris bei verschiedenen Gelegenheiten und etwa auch in ihrer *Acceptance Speech*, mit der sie sich vor Mitgliedern der Demokratischen Partei für die Nominierung als Kandidatin für das Amt der Vizepräsidentin bedankte. Es handelte sich zwar nicht immer um dieselbe Kette, die Harris bei ihren verschiedenen Auftritten trug, sondern vielmehr um eine Reihe verschiedener und zum Teil für sie gefertigter Schmuckstücke, doch die Symbolik der Perlen ist in Harris' Fall nie außer Acht zu lassen.

Alpha Kappa Alpha ist zudem Teil jener Gruppe von neun Schwarzen Sorority- und Fraternity-Verbindungen, die historisch bedingt besondere Bedeutung tragen und als *Divine Nine* bekannt sind. Die Mitgliedschaft bedeutet für viele Studierende eine besondere Ehre, zugleich aber Verantwortung: „Schwarze Menschen, und zwar nicht nur Menschen in den Divine Nine, verstehen, dass sie [...] eine moralische Verantwortung tragen, ihren Abschluss nicht nur für sich selbst zu machen, sondern auch, um die Gemeinschaft zu bereichern."[132] Indem sie sich in Wortmeldungen und als Aficionada von *Power Pearls* wiederholt auf ihre anhaltende Nähe zu AKA berief, unterstrich Harris zugleich ihre Bereitschaft, diese Verantwortung anzunehmen. Die Affinität funktionierte auch in eine andere Richtung: Zahlreiche Mitglieder der Sorority unterstützten Harris' Kampagne mit einer symbolischen Spende von 19,08 Dollar, die sich auf das Gründungsjahr bezog. Die Symbolkraft der Perlen übertrug sich im Fall von Kamala Harris von der konkreten Mitgliedschaft in ihrer ehemaligen Sorority auf eine Welle der Unterstützung in der US-amerikanischen Gesellschaft: Davon legte etwa eine vor ihrer Vereidigung als Vizepräsidentin im Januar 2021 gegründete Facebook-Gruppe Zeugnis ab, die das Motto „Wear Your Pearls" ausrief und dazu anhielt, am Tag der Inauguration Perlen als Zeichen der Verbundenheit mit Harris zu tragen.

In diesem konkreten Fall geht es also nicht primär um ein Schmuckstück, das einen erheblichen Wert darstellen kann und darum als Luxusgut gilt, oder um die Frage, ob, wie in manchen Kommentaren gemutmaßt, Kamala Harris das Tragen von Perlen wieder „cool“ gemacht hat. Die eigentliche Bedeutung, wie von der Trägerin intendiert, liegt in der sehr persönlichen Hommage an eine Verbindung mit anderen Schwarzen Frauen und einer Geste der Ermächtigung, die zugleich Vorbildwirkung für nachfolgende Generationen haben kann.

KAPITEL 07

ZAGHAFTE VERSUCHE: DIE MODE ENGAGIERT SICH

**„Cette veste est mal coupée,
on dirait un homme politique.“**
Karl Lagerfeld

Nach allem, was bis hierher über den erfolgreichen Einsatz von vestimentären Codes und Modemissgeschicke, über *Visual Politics* und bemühtes Modehandeln durch Politiker*innen zu lesen war, ist es nun an der Zeit, den Fokus zu verschieben und sich Gedanken über die Handlungsbereitschaft der Mode selbst zu machen – vielleicht sogar hin zu dem, was sich, analog zu einer *littérature engagée* als *mode engagée* bezeichnen ließe. Wie steht es also um das politische Engagement in der Branche, welche Designer*innen sind bereit, nicht nur Trendfarbe zu bekennen, sondern sich auch in die ideologischen Karten schauen zu lassen? Eines lässt sich gleich vorausschicken: Auch auf dieser Seite der Verbindung zwischen Politik und Mode gilt der Beziehungsstatus: *It's complicated* ... Ungeachtet aller Zusatzaspekte und Inhalte, aller kulturellen Werte, mit denen das Modeschaffen aufgeladen werden soll, handelt es sich doch beim finalen Erzeugnis um ein Produkt, das, in großer oder kleiner Stückzahl bzw. gar als Unikat, kommerzialisiert werden soll – also verkauft, unter die Leute gebracht, zu Geld gemacht. Kleine, unabhängige Labels, betrieben von Designer*innen, die sich oft mehr als Künstler*innen denn als Hersteller*innen eines Gebrauchsobjekts sehen, mögen sich leichter damit tun, in politisch klar aufgeladenen, ideologisierten Debatten Position zu beziehen: als Personen, aber auch in ihrer Arbeit.

Je weiter es nach oben geht, in Richtung des von allen im Feld der Modeproduktion Tätigen angestrebten wirtschaftlichen Erfolgs, in Sphären, wo Marken kaum mehr als unabhängige Firmen fortbestehen, sondern zumeist zu globalen Luxuskonzernen gehören, desto schwieriger wird es für die* politisierte* Kreativarbeiterin*, sich unmissverständlich und vor allem öffentlich zu äußern. Dabei muss nicht einmal an das Extrembeispiel eines möglichen Eintritts in die (Partei-)Politik gedacht werden, wie es etwa von der indischen Designerin Agnimitra Paul vorgelebt wurde: Die Gründerin des Modelabels Inga wurde aktives Mitglied der indischen Volkspartei Bharatiya Janata Party und als solche zur gewählten Abgeordneten im westbengalischen Repräsentantenhaus. Auch ohne diese Ultima Ratio eines Wechsels aus der Modewelt hin zu parteipolitischem Engagement würde es wohl in stark polarisierten Demokratien wie den USA darauf hinauslaufen, potenziell die Hälfte der Klientel vor den Kopf zu stoßen, wenn man allzu bereitwillig Auskunft über die eigene Meinung in dieser oder jener Angelegenheit gäbe. Und so gilt nun einmal in den meisten Interviews, sobald eine der als heikel empfundenen Fragen angesteuert wird, die Routinedevise: Kein Kommentar! Über allgemeine Befindlichkeiten, auch was die Verfasstheit der Gesellschaft anbelangt, wird gerne einmal geplaudert, und einige der im ideologischen Parteienspektrum klar zuordenbaren Positionen lassen sich auch außerhalb der eigentlichen politischen Sphäre ausverhandeln. So geben sich große Modemarken meist betont LGBTQIA+-freundlich, sie schwenken zumindest während des Pride Month Juni bereitwillig die Regenbogenfahnen und lancieren begleitend ihre Pride-Kollektionen, um nebenbei praktischerweise ein bisschen Geld zu machen. Man ist selbstverständlich auch pro-environmental eingestellt, sammelt – ebenfalls mit Kapselkollektionen – Geld für Umweltschutzorganisationen, verarbeitet recycelte Plastikflaschen vom

Meeresgrund zu Garnen und später Hobo-Bags oder kessen Regenhütchen, die gutes Einkommen generieren und Kund*innen mit einem etwas besseren Gewissen shoppen lassen. Sobald aber in einer (innen-)politischen Debatte die Rechte von Schwulen, Lesben und trans Personen angegriffen oder hanebüchene Entscheidungen getroffen werden, was das Wohl des Planeten betrifft, verstummen die Kommunikationsabteilungen, Konzernmanager*innen und Kreativen tendenziell. Es stehe einem nicht zu, lautet meist die Standardreaktion, offen für das eine oder andere Lager im parlamentarischen Halbrund das Wort zu führen.

Der mit seiner Arbeit für die Florentiner Marke Gucci äußerst weltoffen, kulturaffin und mit Sensibilität für Diversitätsfragen agierende Designer Alessandro Michele etwa kam ein wenig ins Straucheln, als er in einem Gespräch mit der *Washington Post* auf das bereits beschriebene Ensemble von Kellyanne Conway, getragen bei der Amtseinführung von Donald Trump, reagieren sollte. Wie viele Berufskolleg*innen in vergleichbaren Situationen vermied es auch Michele, seine Meinung zu Conways Outfit als die von ihr ausgewiesene *Trump Revolutionary Wear* bzw. zur Präsidentschaft des Republikaners offen auszusprechen und verwies darauf, dass man bei Gucci „alle möglichen Kund*innen" habe: „Alle sind frei, das zu tun, was ihnen gefällt." Als die Journalistin insistierte, ob nicht die von diesen Personen verkörperte Politik diametral seiner Weltsicht gegenüberstehe, suchte Michele Zuflucht in Gemeinplätzen: „Gegen etwas oder jemanden zu sein, das ist eine gefährliche Sache. Es ist einfach, gegen die eigenen Feind*innen zu sein, aber wenn man ihnen mit einer Umarmung begegnet ..."[133] Was dann genau passiert und wie diese mit christlicher Nachsicht aufgeladene Umarmung der Feind*innen ideologische Divergenzen wettzumachen vermag, blieb ob des offenen Satzendes leider ungeklärt. Naturgemäß kann es sich der Kreativdirektor einer der bestperformenden Modemarken der Welt, die obendrein im Besitz der global agierenden Kering-Gruppe ist, nicht leisten, durch eine allzu klare Ansage einen beträchtlichen Teil seiner vermögenden US-Klientel vor den Kopf zu stoßen. Micheles Reaktion ist dabei nur eines von vielen Beispielen für das Ausweichen von Designer*innen hin zu unklarem Mäandern bei solchen Gelegenheiten.

An dieser Stelle bzw. in diesem größeren Kontext lässt sich an eine Aussage denken, die Roland Barthes in seinen aufgrund veränderter Rahmenbedingungen heute allerdings weitgehend obsoleten Beobachtungen zum System der Mode traf. Hinsichtlich des grundlegenden Charakters der Kommunikation mit den von ihm erfassten vestimentären Codes bleibt eine zentrale Feststellung aber aufrecht. So sprach er von einer grundlegenden und darum auch heute noch anhaltenden *nebulosité,* einer gewissen Unschärfe des vestimentären Aussagens, was der Natur des in Betracht kommenden Objekts geschuldet sei. „Diese ‚Umwölkung' ist kein Mangel des Systems: Das rhetorische Signifikat ist in dem Maße konfus, wie es eng an die Situation der Menschen gekoppelt ist, die die Aussage treffen." So warnte Barthes in seinen Ausführungen gewissermaßen davor, die sichtbare Ebene des vestimentären Codes allzu prominent als Platzhalter für das eigentlich Gemeinte setzen zu wollen. Dies lässt sich auf jede Regung des Modeaktivismus umlegen: „Sich anziehen, *um zu* handeln, das heißt auf bestimmte Weise, nicht handeln. Es heißt, das Wesen des Tuns zu plakatieren, ohne seine Realität anzunehmen."[134] Eine gewisse nebelhafte Umwölkung steigt denn auch aus den Wortmeldungen mancher Modemacher*innen empor, wenn sie sich in Interviews etc. der Sphäre des Realpolitischen annähern.

Häufig finden sich Verweise auf eine Wahrnehmung, die die Mode als eng in Verbindung mit der Gesellschaft stehendes Phänomen und darum per se als politisch setzt. Das mag in manchen Zusammenhängen zutreffen, hängt aber zumeist eher mit der Nutzungsintention zusammen, die Modehandelnde über das vestimentäre Objekt stülpen – nicht aber, oder nicht primär, mit der Grundabsicht der Designer*innen. Wenn überhaupt, so landen Kleiderformen aus der Protestmode erst im Nachhinein auf den Catwalks. Es handelt sich dann um eine *Bubble-up*-Bewegung von der Straße auf den Laufsteg, wobei die Kommerzialisierung solcher Styles meist gleichbedeutend mit dem Verlust ihres revolutionären Potenzials ist. Vereinzelt sind solche Gesten dennoch richtig und wichtig und führen nicht unweigerlich zur Entwertung bestimmter *Styles.* Hier ließe sich an jene *Pussyhat*-Parade denken, die das Missoni-Defilee im Februar 2017 beschloss. Wenige Wochen zuvor, am 21. Januar – dem Tag nach der Vereidigung von Donald Trump als US-Präsident – hatten Frauen in den USA und zahlreichen anderen Ländern diese rosa Strickmützen mit Katzenöhrchen bei einem großen *Women's March* getragen. Ihr Ziel war es, gegen herabwürdigende, misogyne Aussagen Trumps zu protestieren und ein starkes Zeichen im Sinne der Ermächtigung von Frauen und einer Stärkung der Frauenpolitik zu setzen. Designerin Angela Missoni fand diese Protestbewegung im Sinne einer zeitgemäßen Interpretation modischer Femininität auch als Teil ihrer Laufstegpräsentation zitierenswert.

Ein wenig nebelhaft, damit zurück zu Barthes, gab sich bei anderer Gelegenheit Miuccia Prada, die aufgrund der politischen Überzeugungen ihrer Jugendjahre gern als die „Kommunistin" unter den Modegranden bezeichnet wird. Das mag sich übrigens, die Anmerkung sei erlaubt, in Anbetracht des notwendigen Geschäftsgebarens der weltweit agierenden Prada Group, eines milliardenschweren Konzerns, ohnehin als etwas merkwürdig ausmachen. In einem Gespräch mit der italienischen Ausgabe von *Vanity Fair* kündigte die damals 70-jährige Miuccia Prada im Jahr 2020 eine Art Umdenken an, ohne dies aber zu konkretisieren: „Bis heute dachte ich, auf einer abstrakten und vielleicht politischen Ebene in erster Linie mit meiner Stiftung tätig sein zu können. Nun aber sehe ich, dass dasselbe Engagement und dieselbe Zielsetzung auch in meine Arbeit als Designerin eingeschleust werden können. Vielleicht muss ich mit meiner Arbeit radikaler werden." Prada verwies, quasi um ihre Aussage umgehend zu relativieren, auf die inhärent gesellschafts- und persönlichkeitsbildende Dimension von modischen Kleiderformen, woraus sie einen anderen Begriff von Macht und Einfluss ableitete: „Die Bedeutung der Mode rührt von ihrer Vorstellungswelt her, von ihrer Präsenz. Mode ist, wie du dich anziehst, wie du dich darstellst, wie du über dich urteilst, wie du beurteilt wirst, wie du darauf reagierst. Die Mode berührt die intimsten Sphären des Öffentlichen und des Privaten, und darum wird sie so schief angesehen. Und deshalb ist sie so einflussreich und wird es bleiben."[135] Aus dieser Darstellung ergibt sich am Ende dann eben doch nicht, wie ein politisches bzw. politisiertes Modeschaffen in den Augen der einstigen Kommunistin und zu jenem Zeitpunkt auch einflussreichsten intellektuellen Impulsgeberin der Mode aussehen könnte.

Ungewöhnlich deutliche Worte fand ein anderer prominenter Modemacher und bezog sich damit, wie Alessandro Michele, auf eine weitere Situation mit Beteiligung von Donald Trump. Zudem begab er sich in direkte Opposition zu einem amikalen Auftritt seines Vorgesetzen: Im Oktober 2019 protestierte der Kreativdirektor von Louis Vuitton, Nicolas Ghesquière, offen gegen die ideologische Verortung des US-Präsidenten, den er sinngemäß als eine „Witzfigur" abtat. Anlass für Ghesquières Empörung waren Fotos von der Einweihung einer Louis-Vuitton-Produktionsstätte in Texas, zu der Bernard Arnault, Vorstandsvorsitzender des Mutterkonzerns LVMH, angereist war. Bilder zeigten ihn und Trump, die sich anlässlich des Durchschneidens eines roten Bandes bei der Eröffnung der

Fabrik die Hände gaben. Nicolas Ghesquière reagierte mit einer Stellungnahme auf seinem Instagram-Profil, in der er schrieb: „Ich stehe gegen jede politische Aktion. Ich bin ein Modedesigner, der diese Verbindung ablehnt.“ Mit den hinzugefügten Hashtags #TrumpIsAJoke und #Homophobia machte Ghesquière klar, worauf sich seine Empörung bezog. Eine Reuters-Agenturmeldung[136] griff den Vorfall auf, der daraufhin in vielen Onlinemedien besprochen wurde. Seitens LVMH gab es keine offizielle Reaktion, auf Ghesquières mittlerweile so gut wie leergeräumtem Instagramprofil war der Beitrag später nicht mehr zu finden.

STETS AUF POINTENJAGD

Ganz anderer Natur als die soeben erwähnte Empörung ist, und das ist nicht gerade ein rühmliches Beispiel in diesem Zusammenhang, die Grundhaltung jener Kreativschaffender, die finden, in der Politik sei man ohnehin tendenziell schlecht angezogen und verstehe nichts von Mode – die beiden Welten hätten schon darum nichts miteinander zu tun. Das diesem Kapitel vorangestellte Zitat von Karl Lagerfeld, geäußert gegenüber einem französischen Moderedakteur,[137] weist in diese Richtung: Der scharfzüngige Stardesigner, der mit seinen Bonmots ebenso zu unterhalten vermochte, wie er manchmal auch etwas danebenlag, schnauzte den Journalisten an, er trage eine so schlecht geschnittene Weste, dass man meinen könnte, er sei ein Politiker. Diese Aussage, getroffen noch vor Auftauchen der Slim-Fit-Generation in der Spitzenpolitik mit ihrem ausgeprägten Bewusstsein für die Notwendigkeit, sich zeitgemäß und modern in eben sehr wohl gut geschnittene Anzüge zu kleiden, bestätigt eine klischeehafte Vorstellung von der gedanklichen Verfasstheit der Branche. Stimmt die Passform der Jacke nämlich im Umkehrschluss, sind Designer*innen und Modebegeisterte dann eventuell bereit, schon einmal ideologische Fehltritte zu verzeihen?

Die Zusammenarbeit von Gabrielle Chanel mit der nationalsozialistischen Besatzungsmacht, sogar als Agentin mit eigener Aktennummer und erhoffter Unterstützung im Bestreben, die Kontrolle über die Vertriebsfirma ihrer Parfums von der jüdischen Familie Wertheimer wiederzuerlangen, wurde bereits eingehend erforscht:[138] Politischer Opportunismus und der Anruch einer übertriebenen ideologischen Flexibilität waren also gerade an der Spitze des ihren Namen tragenden Modehauses besonders heikel, selbst wenn die historischen Hintergründe aus dem öffentlichen Diskurs in Frankreich meist ausgeblendet und von einem anderen Bild, jenem der für ihr Genie und ihre Rolle in der Modernisierung der Garderobe von Frauen im 20. Jahrhundert gefeierten Couturière, überlagert wurden. Dennoch agierte Karl Lagerfeld, der nach der Jahrtausendwende und einem erfolgreichen Makeover international zum Rang eines Popstars aufstieg, oft ein wenig achtlos und ließ sich in Interviews oder Talkshows zu Aussagen hinreißen, die zumeist die Logik der Aufmerksamkeitsökonomie bedienen sollten. Er kritisierte etwa Angela Merkel öffentlich für ihre Flüchtlingspolitik und thematisierte seine Haltung auch in Karikaturen für die *Frankfurter Allgemeine Zeitung*: ein Rahmen, in dem er seine politische Seite noch am ehesten auslebte.

Über die *MeToo*-Bewegung, die für Anliegen der internationalen Frauenpolitik von größter Relevanz war, urteilte der Couturier, dass sie zu weitreichende Konsequenzen in der Modebranche zeitige. In einem Gespräch mit der französischen Zeitschrift *Numéro* (später von der Redaktion als *l'interview-culte* gefeiert) sagte Lagerfeld: „Wenn Sie nicht wollen, dass man an Ihrer Unterhose herumzupft, werden Sie eben nicht Model! Gehen Sie lieber zur Vereinigung der Ursulinen, es gibt immer ein

Plätzchen für Sie im Kloster."[139] Verständlicherweise sorgte dies für Entrüstung (was, wie stets, Teil des Kalküls seitens des Wortspenders gewesen sein dürfte), andererseits hatte Lagerfeld im Herbst 2014 für ein Defilee der Marke Chanel das Setting einer Frauenrechtsdemonstration gewählt: Während die Models die neuesten Kreationen vorführten, trugen sie Banner mit Aufschriften wie *History is Her Story, Free Freedom* oder *Ladies First*. Rückblickend überzeugte dies allerdings wenig, gerade in Anbetracht der sehr unverbindlichen, teilweise ins Karikaturhafte verzerrten Aussagen auf den Demonstrationsschildern stellte sich ein Eindruck der Beliebigkeit ein. Es handelte sich summa summarum um einen plakativen Auftritt, der viele Reaktionen nach sich zog, zugleich traf er – leider darin kein Ausnahmefall in der Mode – keine konkrete Ansage. Ohnehin war das Verhältnis des Stardesigners zum politischen Leben recht lose: Nach eigenen Angaben, die er bei diversen Anlässen wiederholte, hatte er als Staatsbürger nie von seinem Wahlrecht Gebrauch gemacht.

Geradezu angriffslustig gab sich in der Vergangenheit wiederholt Stefano Gabbana, eine Hälfte des Mailänder Modeduos Dolce & Gabbana. Als etwa Melania Trump, die, wenn sie nicht gerade Zara-Jacken beim Besuch von geflüchteten Familien trug, ein deutliches Faible für europäische Luxusmarken an den Tag legte und nicht annähernd das Credo einer *America First*-Kleiderpraxis beherzigte, 2017 mit ihrem Gatten beim Papst vorsprach, trug sie einen wie für diese Gelegenheit geschaffenen Look der Marke. Die beiden Designer gefielen sich darin, nimmermüde sizilianische Kleiderformen bzw. christlich-katholisch inspirierte Modefantasien wieder und wieder zu variieren: Das schwarze Spitzenensemble von Melania Trump, komplett mit dramatisch wirkender Mantille, die Kopf und Schultern bedeckte, wirkte in diesem Vatikan-Szenario wie einem Wunschtraum der beiden Designer entnommen.

Gabbana kommentierte diese Sichtung mit einem expressiven Instagram-Posting, inklusive Emojis und Rufzeichen. Er schmetterte den „Haters", die diese Assoziation der Modemarke mit den Trumps kritisieren würden, ein ironisches „Thank you" entgegen und empfahl ihnen zugleich, „#BoycottDolceGabbana bitte nicht vergessen".[140]

Dieser Hashtag war auf Instagram aufgetaucht, nachdem Gabbana bereits vorangehende Auftritte von Melania Trump in der Luxusmarke geteilt und ebenfalls mit Danksagungen begleitet hatte. Um auf ironische Art Kapital aus der Affäre zu schlagen, brachte die Brand pikanterweise selbst T-Shirts in klassischer Sloganmode-Anmutung auf den Markt, die für Hardcorefans gedacht waren und deren Aufschrift ebenfalls „#Boycott Dolce & Gabbana" lautete, das Ganze begleitet von einem roten Herzen, was an die legendären „I Love New York"-T-Shirts erinnern sollte. Kaum ein Jahr später kam es übrigens erneut zu einem Zwischenfall, der zwar nicht gerade parteipolitisch zuordenbar war, zugleich aber in eine bedenkliche und überaus unrühmliche Geisteshaltung Einblick gab.

Anlässlich einer in Shanghai geplanten Modeschau zur Aktivierung des chinesischen Markts, wie das in der Sprache des Marketing heißt, war es zu einem Skandal beinahe diplomatischen Ausmaßes gekommen. Die Marke Dolce & Gabbana hatte vorab zur Bewerbung des Events einige Videos aufgenommen und gepostet, die allerdings stark klischeehafte Inszenierungen von Chinastereotypen beinhaltete. Als Kritik an diesen Kurzfilmen laut wurde, schaltete sich einmal mehr Stefano Gabbana persönlich ein, begab sich in den verbalen Angriffsmodus und attackierte Kommentator*innen, indem er ihnen durchaus als rassistisch bewertbare Äußerungen entgegenschmetterte. Später gab er an, seine Social-Media-Accounts seien gehackt worden, und nicht er selbst stehe hinter diesen Aussagen. Doch schlug die Angelegenheit so hohe Wogen, dass die Modeschau von Dolce & Gabbana in China kurzfristig abgesagt werden musste. Die geplante Marktaktivierung zeitigte somit den gegenteiligen Effekt der ursprünglichen Intention, als die Brand in der Folge tatsächlich boykottiert wurde.

Auch in ihrer italienischen Heimat hatten Domenico Dolce und Stefano Gabbana übrigens in vorangegangenen Jahren für Aufregung besorgt. Diese strahlte durchaus in das politische Spektrum aus, weil sie ein Reizthema für die Konservativen betraf. In einem Interview mit dem Magazin *Panorama* sprachen sich die beiden 2015 gegen die Adoption von Kindern durch homosexuelle Paare sowie Leihmutterschaft aus. In diesem Zusammenhang war es Dolce, der Folgendes zu Protokoll gab und für einen Aufschrei in der sich in gesellschaftspolitischen Fragen zumeist deutlich liberaler als die Mehrheitsgesellschaft positionierenden Modewelt sorgte: „Du kommst auf die Welt und hast einen Vater und eine Mutter. Oder es sollte zumindest so sein. Darum überzeugen mich auch jene nicht, die ich Kinder der Chemie nenne, die synthetischen Kinder. Verliehene Gebärmütter, Samen aus dem Katalog. Und dann muss man irgendwann diesen Kindern erklären, wer die Mutter ist."[141] Auch auf diese Veröffentlichung folgte die Aufforderung, die Marke zu boykottieren, ausgesprochen diesmal unter anderem vom britischen Popstar Elton John, der mit seinem Ehemann David Furnish selbst Vater solcher, von Dolce verfemter, „Kinder der Chemie" ist.

DIE POLITIK DER VOGUE-TITELSEITEN

Aufgrund ihrer spezifischen Rolle im Feld der Modeproduktion und zugleich dank ihres Verbreitungsgrads als Massenmedien kommt Lifestylemagazinen gewissermaßen doppelte Bedeutung zu. Wenngleich auch hier häufig die Devise gilt, sich an konkreten politischen Debatten nicht beteiligen zu wollen, gibt es spezifische Konstellationen bzw. Chefredakteur*innen, die es als Teil der Tradition ihres Titels sehen, dem in Einzelfällen zuwiderzuhandeln. Aufgrund der Prominenz der Redaktionsleiterin Anna Wintour und der gewachsenen Relevanz im *Fashion System* der USA kommt der in New York ansässigen *Vogue* hier die mit Abstand größte Bedeutung zu. Aufgrund der journalistischen Kernkompetenz des Condé-Nast-Mutterverlags, die sich etwa in der US-Ausgabe von *Vanity Fair* mit ihren großen Reportagen manifestiert und die den ebenfalls von diesem Haus verlegten Leitmedium *The New Yorker*, wenngleich kein Lifestyletitel, besonders betrifft, werden auch in der *Vogue* regelmäßig Themen verhandelt, die von gesellschafts- und beispielsweise frauenpolitischer Bedeutung sind. Auch dass Alexandria Ocasio-Cortez, wie bereits erwähnt, in der Onlineausgabe des Magazins in einem Make-up-Tutorial über ihre politischen Positionen referierte, ergab sich aus dieser Grundkonstellation beinahe natürlich.

So zählte es zu den im 20. Jahrhundert gewachsenen und immer weiter ausgereiften Traditionen der US-Ausgabe der *Vogue*, regelmäßig die Ehefrauen von US-Präsidenten zu porträtieren und in Einzelfällen auch auf der Titelseite zu zeigen. Anna Wintour, deren Affinität für Positionen der demokratischen Partei bekannt ist und die etwa offen für Barack Obama und Hillary Clinton in ihrem privaten Stadthaus Fundraising-Veranstaltungen ausrichtete, holte Michelle Obama in den acht Jahren ihres FLOTUS-Daseins dreimal auf das Cover der Zeitschrift. Ihre Vorgängerin Laura Bush hatte zwar nie den Titel geziert, wurde aber in der Zeitschrift porträtiert – eine Ehre, die Melania Trump zeit der Präsidentschaft ihres Gatten verwehrt blieb. Als „Trump's New Bride" war sie allerdings im Februar 2005 Titelthema gewesen, und zwar in einem Brautkleid und mit weißem Schleier – rückblickend als ästhetische Antithese zu ihrem witwenartigen Dolce-&-Gabbana-Look im Vatikan. Das häufig kritisierte mangelnde Fingerspitzengefühl von Melania Trump, die als Gattin des Präsidenten ihren gewohnten Milliardärinnenprunk nicht abzulegen gewillt war, manifestierte sich zu Beginn der Amtszeit von Donald Trump auf einem Cover der mexikanischen Ausgabe der *Vanity Fair*: Sie posierte als Model in einer Schmuckspezialausgabe und wickelte auf der Titelseite endlos lange Reihen echter Diamantketten wie Spaghetti um eine Gabel, die sie grinsend in die Kamera hielt. Die goldenen Armaturen des Trump Towers waren in diesem Fall weder gedanklich noch ästhetisch in besonders weiter Ferne. Dass es sich für die Ehefrau eines gewählten Staatsoberhaupts wenig ziemt, in einem solchen ob der Überhöhung beinah ironisch wirkenden Luxussetting zu posieren, erschloss sich Melania Trump offenbar nicht. Dass sie nach Ende der Amtszeit ihres Gatten in einem TV-Interview mit dem Fox-News-Streamingservice Fox Nation Anna Wintour politische Tendenzen vorwarf, dürfte andererseits keine völlige Fehleinschätzung sein.

Die Verquickung zwischen Modemedienproduktion und politischem Leben führte während der zweiten Amtszeit von Barack Obama so weit, dass das Gerücht kursierte, Anna Wintour könnte ein Botschafterinnenamt, zum Beispiel in London, angeboten werden. Um Schadensbegrenzung zu betreiben, wurden Wintour sowie die Chefredakteure von *The New Yorker*, David Remnick, und *Vanity Fair*, Graydon Carter, andererseits im Januar 2017 im Trump Tower bei dem neu in sein Amt gewählten Präsidenten Donald Trump vorstellig. Dieser Auflauf prominenter Vertreter*innen der Condé-Nast-Publishingwelt änderte jedoch wenig an der ablehnenden Grundhaltung auf beiden Seiten. Retrospektiv wurde dies noch deutlicher, als etwa Jill Biden, die Ehefrau von Joe Biden, quasi umgehend nach dessen Amtsantritt als First Lady in der *Vogue* das traditionelle Shooting angeboten bekam und auch die Titelseite zierte. Fotografiert von

Annie Leibovitz und auf der Titelseite mit dem Claim „A First Lady For All of Us" versehen, führte Biden die Leser*innen des Magazins in das Weiße Haus der Post-Trump-Ära ein. Dass sie auf einer der Aufnahmen über einen Laptop gebeugt und mit gelbem Bleistift quer zwischen den Lippen gezeigt wurde, unterstrich die Entscheidung von Jill Biden, als FLOTUS ihrem Beruf weiterhin nachgehen zu wollen.

EINE MODESTRECKE IN KRIEGSZEITEN

Für viel größere Aufregung als diese Titelgeschichte, die wohl primär die republikanische Partei und besonders Melania Trump in ihrer Eitelkeit verletzte, hatte kurz zuvor ein anderes US-*Vogue*-Cover gesorgt: Auf der ersten Seite der Februarausgabe 2021, im vorangegangenen Januar erschienen, war Kamala Harris zu sehen, die – damals noch als *Vice President Elect* – zur Feier einer Dreifachpremiere als ranghöchste gewählte Politikerin in der Geschichte der USA auf das Titelblatt geholt wurde. Die erste Frau, die erste Woman of Colour, die erste Politikerin mit asiatischen Wurzeln als Zweite in der Reihenfolge der ranghöchsten Politiker*innen des Landes: Harris stand, wie das Magazin an prominentestmöglicher Position ankündigte, für „A New America". Ungeachtet der zweifellos guten Absichten wurde bald Kritik an dem ausgewählten Bild laut, die an eine bereits bestehende Skepsis gegenüber dem Umgang mit Schwarzen Menschen in dem Magazin anknüpfte. 2020 wurden etwa Bild- und Farbqualität einer Modestrecke mit der Athletin Simone Biles vehement kritisiert, ebenso die Entscheidung, eine weiße Fotografin, Annie Leibovitz, für diesen Shoot zu buchen. Dieser Fauxpas wurde bei Kamala Harris nicht wiederholt, dafür zeichnete Tyler Mitchell verantwortlich: 2018 war er der erste Schwarze Fotograf gewesen, der ein *Vogue*-Titelblatt fotografieren durfte, damals mit Pop-Superstar Beyoncé.

Bei Kamala Harris nun richtete sich die Aufmerksamkeit mancher Beobachter*innen auf die Komposition und den ausgewählten Look. Sie war vor Seidenstoffbahnen in den Farben ihrer Hochschulsorority zu sehen, mit der sie sich, wie bereits ausgeführt, eng verbunden fühlte. Der Gesamteindruck sei aber, bemängelten manche, schlampig. Der Aufbau erinnere an eine Probeaufnahme, sei einer Vizepräsidentin unwürdig – und stehe für eine Respektlosigkeit, die man sich gegenüber einer Weißen niemals erlauben würde. Vergleichbare Kritik wurde auch am Styling selbst laut, da Harris zwar in einem klassischen Hosenanzug, zu weißem Top getragen, und einer Variante ihrer *Power Pearls* zu sehen war. Zudem trug sie aber knöchelhohe *Chucks*, also klassische Stoffturnschuhe der Marke Converse, was zwar eine persönliche Vorliebe widerspiegelte, für viele aber nicht der richtige Look für die Titelseite des Modemagazins war. Da das Ausverhandeln von Geschmacksfragen in einem „transmedialen Phänomen, das sich im Modehandeln konstituiert"[142] zwangsläufig an seine – subjektiven – Grenzen stoßen muss, bleibt nur die Gewissheit, dass auch in Modemagazinen der Umgang mit politischen Persönlichkeiten großes Konfliktpotenzial birgt.

Wie heikel die Verbindung ist und wie leicht Beobachter*innen sich an der Überblendung politisch-ideologischer Inhalte und der Inszenierung von Mode stoßen, zeigte eine weitere *Vogue*-Produktion vom Sommer 2022, die aufgrund des Condé-Nast-Syndicationmodells weltweit übernommen wurde. Auch hier war das Mutterblatt, die amerikanische Ausgabe, federführend, als nämlich Olena Selenska in der Juli-Ausgabe dieses Kriegsjahres auf dem Cover zu sehen war – erneut fotografiert von Annie Leibovitz, die für die Produktion in die Ukraine gereist war. Der Argumentation, es handle sich, wie auf der Titelseite angekündigt, um ein „Porträt des Mutes“ *(Portrait of Bravery)*, konnten nicht alle folgen. Während die Produktion mit dem Argument verteidigt wurde, die *Vogue* wolle dazu beitragen, den Krieg im Land nicht in Vergessenheit geraten zu lassen und durch eine ungewöhnliche Perspektive neue Einblicke zu ermöglichen, erachteten zahlreiche Kritiker*innen dieses Unterfangen als entbehrlich. Die Präsidentengattin trug zwar nur Mode von ukainischen Designer*innen (auch hier gilt: Etwas anderes wäre undenkbar gewesen), besonders eine Aufnahme, die sie in typischer Leibovitz-Ästhetik reportageähnlich in einem langen königsblauen Mantel und perfekt frisierten Haaren neben einem zerstörten Fahrzeug und umgeben von ukrainischen Soldatinnen zeigte, konnte aufgrund des übertriebenen Pathos aber nur als misslungen angesehen werden. Übrigens hatte die von Franca Sozzani geleitete italienische *Vogue* in den Neunziger- und Nullerjahren wiederholt vorgezeigt, wie Fashion-Editorials mit (gesellschafts-)politischer Wirkungsabsicht oft durch den bloßen, allerdings in dem Fall nicht abzustreifenden, Kontext eines Modemagazins der Intention, so gut sie gemeint sein mochte, verlustig gingen (dazu später mehr).

Abgesehen von den bereits erwähnten Bilderstrecken mit den Oben-ohne-Politikern Jörg Haider und Karl-Heinz Grasser in Österreich oder dem Auftritt Gerhard Schröders in Brioni-Anzügen gibt es auch im deutschsprachigen Raum natürlich immer wieder Beispiele für vergleichbare Auftritte in Mode- und Lifestyletiteln. Die verunglückte *Park Avenue*-Bildstrecke mit Gabriele Pauli, damals CSU, und ihre mitgelieferten Fetischassoziationen seien hier erneut in Erinnerung gerufen. Ebenso ein etwas kurioser Auftritt von Sahra Wagenknecht in der *Gala*, wo sie – aus nicht ganz nachvollziehbaren Gründen – in einem der mexikanischen Künstlerin Frida Kahlo nachempfundenen Look gestylt wurde. Begleitend wurde die Intention ausgedrückt, das Bild der Politikerin als „hart und unnahbar“

aufzubrechen und „die schöne Linke“ nun einer anderen Sichtweise durch das geneigte Publikum zuzuführen.[143] Aufschluss über das Verhältnis zwischen Mode und Politik in Deutschland wollte eine Ausgabe des Magazins der *Frankfurter Allgemeinen Zeitung* im Januar 2020 bringen: Die Titelstrecke mit der Headline „Politik mit Mode“ zeigte – ausschließlich weibliche – Bundestagspolitikerinnen in Mode von deutschen Designer*innen (die Medienlandschaft hatte wohl aus dem Schicksal des Brioni-Kanzlers gelernt). Für die Produktion zeichnete die Designerin Eva Gronbach verantwortlich, die mit ihrer Kollektion „Déclaration d'amour à l'Allemagne“, gezeigt im Jahr 2000 von der damals 29-Jährigen in der deutschen Botschaft in Paris, bekannt geworden war. Fotografiert wurden Abgeordnete verschiedener im Bundestag vertretenen Parteien, die zugleich Antworten auf Fragen mit Modebezug gaben, woraus sich ein umfassendes Panorama der Einstellungen von originell bis banal ergab.

So lauteten einige der Originalzitate: „Auch in der Modebranche ist das Thema Nachhaltigkeit und Verantwortung für unsere Umwelt endlich angekommen.“ (Monika Grütters, CDU) „Mode kann ein doppelter Spiegel sein.“ (Katja Kipping, Die Linke) „Mode ist als Kunst so facettenreich wie das Leben selbst.“ (Yasmin Fahimi, SPD) „Erwartungen, wie man auszusehen und was man anzuziehen hat, lasten auf Frauen oft stärker als auf Männern. Davon müssen wir uns emanzipieren.“ (Josephine Ortleb, SPD) „Mode gestaltete Veränderung und zeichnet ein Bild der Gesellschaft – im besten Fall trägt sie zu ihrem Fortschritt bei.“ (Michelle Müntefering, SPD) „Ich freue mich über pfiffige, kreative und gut verarbeitete Stücke, in denen ich mich den ganzen Tag wohlfühle.“ (Renate Künast, Die Grünen) „Design ‚made in Germany‘ beweist, dass wir die Kunst beherrschen, Außergewöhnliches zu gestalten (Dorothee Bär, CSU) „Öko ist kein Stil-Verzicht.“ (Franziska Brantner, Die Grünen) „Politikerinnen müssen überzeugen. Es gibt keine zweite Chance für den ersten Eindruck." (Michaela Noll, CDU)[144] Im Übrigen könnte man sich, die Ausgabe dieses Magazins noch einmal durchblätternd, nicht nur fragen, inwiefern sich Politiker*innen überhaupt als Fashion-Testimonials und Wortspender*innen mit zum Teil lähmendem Originalitätsmangel eignen, sondern auch und vielmehr, warum kein einziger Mann angezogen wurde. Die Annahme, dass vielerorts – auch in Redaktionen – die Haltung fortbestehe, dass Aufmerksamkeit für die Verbindung von Politik und Mode nur dann herrschen kann, wenn sie sich auf das Berufsleben von Frauen bezieht, fand durch diese Veröffentlichung jedenfalls ihre Bestätigung.

DIE ANGELOBUNGSFEIER ALS MODEFEST

Eine einzige Abfolge großer – und nach dem Ende der Trump-Ära von Erleichterungsseufzern der liberal gesinnten Branchengrößen getragener – Modemomente stellte die Angelobungszeremonie von Joe Biden im Januar 2021 dar. Kaum je waren weltpolitische Bühne und *Fashion Stage* näher aneinandergerückt, was sich auch an einer Flut begleitender Artikel und sogar Presseaussendungen der beteiligten Brands zeigte. Joe Biden trug, wie man erfuhr, einen Anzug von Ralph Lauren, der als *All American*-Modemacher auch angesichts seiner Lebensgeschichte, eine typisch amerikanische Vom-Tellerwäscher-zum-Modemillionär-Erfolgsstory, perfekt zu einer solchen Gelegenheit passte. Jill Biden knüpfte an die *Fashion Diplomacy*-Praxis ihrer Vorvorgängerin Michelle Obama an und trug ein Outfit des wenig bekannten Labels Markarian, das nur drei Jahre zuvor von der Nachwuchsdesignerin Alexandra O'Neill gegründet worden und im *Garment District* von New York ansässig war. Kamala Harris trug zunächst einen Mantel des Schwarzen Designers Kerby Jean-Raymond mit seiner

Marke Pyer Moss, später ein Outfit des aus Louisiana stammenden Schwarzen Designers Christopher John Rogers. Und auch Michelle Obama entschied sich für einen Verweis auf Identitätspolitik, mit einem Ensemble des Schwarzen, in Los Angeles ansässigen Labels von Sergio Hudson. Allein die Tatsache, dass die Öffentlichkeit so gut über die bei dieser Veranstaltung zum Zug kommenden Modemarken Bescheid wusste, deutete darauf hin, dass das Naheverhältnis zwischen Mode und Politik ein neues Hochplateau erklommen hatte.[145] Wie etwa die *New York Times* urteilte, handelte es sich bei diesem Defilee US-amerikanischer Marken, häufig von Newcomer*innen, um eine „Rückkehr zum Normalzustand",[146] nachdem Melania Trump ihre Vorliebe für europäische Marken ungehemmt ausgelebt hatte und diese auch beim letzten Verlassen des Weißen Hauses hochleben ließ: Bei dieser Gelegenheit trug die scheidende FLOTUS eine Jacke von Chanel zum Kleid von Dolce & Gabbana, außerdem eine Tasche von Hermès. Bei ihrem Eintreffen in Mar-a-Lago hatte sie dieses Ensemble abgelegt und zeigte sich in einem auffällig gemusterten Kaftankleid von Gucci – offenbar mehr als bereit für die Existenz als Florida-Urlauberin nach der aufreibenden Zeit im von ihr ungeliebten Washington.

Akkurat die Amtszeit von Donald Trump hatte nicht nur für eine rasch voranschreitende Polarisierung innerhalb der US-Gesellschaft und regelmäßige Aufregung auf der weltpolitischen Bühne gesorgt, sondern dank der flächendeckend einsetzenden – und global ausstrahlenden – MeToo- und BlackLivesMatter-Bewegungen zu großem zivilgesellschaftlichem Engagement geführt. Auch zahlreiche Modemacher*innen bzw. Brands fühlten sich veranlasst, ihre Teilhabe auszudrücken, und dies nicht nur in Social-Media-Auftritten, sondern auch in ihrer Arbeit selbst. Das Mittel, das sich mehr als alle anderen anbot, um eine klare Botschaft unmissverständlich anzubringen, waren wie in den *Styles* vergangener Protestbewegungen weiterhin

Spielarten der Sloganmode. Während, wie man im Kapitel über die vestimentäre Kommunikationsbereitschaft von Politiker*innen sehen konnte, auch subtilere Lösungen existieren mögen, ist gerade in Phasen höchster Dringlichkeit und bei den auf unmittelbare Wirkung abzielenden Laufstegpräsentationen kein Mittel probater als das Wort führende Kleidungsstück. *Power, Riot, Peace, Resist, Revolt* waren etwa Handlungsaufforderungen, die Jeremy Scott für die Frühjahrskollektion von Moschino 2019 an Kleidungsstücken anbrachte. Der Designer selbst trug ein T-Shirt mit der Aufforderung *Tell Your Senator No on Kavanaugh,* als er sich am Ende des Defilees zeigte. *The Future Is Female* lautete eine hoffnungsvolle Einschätzung in der Herbstkollektion 2017 von Prabal Gurung, Christian Siriano forderte in derselben Saison mit einem Slogantop *People Are People.* Das von Aurora James für Alexandria Ocasio-Cortez geschaffene Abendkleid mit der Forderung *Tax the Rich* wurde an anderer Stelle bereits erwähnt.

Bisweilen nutzten Modeschaffende auch die Bühne, die sich ihnen durch die Ausrichtung und häufig den Livestream einer Show bietet, für Protestdarbietungen, die von der eigentlichen Kollektion entkoppelt funktionierten. So etwa Mara Hoffman, die ihre Herbstkollektion 2017 mit einem Auftritt von vier Mitveranstalterinnen des *Women's March* in Washington einleitete: Sie traten vor das Publikum und hielten eine Rede, in der sie auf die Bedeutung einer starken Frauenrechtsbewegung hinwiesen. Das Label Public School, gegründet von Dao-Yi Chow und Maxwell Osborne, reagierte indessen auf die zur ideologisch aufgeladenen Merchandise avancierte MAGA-Kappe von Trump mit einem Alternativvorschlag: Statt *Make America Great Again* stand auf ihrer Version einer roten Baseballkappe *Make America New York* zu lesen – es handelte sich um einen Versuch der Reappropriierung dieser publikumswirksamen und zum Teil der Alltagskultur in den USA avancierten textilen Oberfläche. „Die

Baseballkappe ist wie eine unbeschriebene Tafel, die auf eine Botschaft wartet. Sie ist eine persönliche Geschichte, die darauf wartet, geschrieben zu werden. Ihre Krone giert nach einer Inschrift: dem Logo eines Teams, einem Slogan, dem Zeichen der Zugehörigkeit zu einem Stamm."[147]

Während Reaktionen auf die Wahl von Donald Trump und die MeToo-Protestwelle vielen ermächtigten Frauen und ihren Verbündeten noch gut von der Hand gingen, stellte sich die Angelegenheit bei der auf die Ermordung von George Floyd folgenden *BlackLivesMatter*-Bewegung komplizierter dar. Die strukturelle und systemische Benachteiligung von Schwarzen Kreativschaffenden auch im Modesystem etwa ließ sich nicht ohne Weiteres durch Slogan-T-Shirts ausmerzen, weshalb halbherzige Solidarisierungsversuche – etwa im Rahmen der globalen *Blackout Tuesday*-Initiative in sozialen Medien wie Instagram und Twitter am 2. Juni 2020 – jenen Unternehmen sofort angekreidet wurden, die in ihrer Beschäftigungspolicy oder Castings für ihre Werbekampagnen etc. Persons of Colour jahrelang vernachlässigt und unterrepräsentiert hatten. In den USA startete Designerin Aurora James einen Aufruf mit dem Titel *Fifteen Percent Pledge*: Händler*innen sollten sich verpflichten, in ihrem Sortiment 15 Prozent Ware von *black-owned* Marken, also den von Schwarzen US-Amerikaner*innen gegründeten, zu führen. In diesem Zeitraum wurde das Tragen von Designerware solcher Labels besonders bedeutungsgeladen. Zu den sichtbarsten und – zumindest für Eingeweihte – am leichtesten deutbaren Signalen zählte in dieser Phase die Präferenz für Taschen der Marke Telfar, die etwa von Alexandria Ocasio-Cortez im Kapitol getragen wurden und sich als sogenannte *Bushwick Birkins* (benannt nach einem Stadtteil von Brooklyn und der „Birkin"-Tasche von Hermès) großer Beliebtheit erfreuten. Wie andere kommerziell erfolgreiche Modeaccessoires wurde auch die ursprünglich mitgelieferte Bedeutung des zunächst schwer erhältlichen, da in limitierten *Drops* verkauften Accessoires, allmählich von der Funktionsweise als modisches Gimmick überlagert.

AUF TUCHFÜHLUNG MIT THATCHER

Bereits im Jahr 2017 hatte der *Council of Fashion Designers of America* (CFDA) eine Initiative gesetzt, um dem sich abzeichnenden Erschweren des Zugangs zu Schwangerschaftsabbrüchen und/oder in der Folge sogar Verhütungsmaßnahmen in manchen US-Bundesstaaten entgegenzutreten. Am Rande der Modewoche in New York startete damals die Initiative *Fashion Stands With Planned Parenthood*, die als Visibilisierungsmaßnahme das Verteilen grellpinker Anstecker vorsah. Als fünf Jahre später das Verfassungsgericht die Aufhebung der Grundsatzentscheidung Roe v. Wade aus dem Jahr 1973 beschloss und damit den Zugang zu Schwangerschaftsabbrüchen aus dem bundesweiten Verfassungsrang entfernte, folgte Entsetzen in – zumindest einer Hälfte – der Bevölkerung. Auch Mode- und Lifestylekonzerne reagierten, so kündigte neben US-Marken wie Ralph Lauren, Tory Burch oder Levi's etwa auch Gucci als Teil des Kering-Konzerns an, Mitarbeiter*innen im Bedarfsfall etwa mit der Übernahme von Reisekosten in einen anderen Bundesstaat zu unterstützen, und bezogen so in dieser politischen/politisierten Causa Position.

Während in jüngerer Vergangenheit das sich verstärkende Phänomen von mit eindeutiger Botschaft ausgestatteter – weil vollgeschriebener – Bekleidung analog etwa zur Steetwear als „Opinionwear" zu Erfolg gelangte, existierten vergleichbare Tendenzen schon seit vielen Jahren. Mit einer engagierten und dennoch commodityorientierten Klientel wie der Gen Z gilt freilich mehr denn je: „Ein T-Shirt verkauft sich eben besser, wenn das identitätsstiftende Moment gleich mitgeliefert wird."[148] So empfinden zahlreiche Personen – und eben auch Modekund*innen – in einer von den *MeToo-* oder *BlackLivesMatter-*Bewegungen geprägten Zeit immer stärker den Drang, sich in der Öffentlichkeit zu positionieren und eine Haltung einzunehmen, die allerdings recht unverbindlich wirkt, wenn sie sich mit dem T-Shirt, das im Wäschesack landet, wieder abstreifen lässt.

Unbestrittene Vorreiterin war in diesem Zusammenhang die britische Designerin Katharine Hamnett, von deren Handshake mit Margaret Thatcher bereits die Rede war. Hamnett trug ihr legendäres *58 % Don't Want Pershing*-T-Shirt, eines der ikonischen Kleidungsstücke des 20. Jahrhunderts, und erinnerte sich viele Jahre später an dieses Aufeinandertreffen. „Keiner von uns wollte [zu Thatchers Empfang] hingehen. [...] Aber mir wurde klar, was für eine unglaubliche Fotogelegenheit sich bot, wie ich auch über sie denken mochte." Sie beschrieb die beinahe ungläubige Reaktion der Premierministerin und die darauffolgenden Versuche, Hamnett an jenem Abend so gut wie möglich zu entfliehen, um nicht noch weitere Fotogelegenheiten zu bieten.

„Die Protest-T-Shirts in der High-End-Mode, die man heute sieht, sind ein wenig zimperlich. Sie gehen auf die Barrikaden, mit verwässerten Aussagen."[149] Mit dieser Kritik zielte Hamnett wohl beispielsweise auf jene viel besprochenen und heiß begehrten Looks bei Dior ab, mit denen Maria Grazia Chiuri sich im Luxusmodekontext zu positionieren versuchte und die Slogans wie *We Should All Be Feminists* über den Laufsteg schickten. Die Tatsache, dass solche T-Shirts einige hundert Euro kosten und damit jedes breitenwirksamen Protestcharakters entbehren, ist ein nicht unbedeutender Aspekt in dieser kaum zu meisternden Verbindung aus Luxus und gesellschaftspolitischem Aufbegehren.

Als eine nur wenige Jahre ältere Mitstreiterin Hamnetts, wenn man so will, und ebenfalls Pionierin der Londoner

Avantgardemode spielte Vivienne Westwood eine Vorreiterinnenrolle. Ihr vehementes und konsequent verfolgtes Engagement für ökologische Belange und progressive Klimapolitik seit den späten Nullerjahren sucht in der Branche seinesgleichen. Die Designerin brachte sich als eloquente Fürsprecherin und finanzielle Unterstützerin mit ihrem Privat- und Firmenvermögen wiederholt für die Causa, an die sie glaubte, prominent in Stellung. Westwoods Haltung ist im Zusammenhang mit dem bereits erwähnten *Ethical Turn* in der Modebranche umso bedeutsamer, als es kein Geheimnis ist, wie groß der ökologische Fußabdruck dieses Industriezweigs aufgrund seiner Ressourcenverschwendung, anhaltender Überproduktion und des Verursachens von Abfall ist. Westwoods Ursprünge lagen in der Protest- und Gegenkulturbewegung der Punks, ab den Achtzigerjahren wurde sie zu einem Fixstern am Firmament der internationalen Mode und verlagerte später ihr Hauptaugenmerk aus dem kreativen Kosmos auf die Rettung der Regenwälder sowie einer erhofften *Climate Revolution.* Diese propagierte sie etwa als Teil ihrer Modekampagnen, wie sie sich auch als Privatperson dafür einsetzte. Gestartet als separates Projekt 2012 während der Paralympischen Spiele in London, verfolgte Westwood dieses Anliegen in der Folge konsequent.

Sogar ein eigenes *Climate Revolution Manifesto* findet sich im Internet,[150] eine Mischung aus Collagen, Zeichnungen, handgeschriebenen Aufzeichnungen. Dieses etwas wirr anmutende, zugleich durchaus persönlich gehaltene Dokument verdeutlicht das Ausmaß von Westwoods Engagement. Schon der erste (handgeschriebene) Satz lautet: „Der Kapitalismus ist so korrupt wie ein fauler Apfel." Von Regierungen bzw. offizieller politischer Seite erwarte sich die Verfasserin der programmatischen Schrift wenig, seien doch „alle Politiker korrupt". Zugleich identifizierte Westwood ausgerechnet Prinz Charles als einen wichtigen Alliierten, während sie Unterstützungen für herkömmliche Landwirtschaft oder Fischfang als Quellen des Übels hervorhob.[151] Die Initialzündung für Westwood Engagement in diesem Bereich war ein Interview mit James Lovelock, das sie 2005 las und in dem der Umweltaktivist und Klimaforscher seine *Gaia Hypothesis* besprach, derzufolge die Erde ein selbstregulierendes System sei und Ende des 21. Jahrhunderts nur mehr eine Milliarde Menschen auf dem Planeten leben würden. „Ich war geschockt, dass es so schnell passieren sollte. [...] Ich konnte mir das Unvorstellbare von all dem vorstellen, den Schrecken, die Unmöglichkeit, einander zu helfen. Hitze überall. Menschen auf Wanderschaft, auf der Suche nach Nahrung."[152]

Zusätzlich zu ihrer umfassenden ökologischen Agenda engagierte sich Vivienne Westwood auch stark für die Schicksale von Chelsea Manning, die als ursprüngliche Whitsleblowerin WikiLeaks mit auf den Weg brachte und von 2010 bis 2017 wegen Geheimnisverrats in den USA inhaftiert war, und Julian Assange. 2013 trug Westwood bei ihrem Auftritt auf der Met Gala in New York ein Bild von Manning mit der Aufschrift *Truth* und unterstrich, dass die Inhaftierung ihrer Meinung nach zu Unrecht geschehen sei. Das Motto der Modegala lautete damals *Punk: Chaos to Couture*, und Westwood nutzte die Gelegenheit eines Red-Carpet-Interviews dafür, ihre Überzeugung kundzutun: „Als ich vor vielen Jahren Punk aufgriff, [war das ungefähr dasselbe]: Gerechtigkeitssinn und [der Versuch], zu einer besseren Welt zu gelangen".[153] In einem Nachbericht zur Met Gala hob etwa das Magazin *The Cut* hervor, dass das Interview mit Westwood bei einer Liveübertragung von dem Event brüsk abgebrochen wurde und man ihr „ihren Punk-Moment verweigerte". Dies, obwohl sie als eine der maßgeblichen Initiatorinnen der Punkbewegung im Modekontext galt und mit Leihgaben prominent in der Ausstellung vertreten war. Doch ein allzu politisches Statement war bei dieser Gelegenheit offenbar nicht opportun. Einige Jahre später engagierte sich Westwood mit ebensolcher Verve für die Freilassung von Julian Assange und protestierte etwa außerhalb eines Gerichtsgebäudes in London in einem goldenen Käfig, „wie ein Kanarienvogel", wo außerdem als Zeichen ihrer Solidarität ein Banner mit der Aufschrift *I Am Julian Assange* zu sehen war.

EIN VISIONÄR ALS PIONIER EINER CAUSA

Ein weiteres Thema von gesellschaftspolitischer Relevanz, dessen sich auch gewählte Politiker*innen bzw. ihre Parteien annehmen, und zwar wahlweise ex negativo und ex positivo, ist die Stellung der LGBTQIA+-Community bzw. der relevanten Rechtslage. Lifestyle- und Modemarken zelebrieren mittlerweile standardmäßig den Juni als *Pride Month* und schwenken bei der Gelegenheit vehement ihre Regenbogenfahnen. Auf unternehmerischer bzw. systemischer Ebene gibt es alles von oberflächlich ausgetragenen Charity- und Spendenaktionen bis zu echtem Engagement für die eigenen Mitarbeiter*innen. Unter die ernst gemeinten Initiativen mischt sich regelmäßig leider auch einiges an sogenanntem *Pinkwashing*, das dank der aufmerksamen Recherchearbeit von Organisationen in der Community oder, vereinzelt, Journalist*innen offengelegt werden kann. Zu den Pionier*innen in dieser Causa unter allen Modemachenden zählt ein Designer, der auch aufgrund seiner avantgardistischen Ästhetik und visionären Ansätze mit Genderbezügen maßgebliche Akzente im 20. Jahrhundert setzte. Der gebürtige Österreicher Rudi Gernreich, der vor dem NS-Regime in die USA floh und an der Westküste erfolgreich sein Modeunternehmen aufbauen konnte, zählte in den Fünfzigerjahren zu den Gründungsmitgliedern in einer der ersten Organisationen, die sich für die Rechte von Homosexuellen einsetzten, der *Mattachine Society*.

Aufgrund der beinahe völlig fehlenden Akzeptanz oder auch nur Toleranz für homosexuelle Menschen und ihre Lebensentwürfe in der Gesellschaft jener Zeit ging Gernreich mit seinem Engagement ein erhebliches Risiko ein. Überliefert ist sein Zitat nach der Kenntnisnahme eines Gründungsmanifests: „Das ist das Gefährlichste, das ich jemals gelesen habe, und ich bin hundertprozentig dabei."[154] Gernreichs Engagement stand in Zusammenhang mit der Beziehung, die er mit einem der Initiatoren, Harry Hay, einging: Nach ihrem Zerbrechen zog er sich aus seiner führenden Rolle zurück und wurde zum „Phantom der Gruppe",[155] seine maßgebliche Beteiligung an den Entwicklungen in einer Pionierphase der LGBTQIA+-Bewegung sei dennoch hervorgehoben. Anlässlich eines Neustarts der Modemarke, die seinen Namen trug, durch einen Schweizer Start-up-Unternehmer wurde auch das gesellschaftspolitische Engagement erneuert[156] – in einem freilich völlig anderen gesellschaftlichen und politischen Setting, das den ursprünglich „gefährlichen" Charakter nicht mehr beinhaltete. Bezeichnend übrigens für das zeitgenössische Herumlavieren mancher Modehäuser in diesem Zusammenhang ist etwa das Liebäugeln mit non-binären Genderidentitäten oder Gender-Fluidität in Kampagnencastings oder auf ihren Laufstegen, ohne diese *ästhetische* Grundsatzentscheidung aber mit entsprechenden Stellungnahmen zu begleiten. Dabei sollte klarerweise der Respekt für die Anliegen von sexuellen oder auf ihre Genderidentität bezogenen Minderheiten priorisierbar sein gegenüber der Entscheidung, einfach nur *interessante Typen* über den Catwalk schicken zu können.

Vergebliches Warten auf eindeutig zuordenbare Positionierungen und ein lähmendes Grundgefühl kennzeichneten auch die Laufstegpräsentationen in Mailand Ende Februar 2022. Als am 24. des Monats der russische Angriffskrieg auf die Ukraine begann, starteten beinahe zeitgleich die Präsentationen der

Herbstmode desselben Jahres. Es war für viele Beobachter*innen, ein Großteil von ihnen immerhin Journalist*innen vor Ort, enttäuschend, den Marken bei ihrer Vogel-Strauß-Politik, ihrer offenkundigen Ratlosigkeit, dem Zögern gegenüber der Verurteilung eines potenziell wichtigen Marktes, der Suche nach einer Verfahrensweise bei gleichzeitiger Schadensbegrenzung zuzusehen. Um es kurz zu machen: Während der zweitwichtigsten europäischen Fashion Week wartete man vergeblich auf eine eindeutige Positionierung, erst bei einem der letzten Defilees setzte Giorgio Armani, einer der maßgeblichsten Designer der Mailänder Szene, ein subtiles Zeichen und verzichtete bei seiner *Silent Show* auf den Soundtrack. Der von zahlreichen internationalen Medien während dieser Tage interviewte Modechef der ukrainischen *Vogue*, Vena Brykalin, lobte Armanis Signal als ein „großartiges Beispiel" dafür, wie sich im Modekontext Haltung zeigen lässt: „Es fühlte sich emotional stimmig an und zeigte, dass auch kleine Gesten einen Unterschied machen."[157]

Etwa eine Woche nach Beginn des Angriffkriegs hatten die Pariser Modehäuser, wo weitere Defilees stattfanden, genug Zeit gehabt, um sich eine standardisierte Vorgangsweise zu überlegen. Vor Beginn der *Semaine du Prêt-à-Porter* versandte immerhin Ralph Toledano, Präsident des Verbands der französischen Mode, ein Statement, in welchem er „Feierlichkeit und Nachdenklichkeit" als Grundhaltung anempfahl. Später solidarisierten sich die meisten Marken mit den Menschen in der Ukraine in ihren Social-Media-Kanälen, häufig aber, ohne den von der russischen Regierung gesteuerten Angriffskrieg ausdrücklich als solchen zu kritisieren. Erst, als in der Folge Wirtschaftssanktionen den Handel vor Ort ohnehin erschwerten, wurden weitere Schritte, etwa die Schließung von Geschäften in Russland, ergriffen. Im Allgemeinen wurden aber die in der Realität verorteten Bühnen, also die Plateaus der Modeschauen, nicht für explizite Positionierungen genutzt. Auch die Option, beispielsweise eindeutig formulierte Texte manifestähnlich auf den Sitzen der Besucher*innen zu hinterlassen, etablierte sich nicht als Standard. Als Motivation durften all jene, die auf deutlichere Statements fast schon verzweifelt warteten, die in kritischen Fällen stets gern beschworene *Neutralität* der Branche und ihrer Protagonist*innen mitdenken.

Erst das Defilee von Balenciaga brachte überaus publikumswirksam Aufschluss darüber, wie man sehr wohl auch andernorts vorgehen hätte können. Kreativdirektor Demna Gvasalia, der noch zur Zeit der UdSSR in Georgien geboren wurde, in Deutschland aufwuchs, in Antwerpen studierte und in Paris Teil des Modeestablishments wurde, ließ kurzfristig eine als Protest gegen die Klimakatastrophe angelegte Präsentation so modifizieren, dass sie an die Situation in der Ukraine denken ließ. Auf ihren Plätzen erwarteten alle Gäste T-Shirts in den Farben der ukrainischen Flagge, ebenso ein kurzer Text, der sich gegen den Krieg aussprach. Ehe das Defilee in einem überaus dystopischen Setting begann, verlas Gvasalia einen Text des ukrainischen Symbolisten Oleksandr Oles. Die Präsentation selbst, im dystopischen Setting eines Kreises von durch starkes Schneetreiben gefrästen Pfaden, rief Assoziationen mit Menschen auf der Flucht vor einer Katastrophe wach.

Bereits 2018 hatte Gvasalia in einem Interview von seiner Kindheit und Jugend erzählt, sodass seine eindeutige und zweifelsfrei bekräftigte Haltung im Ukrainekrieg wenig verwunderte. „Bis ich in die Schweiz gekommen bin, war ich ein Flüchtling. Erst in meinem eigenen Land, dann in Deutschland. Im Jahr 2000 zogen wir mit der Familie in die Nähe von Düsseldorf, die ersten Wochen verbrachten wir in einem Asylbewerberheim, und irgendwie war ich auch in Paris noch ein Flüchtling“, erinnerte er sich in diesem offenen Gespräch mit der *Süddeutschen Zeitung* und fuhr fort: „Jetzt bin ich keiner mehr, aber das Thema beschäftigt mich natürlich – ich kenne den Krieg und weiß, dass die Menschen, die in den letzten Jahren nach Europa gekommen sind, sich nicht auf den Weg gemacht haben, um sich zu bereichern."[158] Später, im Frühling 2022, bekräftigte Gvasalia anlässlich seiner Kollektionspräsentation bei Balenciaga, dass er sich den Ukrainer*innen umso verbundener fühle, weil der Aggressor derselbe sei wie in seiner Jugend. Die Aussage, dass er bis in sein Erwachsenenalter mit verschiedenen Stationen immer ein Flüchtling gewesen sei, erfuhr durch die erneute Kriegssituation sozusagen neue Virulenz.

Bereits in Arbeiten der Vergangenheit, sowohl bei Balenciaga als auch dem von ihm mitgegründeten Label Vetements, hatte Demna Gvasalia das Bedürfnis durchblitzen lassen, sich mit seinem Modeschaffen offen und unmissverständlich auf Krisensituationen, Missstände oder politische Konstellationen zu beziehen. Bereits ein aus einem Seidengemisch gefertigtes und einige hundert Euro teures T-Shirt mit dem Logo des Zustelldiensts DHL als Teil der Vetements-Kollektionen, das von Beobachter*innen als postironisches Zitat oder Persiflage der Luxusmode gedeutet wurde, konnte auch als Kritik an einer turbokapitalistischen Luxusbranche ausgelegt werden, an der Gvasalia freilich trotzdem mitwirkte.

POLITIKERINNEN ALS STILVORLAGE

Aus dem Repertoire seiner Kreationen in verschiedenen Saisonen sind etwa jene Kleidungsstücke zu erwähnen, in denen das Balenciaga-Logo als Zitat des Kampagnenschriftzugs von Bernie Sanders bei seiner Bewerbung um die Präsidentschaftskandidatur der demokratischen Partei angelegt war. Bei anderer Gelegenheit positionierte sich Gvasalia dezidiert als proeuropäisch und EU-freundlich, und in der Kollektion *Family and War* verarbeitete er für die Sommersaison 2019 seine Lebensgeschichte mit starken Bezügen zu Georgien (auch da tauchte ein Look auf, der die ukrainische Flagge evozierte). Dezidiert auf die Garderobe von Politikerinnen nahm Gvasalia in der Balenciaga-Kollektion für Sommer 2020 Bezug: Präsentiert wurde sie in einem mit intensivem Blau ausgeschlagenen Raum, der an die Plenarsäle mancher Volksvertretungen (etwa des von Oscar Niemeyer entworfenen brasilianischen Parlaments in Brasília) erinnern mochte. Die in charakteristisch kastenförmiger Silhouette, oft in Oversized-Ausführung angelegten Kleidungsstücke sollten auf konkrete Inspirationen aus dem politischen Alltag zurückgehen: Dass sie sich auf Aufnahmen von Politikerinnen bei offiziellen Terminen und Wahlkampfauftritten bezogen und so als echte *Power Dressing*-Referenzen Eingang in die Luxusmode fanden, war eine interessante Trouvaille des politisch interessierten Designers.

Die erhoffte Wirkungsmacht durch sein Modeschaffen legte Demna Gvasalia immer wieder dar. Gegenüber der *Süddeutschen Zeitung* antwortete er 2018 auf die Frage, ob er sich, wie einst zu Protokoll gegeben, weiterhin für seinen Beruf schäme: „Nein, aber erst, seit ich mit Miuccia Prada darüber geredet habe. Sie hat mich daran erinnert, dass vielen Menschen, die ich bewundere, Künstlern oder Architekten etwa, Mode etwas bedeutet. Davor fiel es mir schwer, zu meinem Beruf zu stehen, weil er mit so vielen Vorurteilen behaftet ist.“[159] Die Einsicht, dass sich die Gesellschaft über den Umweg einer Einflussnahme auf das Leben von Meinungsträger*innen mitgestalten lässt, bedeutete wohl eine Erleichterung für alle kreativ tätigen Verfechter*innen der Idee einer *mode engagée*. So löblich derlei Vorstöße sein mögen, sosehr sollten sich Designer*innen oder Magazinmacher*innen im Modebereich aber dessen bewusst sein, dass sie ein hochpreisiges Produkt erzeugen bzw. bewerben, woraus sich zwangsläufig der Vorwurf des Zynismus ableiten lässt, sobald dieses ökonomisch reüssiert.

Diese Kritik erntete etwa jenes Slogan-T-Shirt, mit dem Maria Grazia Chiuri ihren Einstand als Hausdesignerin bei Dior feierte: Der Forderung *We Should All Be Feminists* (Titel eines Essays von Chimamanda Ngozi Adichie aus dem Jahr 2014) ist wohl vorbehaltlos zuzustimmen, dennoch erntete Chiuri auch Häme ob der Tatsache, dass sie sie auf ein einige hundert Euro teures T-Shirt drucken ließ. Die Angelegenheit ist zugleich bezeichnend für einen Balanceakt, den die Branche meistern muss. So verteidigte die legendäre Chefredakteurin der italienischen *Vogue*, Franca Sozzani, manche ihrer kontroversiellen Modefotostrecken in der Filmdokumentation „Franca: Chaos and Creation" (2016, Regie führte ihr Sohn Francesco Carrozzini) sinngemäß, es gebe keinen Grund, Themen wie häusliche Gewalt oder Umweltverschmutzung in einem Hochglanzmagazin wie der *Vogue* nicht aufzugreifen, und zwar mit den dort primär angewandten Mitteln – also aufwendig produzierten Bilderstrecken, in denen Models Luxuskleider tragen. Sich dieser Argumentation nicht verschließend, liegt aber doch auf der Hand, dass manche Vorstöße im Sinne einer *mode engagée* besser, andere schlechter funktionieren. Systemische Mängel innerhalb der Modebranche aufzuzeigen und zu reparieren, ist gewiss eine Option, die häufiger gewählt werden sollte. Sozzani war mit einer *Black Issue* der *Vogue Italia* etwa Vorreiterin einer Diversifizierung der Branche, als sie für die Juliausgabe 2008 ausschließlich Schwarze Mannequins castete und damit auf die Mängel bei vergleichbaren Auswahlverfahren für Fotoproduktionen oder Laufstegpräsentationen hinwies. Zwischen dieser symbolträchtigen Entscheidung, der bewussten Instrumentalisierung einer weltweit rezipierten Modeschau als Kommunikationstool und dem Angebot eines hochpreisigen Slogan-T-Shirts mit politisiertem Charakter für die *Happy Few* sind dann wohl nur jene Lösungen zweckdienlich, die auf den größtmöglichen Wirkungsradius abzielen und dabei den Erwartungshorizont des Publikums nicht so weit verschieben, dass die angebotenen Inhalte nicht mehr hindernisfrei rezipierbar sind. Dieselbe Erfolgsformel gilt unter veränderten Vorzeichen natürlich auch für Politiker*innen, die auf vestimentäre Mittel setzen, um ihre inhaltliche Positionierung begleitend zu unterstützen und ihren Staat, wenn man so will, adäquat zu tragen. Denn die Balance zwischen sinnvoll vermittelten Inhalten und passend ausgewählter Form muss im einen und im anderen Fall gefunden werden.

ZUM GELEIT: DIE SCHNITTMUSTER DER MACHT

Schnipp, schnapp ... Sich schnell mal eben so einen passenden Look für den politischen Alltag, für die eigene Strategie des Machtverkörperns zusammenbasteln – ganz so einfach ist das natürlich nicht. Was aber die Illustrationen dieses Buches, selbstverständlich mit einem kleinen Augenzwinkern, nahelegen, ist dieselbe Schlussfolgerung, die sich aus allem bis hierher Beschriebenen ableiten lässt. Bei aller Individualität der handelnden Personen und der Originalität ihrer Wortmeldungen (beide Male: ein „im Idealfall" dazudenken) lassen sich auch aus dem politischen Modehandeln einander ähnelnde Verfahrensweisen und Versatzstücke ableiten. Kleiderformen, ob modisch oder trendresistent, ob bewusst als vestimentäre Ausdrucksmittel eingesetzt oder vernachlässigt bis hin zur ebenfalls bezeichnenden Stilpanne, passen wie angegossen zum Prinzip der *Visual Politics*.

So ist es nun das Anliegen dieses Buches, als Grundlagenwerk mit Politikbezug eine erweiterbare Typologie vorzulegen. Zur Anwendung kann diese im akademischen Zusammenhang der *Fashion Studies* oder in einem journalistischen kommen. Manche Anlassfälle schreien ja geradezu nach einer Stilkritik, die im Einzelfall sogar in den Politikressorts der Zeitungen und Magazine Platz findet. Zugriffszahlen und das Ausmaß der Reaktionen zeigen, dass Leser*innen sich für derlei sehr wohl interessieren. Und doch kassieren die Verfassenden regelmäßig Kritik für ihre Arbeit: nicht wegen mangelnder Qualität der Texte, sondern häufig, weil sie es überhaupt gewagt haben, sich des Themas anzunehmen. Auch als Argument, diese Protestrufe zu entkräften, soll *Staat tragen* funktionieren.

Ich bin mir übrigens der Tatsache bewusst, dass nicht immer die Politiker*innen selbst ihre (sprechende) Garderobe zusammenstellen, sondern dass häufig Trendberaterinnen oder Stylisten zugezogen werden. Ich handhabe es aber wie in anderen Bereichen der Mode, wo ebenfalls nicht Stardesigner*in XY jeden einzelnen Entwurf kreiert: Hinter jeder Kollektion, hinter jedem Laufsteg- oder später in den Geschäften verfügbaren Look stehen große Teams. Sie handeln im Auftrag von Chefkreativen, die mit ihrem Namen am Ende für einen *Total Look* stehen und die Verantwortung übernehmen. Und so sind es auch die Akteur*innen der Politik, die mit ihren für Instagram tauglichen *Outfits of the day* – ob selbst zusammengesucht oder nicht – zu Bedeutungsträger*innen werden. Wenn die Strategie aufgeht und sich der modische Look als Teil eines Erfolgsrezepts erweist, sind sie selbst die direkten Nutznießer*innen.

Wie eingangs erwähnt, entwickelt sich die Beziehung zwischen Mode und Politik ständig weiter. Allein in die Phase der Schlussredaktion fallen zwei neue Vorkommnisse, die als abschließende Ergänzungen bezeichnend sind. So hat die deutsche Ausgabe der *Vogue* erstmals in ihrer Geschichte eine amtierende Politikerin auf die Titelseite geholt. Das Cover der Ausgabe vom Dezember 2022 mit dem Motto „Visionen" ziert die Grünen-Politikerin Aminata Touré, seit Ende Juni Ministerin in Schleswig-Holstein und zum Zeitpunkt des Erscheinens gerade dreißig Jahre alt. Eine junge, dynamische Schwarze Politikerin aus Deutschland, die in sozialen Medien ihre Affinität zu Trendthemen offen auslebt: ein Glücksfall für ein Modemagazin, das mit dieser Wahl seine Reichweite und Relevanz zu steigern hofft. Diese Premiere im mittel- und nordeuropäischen Raum, der in Modeangelegenheiten als verhalten gilt, macht außerdem klar, dass ein Generationenwechsel stattfindet. Vielleicht wird es für die nächste deutsche Kanzlerin oder die erste US-Präsidentin eine Selbstverständlichkeit sein, sich für *Vanity*

Fair, Harper's Bazaar oder eben eine *Vogue* stylen zu lassen und vor die Kamera zu treten. Oder eben für Cis- oder Transmänner in derselben Position (dann allerdings wahrscheinlich eher für *GQ* oder *Esquire*).

Und auf der anderen Seite? Da hat in etwa demselben Zeitraum die *Assemblée nationale*, das Parlament in der Weltmodehauptstadt Paris, eine Kleiderordnung verabschiedet, die dem allzu Flatterhaften – oder wenigstens: Legeren – einen Riegel vorschiebt. Der Respekt vor dem Souverän, so die Anlass gebende Überzeugung, gebiete es, dass männliche Abgeordnete nie ohne Jackett öffentlich im Hohen Haus auftreten sollen. Das Tragen einer Krawatte ist außerdem dringend empfohlen. Dass sie mit Dinosaurier-, Jagdhund- oder Fantasymuster ausgestattet sein darf, wird freilich nicht explizit ausgeschlossen, wahrscheinlich sehr zur Freude von Ministern mit Hang zur Exzentrik und der eines Anbieters luxuriöser Seidenbinder ein paar Häuserblöcke von der Assemblée entfernt.

Bei alldem sollte übrigens auf eines nicht vergessen werden: Das schicklichste Kleidungsstück im politischen Leben ist nicht das gut geschnittene Jackett, sondern die im moralischen Sinn untadelig weiße Weste.

ANMERKUNGEN

1 Zitiert nach der zweisprachigen Ausgabe Machiavelli 2013 [1513], S. 138.
2 Bleiker 2018b, S. 7, Übersetzung DK.
3 Franck 1998, S. 13 Je leichter es zu sein scheint, die sprichwörtlichen fünf Minuten Ruhm zu erlangen, die auch auf die paar Sekunden Dauer einer Instagram-Story oder eines TikTok-Videos eingedampft werden können, desto eher scheint zutreffend: „Der Kapitalismus des Geldes war eine Tragödie. Der Kapitalismus der Aufmerksamkeit trägt zweifellos närrische Züge. Nur gehört es zur Komödie, dass die Narretei sehr ernst genommen wird." (ebd., S. 157)
4 Vgl. Bleiker 2018b, S. 11, Übersetzung DK.
5 Barthes 1967, S. 252, Übersetzung DK.
6 Vgl. Gloe – Kuhn 2010, S. 8. Die beiden befürchten, es drohe „eine Reduktion auf mediengerechte politische Minimalbotschaften" (ebd., a. a. O.)
7 Koelbl 1999, S. 56
8 Kalt 2019b, o. S.
9 Strobl 2021, S. 42. Sie hat auch die Phrase des „radikalisierten Konservatismus" geprägt und ausführlich analysiert.
10 Molloy 1978 [1975], S. 4, Übersetzung DK.
11 Ebd. S. 9, Übersetzung DK.
12 Head – Hyams 2019 [1967], S. 18 und S. 21ff., Übersetzung DK.
13 Molloy 1978 [1977], S. 21, Übersetzung DK.
14 Ebd. S. 28, Übersetzung DK.
15 Dörner 2001, S. 11 und S. 70
16 Diehl 2007, S. 110
17 Vgl. Adatto 2008, S. 15, die in solchen *gotcha moments* die Energie erkennt, „when a public figure is brought down". Siehe hierzu auch Bernhardt – Liebhart 2020, S. 37: Die Autorinnen halten fest, „[...] dass manche FotojournalistInnen geradezu auf Fehler oder Hoppalas von PolitikerInnen warten, um deren Inszenierungen bewusst zu unterlaufen".
18 Ford 2021, S. 32, Übersetzung DK.
19 Esposito 2017, S. 24, Übersetzung DK.
20 Abschließend an dieser Stelle eine Anmerkung zum Thema geschlechtergerechte bzw. genderinklusive Sprache: Im Plural werden durchgehend entweder genderneutrale Formulierungen oder die inklusive Form mit „Genderstern-chen" gebraucht, die eine Leerstelle für non-binäre Personen schafft. Die generische Singularform folgt dem Muster *die* Politikerin**. Der Mann und die non-binäre Person sind in dieser Form mitbezeichnet.
21 Über die geschlechterrollenspezifische Ungleichbehandlung und mit Verweis auf die große Aufmerksamkeit, die Angela Merkels sichtbare Schweißflecken auf einem Abendkleid in Bayreuth im Sommer 2005 nach sich zogen, schreiben etwa Klemm – Tierweiler 2013: „Gerhard Schröders Schweißflecken bei hemdsärmeligen Wahlkampfauftritten wurden hingegen nicht thematisiert oder vermutlich als ‚Abzeichen' eines kämpferischen Redners betrachtet. Wenn Mann und Frau das Gleiche zeigen, ist es offenbar in unser[er] scheinbar so emanzipierten und ‚geschlechtsneutralen' politischen Kultur immer noch nicht dasselbe [...]." (ebd., S. 42)
22 Ein willkürlich herausgegriffenes Beispiel aus der internationalen Presse ist etwa ein Beitrag in der *Financial Times*, in der an das berühmt gewordene Pantone-Farbschema mit Merkels Kanzlerinnenjacketts erinnert wurde (vgl. Long 2021).
23 Zitiert nach Young 2011, S. 151
24 Koelbl 1999, S. 56 Merkel schließt diese Passage mit einem Hinweis auf ihre DDR-Vergangenheit: „In modischen Stilfragen hatte ich vielleicht einen etwas mühseligen Werdegang, aber dazu stehe ich. Denn jeder merkt, wenn ich nicht ich selber bin." (ebd., a. a. O.) Der Titel von Koelbls Buch geht übrigens zurück auf einen Ausspruch von Joschka Fischer: „[D]ie Verwandlung des Amtes durch den Menschen dauert eben etwas länger als die Verwandlung des Menschen durch das Amt." (ebd., S. 35)
25 Interessant ist hierzu etwa eine Bemerkung von Modetheoretikerin Kerstin Merkel im Gespräch mit dem *Stern*,

ebenfalls anlässlich des sich abzeichnenden Endes der Ära Angela Merkel: „Die Männer um sie herum verschmelzen zu einem schwarzen Block. Die Blazer sind Merkels Machtinstrument." (Wißmann 2021, S. 65) Als entbehrlich erscheinen hingegen aus rückblickender Perspektive die vielerorts aufzufindenden Bemerkungen wie eine 2018 im *Zeit Magazin* erschienene: „Wurde früher noch viel gerätselt, ob [Merkel] die Farbe des Sakkos zur Botschaft machen möchte, [...] ist man sich aufgrund dieses demonstrativen Desinteresses an modischen Details inzwischen weitgehend einig, dass Merkel einfach angezogen ist." (Böker 2018, o. S.) Auch die Aussage, dass Merkel „ein regelrechtes Anti-Image" (Gloe – Kuhn 2010, S. 11) pflege, scheint die Realität der Tatsachen zu verkennen. Dass immer wieder unterstrichen wird, Merkel sei *modisch desinteressiert,* scheint der strategisch geschickten Präferenz für eine zeitlose Garderobe zu widersprechen und zugleich das Ausmaß dieser vestimentären Strategie zu verkennen. Geradezu kurios mutet der Beitrag der Modejournalistin Anne Urbauer in dem einmalig erschienenen Magazin *Die Kanzlerin* an. Urbauer fasst die Merkel-Jahre mit einigen stilkritischen Plattitüden zusammen, verweist zugleich an mehreren Stellen auf die Vorliebe vieler Politikerinnen für die Damenmode der Schweizer Marke Akris, für die die Autorin selbst (wie allerdings in dem Artikel erwähnt wird) als Beraterin tätig ist (vgl. Urbauer 2021).

26 Vgl. hierzu und für alle Zitate Boissoneault 2018, o. S., Übersetzung DK.

27 Vgl. hierzu die Ausführungen von Marion Müller, die den Zusammenhang zwischen Bildfunktion, Machtlegitimation und politischer Kommunikation herstellt, Müller 1997, S. 37ff.

28 Für die Begrifflichkeit des Modehandelns vgl. Lehnert 2013, die etwa festhält: „Mode kann niemals bedeutungsneutral sein, auch wenn man der Ansicht ist, dass man nur eben etwas übergeworfen hätte." (a. a. O., S. 18) Die Dekodierbarkeit von Looks, denen jede*r Einzelne im Alltag begegnet – und damit auch im Umgang mit den Bildern, die Politiker*innen von sich in Umlauf bringen, lässt sich gut in Zusammenhang bringen mit Lehnerts Feststellung: „Alle Modehandelnden verfügen über eine mehr oder weniger ausgeprägte modische Kompetenz, aber die wenigsten von ihnen haben sie explizit durch eine reguläre Unterweisung erworben. Man wächst in das modische Wissen hinein." (a. a. O., S. 32)

29 Bourdieu spricht hier von einem „goût nu", der zum Tragen komme und als Ergebnis von „apprentissages précoces [...] qui s'accomplissent en dehors de toute action pédagogique expresse" wahrgenommen werde, also einem *reinen* Geschmack, der nicht gelehrt oder anerzogen sei, sondern einer frühkindlichen Prägung entspreche und damit wohl auf ein „gutes Elternhaus" hinweise (Bourdieu 2007 [1979], S. 85, Übersetzung DK).

30 Vgl. für alle Ausführungen zu Jackie Kennedy und Chanel bzw. Chez Ninon, Picardie 2010, S. 284ff.

31 Weis 2020, beides S. 12

32 Müller 2003, S. 25

33 Vgl. Moss 2020. Für das Eingangszitat von Margaret Thatcher vgl. Kwa 2020, o. S. Er bezeichnet Thatchers Tasche zudem nicht ganz unpassenderweise als ein „prop in the theater of politics", also eine Requisite im Polittheater (a.a.O., o.S.)

34 Zit. nach Ostermann 2019, o.S.

35 In Ermangelung eines passenden Dirndlzitats einer* Politikerin* ist dem Kapitel ein Zitat von Stefanie Sargnagel aus ihrer köstlichen Oktoberfestreportage „Am Wiesnrand" vorangestellt – einem vor Witz sprühenden Feuerwerk der überaus politisch agierenden Autorin, die die Trachtenkultur hier ad absurdum führt. Vgl. Sargnagel 2020, o. S.

36 Egger 2008, S. 12

37 Vgl. Polhemus 1994

38 Wimmer Wisgrill, a. a. O.

39 Jaworski 2012, S. 190 und 192

40 Bartlett 2019b, S. 26, Übersetzung DK.

41 Vgl. Hajek 2004
42 Krämer 2012, S. 16
43 Wallnöfer 2020, S. 208 und Jaworski 2012, S. 201
44 Rössner – Uhl 2012, S. 9
45 Niederndorfer 2009, o. S.
46 Wallnöfer 2020, S. 222
47 Lehnert 2013, S. 36
48 Bernhardt – Liebhart 2020, S. 71
49 Loschek 2007, S. 147
50 Vgl. Hollender 2016, S. 11
51 Vgl. Greider – Hedvall 2008, S. 58f.
52 Bernhardt – Liebhart 2020, S. 37 Die Autorinnen heben hervor, wie „Inszenierungsdominanz" und „Kontingenzkontrolle" in diesem Zusammenhang der Bildgebung immer ausgeprägter werden.
53 Vgl. für alle Ausführungen Goffman 1959, das „expressive equipment" betreffend S. 22ff.
54 Schelske 1997, S. 354
55 Barthes 1980, S. 49
56 Sontag 1990, S. 14 und S. 85
57 Benjamin 1963 [1935], S. 50
58 Vgl. Adatto 2008, S. 13 Sie nennt auch die begleitend zu einer Konzerttournee von Madonna im Jahr 1991 entstandene Real-Life-Doku *Truth or Dare* als einen Vorläufer der neuen Ästhetik bzw. dieser Dynamik aus inszenierten Hinterbühneneinblicken. Vgl. außerdem Bernhardt – Liebhart 2020, bes. S. 37. Die Autorinnen sehen „die Gefahr, dass manche FotojournalistInnen geradezu auf Fehler oder ‚Hoppalas' von PolitikerInnen warten, um deren Inszenierungen bewusst zu unterlaufen."
59 Zit. nach Gruntert 2017, o. S.
60 Vgl. Thomas 2019, S. 2 ff., Übersetzung DK. Die Wahl eines Parkas von Zara oder gleich welchem anderen Textildiskonter ist also nicht als niederschwellig angelegte Geste im Sinne eines Nahbarkeitsangebots zu werten, sondern vielmehr als Missachtung jenes *Ethical Turn*, der sich in der Modeindustrie des 21. Jahrhunderts mehr und mehr durchsetzt. Besonders eine politische Elite bzw. deren Gatt*innen sollten diesen für Kommunikationszwecke nicht unrelevanten Aspekt keinesfalls ignorieren (vgl. für die Terminologie etwa Gaugele 2014 und Gaugele 2015, wo sie diese dies „als Teil eines Paradigmenwechsels hin zu einem ‚neuen Geist des Kapitalismus'" beschreibt, ebd., S. 206).
61 Vgl. Indvik 2021, S. 5, Übersetzung DK. Die Modekritikerin der *Financial Times* schreibt in demselben Artikel, dass Sinemas „Kleider ausgewählt werden, um an ihrer Stelle zu sprechen. Und sie flüstern nicht." (ebd., a. a. O., Übs. DK). Sinema stellt ein gefundenes Fressen für die Modepresse in den USA und Übersee dar, wie etwa auch ein Beitrag in der Berliner *Welt* mit dem Titel „Schwur auf das Schrillsein" aufzeigt (Ihring 2021).
62 Zitiert nach Young 2011, S. 86
63 Vgl. Lemahieu 2016. In ihrem Beitrag über „Polemiken in der Politgarderobe" („Polémiques dans les vestiaires politiques") verweist die Autorin übrigens auf das von ihr konstatierte Entweder-oder in diesem Zusammenhang: Entweder man zeige sich modemutig(er), oder man setze wie Angela Merkel, die sie ausdrücklich nennt, auf „une certaine constance du costume" (a. a. O., S. 55).
64 Diese Meinung vertritt in einem Interview mit der *Süddeutschen Zeitung* auch der Geschäftsführer der Berliner Krawattenmanufaktur Auerbach, Jan-Henrik Maria Scheper-Stuke. „Ich glaube nicht, dass ein Kanzler es nötig hat, die Aufmerksamkeit darauf zu richten, dass er einen Anteil seines Salärs in Krawatten investiert", lautet Scheper-Stukes Kommentar. Die – zumindest für Eingeweihte – Wahl einer Hermès-Seidenkrawatte, die zu den kostpieligsten überhaupt zählt, versende einen entbehrlichen Inhalt: „[M]an strahlt damit Macht, Geld und Wichtigkeit aus. Botschaft: Ich bin nicht einer von vielen, ich habe Geschmack." (beides Simon 2021, S. 10)
65 Beide Zitate sind zugleich Überschriften von Artikeln, veröffentlicht von der *Westdeutschen Allgemeinen Zeitung* am 7. Juli 2017 und auf OE24.at am 24. April 2021.
66 Vgl. Lipovetsky 1987, besonders das

Kapitel „La mode et l'occident: le moment aristocratique", S. 29 ff., für die Vorbedingungen und Umstände, die die Geburtsstunde der Mode in Westeuropa begleiteten. Niklas Luhmann datiert in seiner Systemtheorie die Erfindung der Mode auf das 17. Jahrhundert (vgl. Luhmann 1995, S. 79).

67 Vgl. Sandbichler 2021

68 Lehnert 2013, S. 10. Sie beschreibt den Modekörper konkret als „ein eigenständiges Drittes", das sich aus dem Zusammenspiel von anatomischem Körper und der Mode, begriffen als einer „Körpertechnik" ergebe.

69 Diehl 2007, S. 113

70 Loschek 2007, S. 4

71 Misik 2015, o. S.

72 Vgl. für dies und alles Folgende Baudrillard 2001 [1970], S. 125 ff., Übersetzung DK.

73 Ein Fragment der Tagesthemen von 12. Dezember 1985 ist auf Youtube verfügbar, siehe youtube.com/watch?v=LXglphMnRwg, abgerufen am 1. August 2022.

74 Vgl. Salomon 2021. Sie gesteht Modehandelnden des 21. Jahrhunderts zwar zu, dass legere Kleidung mitunter erlaubt sei, findet aber warnende Worte: „Wir haben uns von Zwängen befreit, kein Mann muss mehr Krawatte, keine Frau mehr Stöckelschuhe tragen. Dennoch: Schlabberlook außerhalb der eigenen vier Wände kann auch mangelnde Wertschätzung für andere signalisieren." (a. a. O.) Inmitten einer Pandemie getroffen, welche viele Menschen in ihrer Homeoffice-Existenz auf ein relativ alternativloses „Schlabberlook"-Dasein zurückwarf, erscheint diese Feststellung übrigens in mehrerlei Hinsicht als unzeitgemäß.

75 Vgl. etwa ein Posting auf Semsrotts Facebook-Page vom 14. Februar 2020.

76 Amend 2017, o. S.

77 Shifman 2014, S. 140, Übersetzung DK. Die Autorin schreibt in ihren Ausführungen über „Memes in Digital Culture" darüber, dass es sich bei diesen viralen Bildern nicht nur um Fragmente der Popkultur handle, sondern dass sie auch „eine entscheidende Rolle in einigen der entscheidenden Momente des 20. Jahrhunderts spielen". (ebd., S. 6)

78 Vgl. Haller 2014, S. 36

79 Pilarczyk 2014, S. 85

80 Ben-Ghiat 2020, S. 14, Übersetzung DK.

81 Vgl. für das Zitat und die Beschreibung der Szene Geais 2021, S. 208, Übersetzung DK.

82 Gaulme – Gaulme 2012, S. 248, Übersetzung DK. Recht launig kommentiert ein Journalist die Phase der badehosenverliebten Politik mit der Aussage: „Jedenfalls war das eine Zeit, in der man sich nie sicher sein konnte, ob man gerade die Zeitung las oder ein Buch über August den Starken." (Richter 2021, S. 11)

83 Haeming 2015, o. S.

84 Steele 1996, S. 160, Übersetzung DK.

85 Das war im August 2020, und während inhaltlich Melania Trump sich als Fürsprecherin ihres Gatten im Jahr einer Präsident*innenwahl deutlich gemäßigter gab als ihre Vorredner*innen, schien ihr bizarrer Luxuslook (Armeekostüm von Alexander McQueen zu Stilettos von Christian Louboutin) genau das Gegenteil dessen zu sagen, was ihre verbale Kommunikationsintention zu sein schien.

86 Vgl. für Ausführungen zur Wechselwirkung von Mode und Militarisierung Sheperd 2018, bes. S. 211 und 213

87 Vgl. Müller 1997, S. 187, S. 217, S. 200 und bes. S. 164

88 Die Umstände, unter denen Bush aus dem aktiven Kader der Texas Air National Guard ausschied, später auch aus der Reservearmee, wurden während der Präsidentschaftskampagne 2004 wiederholt thematisiert.

89 Hollander 2016 [1994], S. 33, Übersetzung DK.

90 Moser 2020, S. 26

91 Müller 2003, S. 22

92 Schmelzer-Ziringer 2015, S. 66f.

93 Luhmann 1995, S. 81 Mit dem Begriff des „Admirablen" verweist Luhmann auf das von ihm beschriebene Grundprinzip der Admiratio, die einen „ganzheitlichen Weltbegriff vorausgesetzt" habe und in

Auflösung geriet, sobald „die Welt und die in ihr bedeutsamen Unterscheidungen nicht mehr an Dingen abgelesen werden können", weil die begleitende Vieldeutigkeit eben zu groß geworden sei. Dies stelle auch den Beginn der „res-Realität" dar, in der die Dinge für sich sprechen könnten (vgl. ebd. S. 93).

94 Weis 2020, S. 12

95 Wißmann 2021, S. 65

96 Vgl. Friedman 2021a, a. a. O.

97 Hollander 2014 [1994], S. 10

98 Vgl. Kalt 2019b, o. S.

99 Eine frühe Analyse dieser Kleiderwahl in der Tageszeitung *Die Presse*, die etwas irreführenderweise in einer Headline der Textsorte einer „Stilkritik" zugeschrieben wurde, sorgte für einiges an Aufregung (vgl. Kalt 2019a). Ohne auf den eigentlichen Inhalt bzw. die vorgebrachten Argumente einzugehen, empörten sich manche, solche Texte mit Modebezug bzw. Garderobefokus hätten zu unterbleiben, weil sie nebensächliche Aspekte hervorheben würden. Dass gerade das Gegenteil der Fall ist, sollte das nun vorliegende Buch hoffentlich belegen. Die Bierlein-Jabot-Protestrufe stellten in gewisser Weise die Initialzündung für die folgenden umfangreichen Recherchen dar.

100 Loschek 2007, S. 30

101 Bleiker 2018b, S. 3, Übersetzung DK.

102 Constantinou 2018, S. 108

103 Albright 2009, S. 15, Übersetzung DK.

104 ebd., S. 17

105 Vgl. ebd., S. 19 und 20

106 Ebd., S. 55

107 St. Felix 2020, o. S., Übersetzung DK.

108 Luther Hillman 2015, S. 34, Übersetzung DK.

109 Ruffner 2020, o. S., Übersetzung DK.

110 ebd.

111 Jenkins 2019, S. 21, Übersetzung DK.

112 Friedman 2021, S. 22, Übersetzung DK.

113 Vgl. Ford 2021, S. 197ff.

114 Häufig geht es bei „Fragmenten afrikanischer Textilgeschichte" darum, sehr konkrete Bedeutungen zu aktivieren bzw. zu übernehmen. Diese Stoffe – besonders in einem politischen Zusammenhang – einfach nur als Mode-Ornat zu sehen, liefe auf das Ignorieren ihrer besonderen Bedeutung für all jene hinaus, zu deren Alltagsleben sie gehören. (vgl. Walker 2022).

115 Vgl. Checinska 2022a, den exzellenten Katalog zu dieser Ausstellung.

116 Vgl. Casely-Hayford 2022, S. 40f.

117 Checinska 2022b, S. 32, Übersetzung DK.

118 Vgl. Casely-Hayford, S. 44

119 Vgl. Bucar 2022, S. 54ff. Die Autorin fasst die begleitende Debatte in Neuseeland in traditionellen und sozialen Medien zusammen und weist etwa darauf hin, dass sich Muslimas, die keine Kopfbedeckung tragen, von dieser Art der Solidarisierungsbekundung ausgeschlossen fühlten. „Den Hidschab als Symbol des Islams zu übernehmen, bestärkte die Annahme, dass religiöses Anderssein primär in den Körpern von Frauen geborgen liege. Wenn muslimische Frauen als Sammelgefäß und Transportmittel der Religion angenommen werden, nimmt ihre Kleiderwahl exzessive politische Bedeutung an", unterstreicht sie (ebd., S. 62, Übersetzung DK).

120 Zitiert nach https://www.elysee.fr/francois-mitterrand/1984/10/17/declaration-de-m-francois-mitterrand-president-de-la-republique-a-loccasion-de-la-reception-offerte-en-lhonneur-des-createurs-de-mode-paris-palais-de-lelysee-mercredi-17-octobre-1984, zuletzt abgerufen am 1. September 2022

121 Schmitz-von Ledebur 2021, S. 23

122 Schmelzer-Zieringer 2015, S. 190

123 Marx 2009 [1872, 1932], S. 85

124 Vgl. Sullivan 2019 für Ausführungen zum „oppositionellen" Kleidungsstil von Linkspolitiker*innen in Europa.

125 Garve 1987 [1792], S. 98

126 Kriechbaumer 2004, S. 93

127 Bourdieu 2007 [1979], S. 31, Übersetzung DK.

128 Debord 1992 [1967], S. 39 und 44, Übersetzung DK.

129 Yaghoobifarah 2022, o. S.

130 Zitiert nach https://twitter.com/SawsanChebli/status/1053618315099336704?s=20&t=knDrnQTm3QFIhoE-MFzPLg, zuletzt abgerufen am 1. September 2022

131 Vgl. Davis-Marks 2021, o. S.
132 Ebd., o. S., Übersetzung DK.
133 Zitiert nach Givhan 2017, o. S., Übersetzung DK.
134 Barthes 1967, S. 236 und S. 252, Übersetzung DK.
135 Zitiert nach Marchetti 2020, S. 48 und S. 50, Übersetzung DK.
136 Vgl. die Meldung vom 21. Oktober 2019 https://www.reuters.com/article/us-usa-trump-vuitton-idUSKBN1X024K. zuletzt abgerufen am 1. September 2022.
137 Zitiert nach Gaulme – Gaulme 2012, S. 244
138 Der Erste, der sich des Themas ausführlich annahm, war der ehemalige Mitarbeiter des US-Außenamtes Hal Vaughan: Ein Aktenfund, der Chanel als Agentin F-7124 mit ihren Missionen kenntlich machte, war der Anstoß zu seinem 2012 erschienenen Buch „Sleeping With the Enemy". Im Mittelpunkt stand die Beziehung Chanels zu dem NS-Sonderbeauftragten Baron von Dincklage, die deutsche Übersetzung griff das Thema durch den Titel „Der schwarze Engel" noch einmal dramatischer auf (vgl. Vaughan 2012).
139 Utz 2020, o. S., Übersetzung DK.
140 Vgl. Munzenrieder 2017, o. S., Übersetzung DK.
141 Zitiert nach Marocco 2015, o. S., Übersetzung DK.
142 Venohr 2015, S. 109. Venohr entwickelt die Begrifflichkeit des *Modehandelns*, anders als in dieser Untersuchung gebraucht, wo sie auf eine tatsächliche Praxis von *handelnden Subjekten* abzielt, mit permanentem Verweis auf die Konstitution der Mode in einem Medienkontext, als „die diversen medialen Erscheinungsformen eines medialen Phänomens" (vgl. ebd. wie auch Venohr 2010).
143 Vgl. den Beitrag vom 12. September 2013 auf https://www.gala.de/stars/news/interview/sahra-wagenknecht---oskar-ist-mein-bester-freund--20141378.html, zuletzt abgerufen am 1. September 2022.
144 „Macht mal anders" lautete der Titel der Modestrecke, fotografiert von dem Duo Lottermann und Fuentes, „Frankfurter Allgemeine Magazin" von Januar 2020, S. 30–36, online als Vollversion verfügbar auf https://dynamic.faz.net/download/2020/fazmagazin_202001.pdf, zuletzt abgerufen am 1. September 2022.
145 Das traf auch für Akteur*innen zu, die zwar bedeutungsvolle Rollen spielten, nicht aber zum Kernpersonal der politischen Protagonist*innen zählten. Die Schwarze Poetin Amanda Gorman hatte sich für einen Look von Prada entschieden – offenbar, weil die intellektuelle und kunstaffine Haltung von Miuccia Prada ihr nahestand. Kamala Harris' Stieftochter Ella Emhoff avancierte zur neuen Stilikone in einem kristallbesetzten Mantel von Miu Miu – im Oktober 2021 war Emhoff außerdem für die Marke auf dem Laufsteg zu sehen. Ebenfalls von sich – und dem von ihr ausgewählten – Modelabel reden machte Lady Gaga: Sie sang die US-amerikanische Hymne in einem Outfit mit auffälliger Friedenstaubenbrosche von Schiaparelli und schien bei dieser Gelegenheit das Motto von Madeleine Albright zu beherzigen (man erinnere sich, dieses lautete *Read My Pins*).
146 Friedman 2021a schreibt von einer „restoration of norms", S. 17
147 Givhan 2019, S. 93, Übersetzung DK
148 Hackober 2020, S. 55
149 Alle Zitate Hamnett 2018, o. S., Übersetzung DK.
150 Vgl. https://climaterevolution.co.uk/wp/The-Vivienne-Foundation-Manifesto/mobile/index.html, zuletzt abgerufen am 1. September 2022.
151 Ebd., S. 5 und 6, Übersetzung DK.
152 Kelly – Westwood 2014, S. 379, Übersetzung DK.
153 Zitiert nach Soller 2013, o. S., Übersetzung DK.
154 Zitiert nach Nielson 2000, S. 116
155 Vgl. ebd., S. 119
156 Vgl. Kalt 2022b
157 Zitiert nach Kalt 2022a, S. 35
158 Zitiert nach Nieberding – Wichert 2018, o. S.
159 Zitiert nach ebd., o. S.

BIBLIOGRAFIE

Adatto (Kiku) 2008, *Picture Perfect. Life in the Age of the Photo Op,* Princeton – Oxford, Princeton University Press

Albright (Madeleine) 2009, *Read My Pins. Stories from a Diplomat's Jewel Box*, New York, Melcher Media

Amend (Christoph) 2017, *Mode von Politikern: Mächtiger Stoff*, in: Zeit Magazin, Artikel vom 17. Juni 2017, zitiert nach https://www.zeit.de/zeit-magazin/mode-design/2017-06/mode-politiker-stil-nike-turnschuhe-willy-brandt-joschka-fischer, zuletzt abgerufen am 1. September 2022

Armstrong (Robert) 2021, *Rumpled Boris, Macron's mistake and other G7 sartorial missteps*, in: Financial Times Weekend, 19./20. Juni 2021, Life & Arts, S. 4

Barthes (Roland) 1980, *Système de la mode*, Paris, Seuil, 1967

Barthes (Roland), *La chambre claire. Note sur la photographie,*Paris, Gallimard – Seuil

Bartlett (Djurdja) 2019 [Hg.], *Fashion and Politics*, New Haven, Yale University Press

Bartlett (Djurdja) 2019b, *Can Fashion Be Defended*, in: Bartlett 2019, S. 17–57

Baudrillard (Jean) 2001 [1970], *La société de consomation*, Paris, Denoël (folio essais, 35)

Ben-Ghiat (Ruth) 2020, *Strongmen. Mussolini to the Present*, New York, W. W. Norton

Benjamin (Walter) 1963 [1935], *Das Kunstwerk im Zeitalter seiner technischen Reproduzierbarkeit. Drei Studien zur Kunstsoziologie*, Frankfurt am Main, Suhrkamp (edition suhrkamp, 3305)

Bernhardt (Petra) – Liebhart (Karin) 2020, *Wie Bilder Wahlkampf machen*, Wien – Berlin, Mandelbaum Verlag

Bleiker (Roland) 2018a (Hg.), *Visual Global Politics*, London – New York, Routledge

Bleiker (Roland) 2018b, *Mapping Visual Global Politics*, in: Bleiker 2018a, S. 1–29

Böker (Carmen) 2018, *Angela Merkel: Jacke mit Hose*, in: Zeit Magazin, Artikel vom 10. November 2018, zitiert nach https://www.zeit.de/zeit-magazin/mode-design/2018-11/angela-merkel-uniform-kleidung-stil-mode-aufmerksamkeit, zuletzt abgerufen am 1. September 2022

Bohn (Volker) 1990 [Hg.], *Bildlichkeit. Internationale Beiträge zur Poetik*, Frankfurt am Main, Suhrkamp (edition suhrkamp, 1475)

Bourdieu (Pierre) 2002 [1974], *Haute couture et haute culture*, in: ders., *Questions de sociologie*, Paris, Minuit, S. 196–206

Bourdieu (Pierre) 2007 [1979], *La distinction. Critique sociale du jugement*, Paris, Minuit

Boussoneault (Lorraine) 2018, *Amelia Bloomer Didn't Mean to Start a Fashion Revolution, But Her Name Became Synonymous With Trousers*, in: Smithsonian Magazine, Artikel vom 24. Mai 2018, zitiert nach https://www.smithsonianmag.com/history/amelia-bloomer-didnt-mean-start-fashion-revolution-her-name-became-synonymous-trousers-180969164/, aufgerufen am 21. April 2021

Bucar (Liz) 2022, *Stealing My Religion. Not Just Any Cultural Appropriation*, Harvard, Harvard University Press

Bucy (Erik P.) – Joo (Jungseock) 2021, *Visual Politics, Grand Collaborative Programs, and the Opportunity to Think Big*, in: The International Journal of Press/Politics, 26:1 (2021), S. 5–21

Casley-Hayford (Gus) 2022, *We Face Forward*, in: Checinska 2022a, S. 40–49

Checinska (Christine) 2022a [Hg.], *Africa Fashion*, London, V&A Publishing

Checinska (Christine) 2022b, *Liberation and Post-Independence Fashions*, in: Checinska 2022a, S. 29–39

Constantinou (Costas M.) 2018, *Diplomacy*, in: Bleiker 2018a, S. 104–110

Davis-Marks (Isis) 2021, *Why Kamala Harris' Pearls Have a Special Significance*, in: Smithsonian Magazine, Artikel vom 15. Januar 2021, zitiert nach https://www.smithsonianmag.com/smithsonian-institution/why-kamala-harris-pearls-have-special-significance-180976766/, zuletzt abgerufen am 1. September 2022

Debord (Guy) 1992 [1967], *La Société du Spectacle*, Paris, Gallimard (folio, 2788)

Dengel (Sabine) 2015, *Mode. Ein Thema für politische Bildung?*, Artikel vom 14. Januar 2015, zitiert nach https://www.bpb.de/lernen/kulturelle-bildung/199042/mode-ein-thema-fuer-die-politische-bildung/, zuletzt abgerufen am 1. September 2022

Diehl (Paula) 2007, *Von „Medienkanzler", „singender Bundesrätin" und Showman. Körperinszenierung zwischen Unterhaltung und politischer Repräsentation*, in: Diehl – Koch 2007, S. 106–120

Diehl (Paula) – Koch (Gertrud) [Hg.] 2007, *Inszenierungen der Politik. Der Körper als Medium*, München, Wilhelm Fink

Dörner (Andreas) 2001, *Politainment. Politik in der medialen Erlebnisgesellschaft*, Frankfurt/Main, Suhrkamp

Egger (Simone) 2008, *Phänomen Wiesntracht. Identitätspraxen einer urbanen Gesellschaft, Dirndl und Lederhosen, München und das Oktoberfest*, München, Utz Verlag (Münchner Ethnographische Schriften, 2)

Esposito (Elena) 2017 [2011], *Originality through Imitation: The Rationality of Fashion*, in: ZiF Mitteilungen 1 (2017), S. 23–32 (zuerst in *Organization Studies* 32:5 (2011), S. 603–613)

FAZ Magazin 2020, *Politik mit Mode* (Titelstrecke), Ausgabe 01-2020

Ford (Richard Thompson) 2021, *Dress Codes. How the Laws of Fashion Made History*, New York, Simon & Schuster

Friedman (Vanessa) 2021a, *The outfits that sent a message*, in: The New York Times International Edition, 23./24. Jänner 2021, S. 17

Friedman (Vanessa) 2021b, *There is power in what he wears*, in: The New York Times International Edition, 6./7. November 2021, S. 22

Franck (Georg) 1998, *Ökonomie der Aufmerksamkeit. Ein Entwurf*, München – Wien, Carl Hanser

Garve (Christian) 1987 [1792], *Über die Moden. Hg. von Thomas Pitroff*, Frankfurt/Main, Insel

Gaugele (Elke) 2014, *On the Ethical Turn in Fashion. Policies of Governance and the Fashioning of Social Capital*, in: dies. [Hg.], *Aesthetic Politics in Fashion*, Wien, Sternberg Press, S. 204–226

Gaugele (Elke) 2015, *Mode als ästhetische Metapolitik. Zum Ethical Turn der Kleidung*, in: Wenrich 2015, S. 195–209

Gaulme (Dominique) – Gaulme (François) 2012, *Les habits du pouvoir. Une histoire politique du vêtement masculin*, Paris, Flammarion

Geais (Pierrick) 2021, *L'Elysée à la plage*, Monaco, Editions du Rocher

Givhan (Robin) 2017, *Meet the Gucci Designer Trying to Bridge Many Divides*, in: Washington Post, Artikel vom 12. Mai 2017, zitiert nach https://www.washingtonpost.com/lifestyle/style/beyonce-loves-his-work-so-does-melania-meet-the-gucci-designer-trying-to-bridge-a-lot-of-divides/2017/05/11/7c8a4d34-31b2-11e7-9dec-764dc781686f_story.html, zuletzt abgerufen am 1. September 2022

Givhan (Robin) 2019, *The Maga Hat vs. Public School*, in: McClendon 2019, S. 93–95

Gloe (Markus) – Kuhn (Hans-Werner) 2010, *Einführung*, in: *Das Image der Politik und der Politiker. Wahrnehmung und Selbstwahrnehmung politischer Akteure*, Bonn, Bundeszentrale für politische Bildung, S. 5–18, zitiert nach https://www.bpb.de/system/files/dokument_pdf/Image_der_Politik.pdf, zuletzt abgerufen am 1. September 2022

Goffman (Erving) 1959, *The Presentation of Self in Everyday Life*, New York, Anchor Books

Greider (Göran) – Hedvall (Barbro) 2008, *Stil och politik*, Stockholm, Atlas Bokförlaget

Grunert (Marlene) 2017, *Keine Reminiszenz an Rosa Luxemburg*, in: FAZ.net, Artikel vom 20. September 2017, zitiert nach https://www.faz.net/aktuell/stil/mode-design/kleidungsstil-von-sahra-wagenknecht-15203056.html, zuletzt abgerufen am 1. September 2022

Hackober (Julia) 2020, *Haltung zeigen*, in: Welt am Sonntag, 28.6.2020, S. 55

Haeming (Anne) 2015. *Körper und Politik: Die Macht der Muskeln*, in: Goethe.de, Beitrag vom März 2015, zitiert nach https://www.goethe.de/de/kul/tut/gen/tan/20491009.html, zuletzt abgerufen am 1. September 2022

Hajek (Thea) 2004, *Erfolgreiche Sympathiewerber: Prominente im Trachteng'wand*, in: *Tracht in Österreich, hg. von Franz C. Lipp, Elisabeth Längle, Gexi Tostmann, Franz Hubmann*, Wien, Brandstätter, S. 221–225

Haller (Günther) – Przyborski (Aglaja) 2014 [Hg.], *Das politische Bild. Situation Room: Ein Foto – vier Analysen*, Opladen – Berlin – Toronto, Barbara Budrich (Sozialwissenschaftliche Ikonologie: Qualitative Bild- und Videointerpretation, 6)

Haller (Günther) 2014, *Der historische Moment – eine journalistische Recherche*, in: Haller – Przyborski 2014, S. 11–63

Hamnett (Katharine) 2018, *The protest T-shirts you see today tend to be a bit namby-pamby*, in: The Guardian, Artikel vom 8. März 2018, zitiert nach https://www.theguardian.com/fashion/2018/mar/08/katharine-hamnett-the-protest-t-shirts-you-see-today-tend-to-be-a-bit-namby-pamby, zuletzt abgerufen am 1. September 2022

Head (Edith) – Hyams (Joe) 2019 [1967], *How to Dress for Success*, London, V&A Publishing

Hollander (Anne) 2016 [1994], *Sex & Suits. The Evolution of Modern Dress*, London – New York, Bloomsbury

Ihring (Silvia) 2021, *Schwur auf das Schrillsein*, in: Welt am Sonntag, 21. November 2021, S. 51

Jaworski (Rudolf) 2012, *Zur Authentizitätsproblematik von Nationaltrachten im 19. und 20. Jahrhundert*, in: Rössner – Uhl 2012, S. 187–203

Jenkins (Kimberly M.) 2019, *Fashion, Power, and the Racialized Body*, in: McClendon 2019, S. 16–21

Indvik (Lauren) 2021, *Skirting the party line*, in: Financial Times Weekend, 6./7. November 2021, Life & Arts, S. 5

Kalt (Daniel) 2019a, *Mit Jabot ins Kanzleramt*, in: DiePresse.com, Artikel vom 31. Mai 2019, zitiert nach https://www.diepresse.com/5637140/stilkritik-brigitte-bierlein-mit-jabot-ins-kanzleramt, zuletzt abgerufen am 1. September 2022

Kalt (Daniel) 2019b, *Starke Ansagen im Modezelt*, in: Die Presse (Printausgabe) vom 10. September 2019, zitiert nach https://www.diepresse.com/5687657/mq-vienna-fashion-week-starke-ansagen-im-modezelt, zuletzt abgerufen am 1. September 2022

Kalt (Daniel) 2022a, *Späte Einsicht*, in: Die Presse Schaufenster vom 11. März 2022, S. 34–35

Kalt (Daniel) 2022b, *Freie Körperkultur*, in: Die Presse Schaufenster vom 15. Juli 2022, S. 16–18

Kelly (Ian) – Westwood (Vivienne) 2014, *Vivienne Westwood*, London, Picador

Kirchhoff (Chassica) 2022, *„Die kriegerische Jungfer". Bewaffnete Frauen in der europäischen Vorstellungswelt*, in: Krause 2022, S. 49–63

Klemm (Michael) – Trierweiler (Carmen) 2013, Visual Politics *und* (Un)Doing Gender *in der Spitzenpolitik. Visuelle Selbstdarstellungsstrategien im Vergleich der Geschlechter*, in: *Von Hexen, Politik und schönen Männern – Geschlecht in Wissenschaft, Kultur und Alltag*, hg. von Kathleen Starck, Berlin, Hopf (Gender-Diskussion, 17), S. 41–58

Koelbl (Herlinde) 1999, *Spuren der Macht. Die Verwandlung des Menschen durch das Amt. Eine Langzeitstudie*, München, Knesebeck

Krämer (Sibylle) 2012, *Zum Paradoxon von Zeugenschaft*, in: Rössner – Uhl 2012, S. 15–26

Krause (Stefan) 2022 [Hg.], *Iron Men. Mode in Stahl*, Köln, Buchhandlung König

Krause (Stefan) 2022a, *Der geharnischte Mann. Modisch gekleidet, leicht genderfluid*, in: Krause 2022, S. 27–40

Kriechbaumer (Robert) 2004, *Die Ära Kreisky. Österreich 1970–1983*, Wien, Böhlau

Kwa (Bryan) 2020, *The Semiotics of Thatcher's handbag. A look into the 'most intimidating' prime ministerial prop of the 20th century,* in: Medium.com, Artikel vom 22. Mai 2020, zitiert nach https://medium.com/exploring-history/the-semiotics-of-thatchers-handbag-5a8a4dfa5652, zuletzt abgerufen am 1. September 2022

Lehnert (Gertrud) 2013, *Mode. Theorie, Geschichte und Ästhetik einer kulturellen Praxis,* Bielefeld, transcript

Lemahieu (Sophie) 2016, *Polémiques dans les vestiaires politiques,* in: *Tenue correcte exigée. Quand le vêtement fait scandale, sous la direction de Denis Bruna,* Paris, Les Arts Décoratifs, S. 52–55

Lipovetsky (Gilles) 1987, *L'empire de l'éphémère. La mode et son destin dans les sociétés modernes,* Paris, Gallimard

Long (Carola) 2021, *Full Merkel jacket,* in: Financial Times Weekend vom 2./3. Oktober 2021, Style Section, S. 5

Loschek (Ingrid) 2007, *Wann ist Mode? Strukturen, Strategien und Innovationen,* Berlin, Reimer

Luhmann (Niklas) 1995, *Gesellschaftsstruktur und Semantik. Studien zur Wissenssoziologie der modernen Gesellschaft* (Bd. 4), Frankfurt am Main, Suhrkamp

Luther Hillman (Betty) 2015, *Dressing for the Culture Wars. Style & the Politics of Self-Presentation in the 1960s & 1970s,* Lincoln, University of Nebraska Press

Machiavelli (Niccolò) 2013 [1513], *Il principe. Testo originale e versione in italiano contemporaneo di Piero Melograni,* Milano, Mondadori

Marchetti (Simone) 2020, *Una certa idea di presente. Intervista con Miuccia Prada,* in: Vanity Fair Italia 39 (2020), S. 44–50

Marocco (Terry) 2015, *Figli e familia, la verità di Dolce & Gabbana,* in: Panorama, Artikel vom 16. März 2015, zitiert nach https://www.panorama.it/news/dolce-gabbana-lunica-famiglia-quella-tradizionale, zuletzt abgerufen am 1. September 2022.

Marx (Karl) 2009 [1932, 1872], *Das Kapital. Kritik der politischen Ökonomie. Ungekürzte Ausgabe nach der zweiten Auflage von 1872. Nachdruck der Ausgabe Berlin: Gustav Kiepenheuer Verlag, 1932,* Köln, Anaconda

McClendon (Emma) 2019 [Hg.], *Power Mode. The Force of Fashion,* Mailand, Skira

McClendon (Emma) 2019b, *Status As Style,* in: McClendon 2019, S. 53–71

Misik (Robert) 2015, *Lifestyle-Kapitalismus,* Artikel vom 14. Januar 2015, zitiert nach https://www.bpb.de/lernen/kulturelle-bildung/199047/lifestyle-kapitalismus-essay/, zuletzt abgerufen am 1. September 2022

Mitchell (William John Thomas) 1990 [1984, übs. von Jürgen Blasius], *Was ist ein Bild,* in: Bohn 1990, S. 17–68

Molloy (John T.) 1978 [1975], *Dress for Success,* New York, Warner Books

Molloy (John T.) 1978 [1977], *The Woman's Dress for Success Book,* New York, Warner Books

Moser (Moritz) 2020, *Katastrophenpolitik,* in: Addendum 12 (2020), S. 24–27

Moss (Victoria) 2020, *How Margaret Thatcher Turned Her Handbag Into a Weapon,* in: Vogue.co.uk, Artikel vom 20. November 2020, zitiert nach https://www.vogue.co.uk/fashion/article/margaret-thatcher-handbag, zuletzt abgerufen am 1. September 2022

Müller (Marion G.) 1997, *Politische Bildstrategien im amerikanischen Präsidentschaftswahlkampf 1828–1996,* Berlin, Akademie Verlag

Müller (Marion G.) 2003, *Grundlagen der visuellen Kommunikation,* UVK Verlagsgesellschaft (UTB 2414)

Munzenrieder (Kyle) 2017, *Melania Trump Keeps Wearing Dolce & Gabbana, and Stefano Gabbana Doesn't Mind If You Boycott,* in: W Magazine, Artikel vom 26. Mai 2017, zitiert nach https://www.wmagazine.com/story/melania-trump-dolce-and-gabbana-stefano-gabbana, zuletzt abgerufen am 1. September 2022

Nieberding (Mareike) – Wichert (Silke) 2018, *Anonymität ist der Luxus unserer Zeit*, in: Süddeutsche Zeitung Magazin 36 (2018), Artikel vom 6. September 2018, zitiert nach https://sz-magazin.sueddeutsche.monkede/mode/anonymitaet-ist-der-luxus-unserer-zeit-86056, zuletzt abgerufen am 1. September 2022

Niederndorfer (Florian) 2009, *„Oktoberfest ist die größte offene Drogenszene der Welt"*, in: Derstandard.at, Artikel vom 18. August 2009, zitiert nach https://www.derstandard.at/story/1250003774273/oktoberfest-ist-groesste-offene-drogenszene-der-welt, zuletzt abgerufen am 1. September 2022

Nielson (Layne) 2000, *„That Mad Viennese From California*, in: *Rudi Gernreich. Fashion Will Go Out of Fashion*, hg. von Brigitte Felderer, Köln, Dumont, S. 63–158

Ortmann (Jörg) 2019, *Amthor wird jetzt Model! CDU-Nachwuchsmann hat das Fashion-Gen*, in: Bild.de, Artikel vom 14. Oktober 2019, zitiert nach https://www.bild.de/regional/frankfurt/frankfurt-leute/frankfurt-cdu-nachwuchs-hat-das-fashion-gen-amthor-wird-jetzt-model-65337994.bild.html, zuletzt abgerufen am 1. September 2022

Picardie (Justine) 2010, *Coco Chanel. The Legend and the Life*, London, Harper Collins

Pilarczyk (lrike) 2014, *Das Anti-Bild*, in: Haller – Przyborski 2014, S. 65–106

Polhemus (Ted) 1994, *Street Style: From Sidewalk to Catwalk*, London, Thames & Hudson

Przyborski (Aglaja) 2014, *Macht im Bild*, in: Haller – Przyborski 2014, S. 107–136

Rasche (Adelheid) 2021, *In Shape – die Formung des frühen Modekörpers der Neuzeit*, in: Sandbichler – Schmitz-von Ledebur – Zeisler 2021, S. 33–35

Richter (Peter) 2021, *Auf- und Abmuskeln*, in: Süddeutsche Zeitung vom 28. April 2021, S. 11

Rössner (Michael) – Uhl (Heidemarie) 2012 [Hg.], *Renaissance der Authentizität*, Bielefeld, transcript

Ruffner (Zoe) 2020, *Congresswoman Alexandria Ocasio-Cortez on Self-Love, Fighting the Power, and Her Signature Red Lip*, in: Vogue.com, Artikel vom 21. August 2020, zitiert nach https://www.vogue.com/article/alexandria-ocasio-cortez-beauty-secrets, zuletzt abgerufen am 1. September 2022

Salomon (Martina) 2021, *Verturnschuhung der Gesellschaft*, in: Kurier vom 27. Februar 2021, S. 29

Sandbichler (Veronika) – Schmitz-von Ledebur (Katja) – Zeisler (Stefan) 2021 [Hg.], *Mode schauen. Fürstliche Garderobe vom 16. bis 18. Jahrhundert*, Berlin, Hatje-Cantz

Sandbichler (Veronika) 2021, *Kleid im Bild – Mode schauen in der Habsburger Porträtgalerie*, in: Sandbichler – Schmitz-von Ledebur – Zeisler 2021, S. 15–18

Sargnagel (Stefanie) 2020, *Am Wiesnrand, Tag 2*, in: DerStandard.at, Artikel vom 20. September 2020, zitiert nach https://www.derstandard.at/story/2000120095871/stefanie-sargnagel-ueber-das-muenchner-oktoberfest-am-wiesnrand-tag-2, zuletzt abgerufen am 1. September 2022

Schelske (Andreas) 1997, *Die kulturelle Bedeutung von Bildern. Soziologische und semiotische Überlegungen zur visuellen Kommunikation*, Wiesbaden, DUV

Schmelzer-Ziringer (Barbara) 2015, *Mode Design Theorie*, Wien, Böhlau

Schmitz-von Ledebur (Katja) 2021, *Kleider-Macht – Fürstliche Garderobe vom 16. bis zum 18. Jahrhundert*, in: Sandbichler – Schmitz-von Ledebur – Zeisler 2021, S. 23–29

Sheperd (Laura J.) 2018, *Militarisation*, in: Bleiker 2018a, S. 209–214

Shifman (Limor) 2014, *Memes in Digital Culture*, Cambridge – London, MIT Press

Simon (Violetta) 2021, *„Macht, Geld und Wichtigkeit"*, in: Süddeutsche Zeitung vom 22. Oktober 2021, S. 10

Soller (Kurt) 2013, *Vivienne Westwood Was Denied Her Punk Moment at Met Gala*, in: The Cut, Artikel vom 6. Mai 2013, zitiert nach https://www.thecut.com/2013/05/vivienne-westwood-denied-punk-moment-at-met-gala.html, zuletzt abgerufen am 1. September 2022

Sontag (Susan) 1990, *On Photography*, New York, Picador

St. Felix (Doreen) 2020, *The Embarrassment of Democrats Wearing Kente-Cloth Stoles*, in: Newyorker.com, Artikel vom 9. Juni 2020, zitiert nach https://www.newyorker.com/culture/on-and-off-the-avenue/the-embarrassment-of-democrats-wearing-kente-cloth-stoles, zuletzt abgerufen am 1. September 2022

Steele (Valerie) 1996, *Fetish. Fashion, Sex and Power*, Oxford – New York, Oxford University Press

Strobl (Natascha) 2021, *Radikalisierter Konservatismus. Eine Analyse*, Berlin, Suhrkamp

Sullivan (Anthony) 2019, *Dressing the Opposition: Sartorial Resistance on Europe's Political Left*, in: Bartlett 2019, S. 167–177

Thomas (Dana) 2019, *Fashionopolis. The Price of Fast Fashion & the Future of Clothes*, London, Apollo

Titton (Monica) 2021, *Modische Körper – Körper der Mode: Perspektiven von der Renaissance in die Gegenwart*, in: Sandbichler – Schmitz-von Ledebur – Zeisler 2021, S. 67–69

Tolentino (Jia) 2019, *Trick Mirror. Reflections on Self Delusion*, New York, Random House

Urbauer (Anne) 2021, *Stil*, in: Wurm 2021, S. 78–85

Utz (Philippe) 2020, *L'interview culte de Karl Lagerfeld*, in: Numéro, Artikel vom 27. November 2020, zitiert nach https://www.numero.com/fr/mode/karl-lagerfeld-interview-culte-jacquemus-virgil-abloh-chanel-fendi-marc-jacobs-hommage, zuletzt abgerufen am 1. September 2022

Vaughan (Hal) 2012, *Sleeping With the Enemy: Coco Chanel's Secret War*, New York, Knopf

Venohr (Dagmar) 2010, *Medium macht Mode. Zur Ikonotextualität der Modezeitschrift*, Bielefeld, transcript

Venohr (Dagmar) 2015, *ModeMedien – Transmedialität und Modehandeln*, in: Wenrich 2015, S. 109–126

Venohr (Dagmar) 2019, *Medienclash und Modehandeln – zur Ikonotextualität der Modestrecke* (Conference Paper zu *WohnSeiten: Ins Bild gesetzt und durchgeblättert*, Mariann Steegmann Institut/Universität Bremen, 10.–12.5.2019), zitiert nach Weis 2020, S. 66

Viallon (Marina) 2022, *Männliche Selbstdarstellung. Die Schamkapsel in der Mode der Renaissance*, in: Krause 2022, S. 73–83

Wallnöfer (Elsbeth) 2020, *Tracht Macht Politik*, Innsbruck – Wien, Haymon

Walker (Roslyn A.) 2022, *Five Fragments of African Textile History*, in: Checinska 2022a, S. 30 – 63

Wenrich (Rainer) 2015, *Die Medialität der Mode. Kleidung als kulturelle Praxis. Perspektiven für eine Modewissenschaft*, Bielefeld, Transcript

Weis (Diana) 2020, *Modebilder. Abschied vom Real Life*, Berlin, Wagenbach

Wimmer-Wisgrill (Eduard) 1936, *Modetagebuch*, in: Neue Freie Presse, 20. Juni 1936, S. 5

Wißmann (Cathrin) 2021, *Stilwechsel. Kleider an die Macht: Modeprofessorin Kerstin Merkel über das neue Selbstbewusstsein junger Politikerinnen*, in: Stern, 9. September 2021, S. 64–66

Woratschka (Rainer) 2015, *Trachten, Trash und Trikots*, in: Tagesspiegel.de, Artikel vom 18. Mai 2015, zitiert nach https://www.tagesspiegel.de/themen/agenda/kleiderordnung-im-bundestag-trachten-trash-und-trikots/11792580.html, zuletzt abgerufen am 1. September 2022

Wurm (Oliver) 2021 [Hg.], *Die Kanzlerin. 16 Jahre Angela Merkel*, Hamburg, Medienbüro Oliver Wurm

Yaghoobifarah (Hengameh) 2022, *Wasser predigen, Champagner saufen*, in: Taz.de, Artikel vom 13. Juli 2022, zitiert nach https://taz.de/Hochzeit-von-Christian-Lindner/!5864306/, zuletzt abgerufen am 1. September 2022

Young (Robb) 2011, *Power Dressing. First Ladies, Women Politicans & Fashion*, London, Merrell Publisher

Zitzlsperger (Philipp) 2015, *Zwischen „Lesbarkeit" und „Unlesbarkeit" der Kleider-Codes. Zur bildlichen Repräsentation unauthentischer Kleidung*, in: Wenrich 2015, S. 89–107

Danke an Adrian für das Politischsein
und das genaue Hinschauen.

IMPRESSUM

www.kremayr-scheriau.at

ISBN 978-3-218-01355-0

**Schutzumschlaggestaltung, Illustrationen,
typografische Gestaltung und Satz:** Nina Ober
Lektorat: Lucia Marjanović
Druck und Bindung: BALTO print

In diesem Text werden genderneutrale Formulierungen oder Gendersternchen gebraucht, um zu bezeichnen, dass alle Geschlechter und Gender gemeint sind. Die generische Singularform folgt dem Muster die* Politikerin*.